MULHERES VIAJANTES

SÓNIA SERRANO

SÃO PAULO
TINTA-DA-CHINA BRASIL
MMXXV

Preâmbulo, 7

PRIMEIRA PARTE
A invenção da viagem, 13
A mulher e a viagem, 22
A mulher e a escrita, 32
Os perigos, 42
   Segurança, 42
   Saúde, 51
   Higiene, 53
   A roupa, 55
   A comida, 63
A logística da viagem, 67
   O transporte, 73
   A dormida, 79
Viajantes — porquê estas?, 82

SEGUNDA PARTE
As pioneiras, 87
   Egéria, 88
   Mencia de Calderón, 93
   Catalina de Erauso, 96
Paixões orientais, 107
   Lady Mary Wortley Montagu, 109
   Lady Hester Lucy Stanhope, 122
   Jane Dieulafoy, 142

Gertrude Bell, 151
Freya Stark, 168
Outras mulheres no
Médio Oriente, 184
No coração das trevas, 191
Mary Kingsley, 196
Karen Blixen, 206
À volta do mundo, 217
Jeanne Baret, 222
Ida Laura Pfeiffer, 229
Isabella Bird, 239
As viagens interiores, 247
Isabelle Eberhardt, 247
Annemarie Schwarzenbach, 255
Contemporâneas, 266
Jan Morris, 272
Dervla Murphy, 279
Alexandra Lucas Coelho, 287
Tamara Klink, 296

Notas, 309
Bibliografia, 320
Crédito das imagens, 329
Índice onomástico, 330
Índice de topônimos, 336
Índice de obras, 342
Sobre a autora, 348

Preâmbulo

Este livro nasce de imagens. Em concreto, de imagens que não chegaram a ser vistas.

Em fevereiro de 2010 participei, juntamente com Emília Tavares, na curadoria de uma exposição que mostrava o trabalho fotográfico de Annemarie Schwarzenbach (1908-1942).[1] Esta jovem suíça, morta aos 34 anos em plena Segunda Guerra Mundial, notoriamente desconhecida, tinha vindo a adquirir uma popularidade marginal e quase secreta no domínio da literatura de viagens.

No trabalho de pesquisa que o projecto de curadoria envolveu, procurámos contextualizar a época da autora e perceber até que ponto as viagens que ela fez nos anos 1930 e princípios dos 1940 eram extraordinárias para uma mulher ou poderiam ser consideradas relativamente comuns num determinado contexto social.

Até que ponto poderia ser excepcional duas mulheres arrancarem num Ford Roadster de Genebra até Cabul, completamente sós e sem guias, como fizeram Annemarie e Ella Maillart em 1939? No século XXI, por exemplo, é possível que tal empreendimento fosse considerado um feito, devido não só à instabilidade política no Afeganistão,[2] mas também ao facto de, hoje em dia, viajar se ter tornado uma proeza que eleva à categoria de audaciosas heroínas as mulheres que se aventuram em jornadas fora do âmbito padronizável da segurança e do conforto turísticos. Voltarei a este assunto mais tarde, mas é assombroso constatar que a questão do género e da suposta fragilidade feminina tenha hoje mais importância do que em épocas anteriores, quando a discriminação de género era mais evidente e notória.

Desde os tempos mais recuados da história, as mulheres sempre viajaram, fosse a sós, acompanhando pais, maridos, em peregrinação, missão, pesquisa ou simplesmente pelo simples prazer de viajar. E deixaram testemunho disso.

Mas se o leitor pensar, antes de ter lido este livro, em quantas mulheres viajantes conhece ou quantos livros de viagem leu escritos por mulheres, provavelmente falhará qualquer teste de cultura geral nesta área. Talvez já tenha ouvido falar de Gertrude Bell (1868-1926) ou quiçá de Alexandra David Néel (1868-1969), mas não saberá situar exatamente os seus feitos ou a sua obra. Decerto já ouviu falar de Lawrence da Arábia, desconhecendo, porém, que Gertrude Bell foi colega dele, uma perita em política do Médio Oriente e uma das pessoas que ajudaram a constituir o Estado do Iraque, para além de ter sido a primeira diretora do Museu Nacional de Bagdad. Em vida, a sua importância como conselheira da política britânica naquela região do Médio Oriente terá certamente excedido a de T.E. Lawrence, mas o papel de herói romântico, celebrizado no notável filme de David Lean, caberá ao aventureiro Lawrence, e não à laboriosa mas discreta Gertrude.

Talvez tenha ouvido falar, também, do admirável explorador, escritor, tradutor, em suma, desse erudito aventureiro que foi Richard Burton, o primeiro não muçulmano a entrar na cidade de Meca e o homem que deu a conhecer à Inglaterra vitoriana uma excelente e não censurada tradução dos contos orientais d'*As mil e uma noites*, mas o nome da sua mulher provavelmente nada lhe dirá. No entanto, Lady Isabel Burton (1831-1896) acompanhou-o em múltiplas aventuras e também ela escreveu narrativas de viagem.

Foi essa uma das razões pelas quais, e agora voltando novamente à exposição, pensámos incluir um núcleo dedicado a mulheres viajantes contemporâneas de Schwarzenbach ou cuja obra ela conhecesse.

Contrariamente ao expectável, a seleção não resultou particularmente difícil. No século XIX, as mulheres começaram a viajar com alguma intensidade, e a partir da década de 1930 essa tendência reforçou-se. É de supor que Schwarzenbach tenha conhecido a obra de algumas destas mulheres, nalguns casos porque faz referência a isso nos seus artigos jornalísticos, noutros porque as conheceu pessoalmente, como foi o caso de Ella Maillart ou da alemã Margret Boveri, com quem esteve em Portugal.

Razões diversas, no entanto, acabaram por não permitir a constituição desse núcleo que, embora muito embrionário, já começava a desenhar-se, se não nas paredes do museu, pelo menos na nossa imaginação e, sobretudo, na nossa vontade.

Foi essa vontade que me levou a escrever este livro.

Primeira parte

A invenção da viagem

É possível a viagem? É possível ainda a viagem? A pergunta pode soar bizarra numa era em que se expandiram as possibilidades de deslocação e se democratizaram os meios de transporte. Em que é possível apanhar um voo intercontinental *low cost* e ir de Londres a Kuala Lumpur por um preço irrisório. As possibilidades de viagem multiplicaram-se exponencialmente. Mas de que falamos quando falamos de viagem?

Segundo Agustina Bessa-Luís (1922-2019),

> Se mudar de lugar é uma coisa cada vez mais possível em condições de dia para dia mais indiscutíveis, viajar propriamente vai-se tornando raro. O que é viajar? Começa uma pessoa por temer o conflito com a sua rotina, e isso é já atmosfera moral duma viagem.[1]

Lévi-Strauss é categórico ao anunciar o "fim das viagens"[2] — ou, mais concretamente, do viajar enquanto experiência profunda e transformadora. Não é por acaso que o seu mais célebre livro, *Tristes trópicos*, começa com a frase "Odeio as viagens e os exploradores",[3] para depois admitir que vai justamente relatar as suas expedições. Mas Lévi-Strauss tem razão ao vaticinar o fim da viagem: o turismo de massas e a homogeneização global tornaram essa experiência impossível. Ou não. O viajante por excelência e escritor Paul Theroux admite ainda a possibilidade da grande viagem, o que não será de estranhar, se considerarmos que vive dela e do que escreve sobre ela. Aos 73 anos, e depois de passar toda a vida a viajar, Theroux ainda consegue redigir uma lista de sítios por onde gostaria de se aventurar, apenas para concluir: "Esta lista não é exaustiva. [...] Olho para esta lista e penso: Caramba, eu não fui a lado nenhum".[4] O mundo é vasto, e as possibilidades infindáveis para este incansável *globetrotter*.

A viagem é um assunto sério. Etimologicamente, em inglês *travel* deriva do francês *travail*, que por sua vez tem origem no termo latino *tripalium*, que designa um instrumento de tortura.[5] De facto, não é fácil viajar: na melhor das hipóteses, e mais uma vez citando Theroux, viajar significa "perder a inocência",[6] perder o nosso conforto, as nossas referências, partir muitas vezes rumo ao desconhecido. É "uma fuga ao inalcançável — que nos obriga a assumir o desconforto e a solidão e a interromper arbitrariamente a vida a que estamos habituados num determinado lugar sem poder dar uma explicação racional".[7]

Partir com o coração leve na visão de *flâneur* baudelairiana? Ou nostalgia do absoluto? Fuga para que as coisas mudem, como pensava esse imenso viajante que foi Nicolas Bouvier? Ou algo que nos vai penetrando quase insidiosamente? "A viagem é a intimidade do importuno",[8] afirmará Agustina.

Quanto mais sei sobre viagens, porque as fiz ou porque li relatos de quem as fez, menos sei por que se parte, o que leva alguém a deixar esse conforto aprazível, porque previsível e conhecido, do lugar que se habita, para ver com os próprios olhos outras terras. Poderá ter-se perdido algo da mística da grande viagem no mundo globalizado e cada vez mais homogéneo em que vivemos, mas quem viaja continuará decerto a reconhecer esse nervosismo que acomete o viajante na véspera da partida e o leva a novos destinos. Talvez porque viajar é essencialmente descobrir, descobrirmo-nos a nós e o reflexo da nossa vida nas etapas da viagem, assim como descobrirmos o outro sem o conforto das referências que nos são imediatas. Mas é preciso saber ver. Clarice Lispector, essa aventureira tão avessa à viagem, escreveu numa carta de Argel: "Eu conhecia melhor uma árabe com um véu no rosto quando estava no Rio".[9] Clarice sabia que viajar significa também imanência, o que é impossível quando o *tour* actual oferece cinco capitais europeias

A invenção da viagem   **15**

em seis dias. Não que a viagem tenha de ter uma extensão determinada no tempo, pode durar 24 intensas horas ou dez homéricos anos. O que importa é o que se vê e como se vê, o processo de transformação mental que se opera e nos transforma.

O desejo de mapear nunca é inocente. Mas de onde surge?

Alguns estudiosos[10] consideram que a história cultural das viagens pode ser vista como uma dialética dominante entre dois polos: um que aponta para a visão transcendente das peregrinações; outro que se revela como um processo em aberto e que caracteriza a modernidade. É quanto a mim necessário resistir à tentação de esquematizar a longa história das viagens, na tradição ocidental, como a oposição entre um passado religioso e um presente puramente secular.

A viagem fundadora e de entre todas a mais conhecida da Antiguidade continua a ser a *Odisseia*, relato mítico do regresso de Ulisses a casa, numa espécie de antevisão cristã da viagem, com os seus perigos e tentações, como via da salvação. Na tradição do neoplatonismo, Ulisses é o homem que na sua deambulação atravessa as sucessivas fases do ser. Alguns dos primeiros escritores cristãos, como Basil ou Fulgêncio, na tradição de Porfírio, discípulo de Plotino, caracterizam Ulisses como um pré-cristão que antecipa a sabedoria na sua luta pela virtude.

Se é certo que a viagem nasce da necessidade de, em concreto, nos deslocarmos de um ponto geográfico a outro, ela é vista essencialmente como algo interior, um reflexo da vida e das suas etapas. Mas as suas manifestações exteriores acompanham as condições de vida, razão pela qual nos tempos de maior estabilidade e quando os meios de comunicação vão melhorando encontramos um maior número de viajantes. Foi o que aconteceu no século II, no Império Romano. A paz e a estabilidade tornaram as estradas mais seguras, o que potenciou o número de viajantes e a criação de relatos de viagem. São escritos com características variadas, mas em que predominam as peregrinações, viagens espirituais realizadas a um determinado templo ou santuário.

O reconhecimento, em 313, do cristianismo como uma das religiões oficiais do Império e a sua rápida propagação e hegemonia estabeleceram uma rede de novos lugares e geografias que promoveram a viagem, essencialmente religiosa e espiritual. Roma deixava de ser o centro do Império, que se tinha deslocado para Constantinopla. Na margem dos vastos domínios romanos, um diminuto pedaço de terra, a Palestina, adquiria uma dimensão espiritual que em muito transcendia a sua importância territorial.

As peregrinações realizavam-se agora sob a égide da nova religião, e a Terra Santa era percorrida pelos novos peregrinos, que ansiavam por pisar as paragens atravessadas pelo Messias. Com um guia de exceção — a Bíblia — era possível peregrinar pelos lugares mais sagrados, os quais, embora não exibindo testemunhos diretos e presenciais da vida de Jesus (uma casa onde este tivesse habitado, por exemplo), foram sendo preenchidos com templos, igrejas e monumentos que celebravam seu nascimento, sua crucificação ou morte.

Com a notável exceção dos túmulos de Pedro e de Paulo, em Roma, não se encontravam, fora da Terra Santa, locais sagrados do cristianismo, o que levou a hierarquia da Igreja, perante o crescente número de peregrinos, a promover o culto dos santos e das relíquias. A materialidade dos ossos dos santos, a possibilidade de visitar os seus túmulos, multiplicou a sua existência nos territórios do Império Romano e veio dar uma solução aos anseios da crescente comunidade cristã. Pela primeira vez na história, dava-se resposta à necessidade de viajar.

Curiosamente, um dos mais vívidos relatos sobre estas peregrinações é-nos dado por uma mulher, Egéria, de quem pouco se sabe mas que realizou uma peregrinação à Palestina, partindo de Espanha, onde viveu, no ano de 380.

Para além destas peregrinações, mais características da região mediterrânica, com objetivos específicos, como o de visitar a Terra Santa ou venerar relíquias de um santo em vários pontos do Império, o norte europeu celta desenvolveu um tipo de peregrinação

A invenção da viagem **17**

cujo objetivo não era alcançar um destino específico, mas deixar-se ir numa viagem sem destino, geográfico ou temporal, como prova do amor a Deus. A quintessência da viagem, sem destino, sem duração.

Em qualquer dos tipos de peregrinação desse período, os relatos descritivos não abundam. Só já perto do final da Idade Média começam a surgir textos com mais frequência. Não obstante, os viajantes eram numerosos. No ano 1000, a peregrinação é vista como um ato de penitência e ascendem aos milhares os peregrinos que seguem em grupo rumo ao seu destino. Expiam os pecados da humanidade e agradecem a continuação do mundo que muitos, com aterrorizada expectativa, julgavam, segundo o Apocalipse, que terminaria nesse fatídico virar de milénio.

O islão e a sua conquista da Península, em 711, e de Jerusalém, em 638, não comprometeram sobremaneira as peregrinações, embora ocasionalmente possam ter causado algumas dificuldades. É importante entender que a atitude geral do islão em relação ao cristianismo era de tolerância.

O cristianismo debatia-se, porém, com um dilema geográfico. Ao contrário de outros impérios, em que o poder político se alicerçava nos sinais simbólicos da sua própria dimensão geográfica, a visão cristã do mundo remetia o centro do poder para Jerusalém, fora do seu âmbito geográfico. Não é, pois, surpreendente que a peregrinação tenha dado lugar à cruzada. A viagem ascética transformou-se numa viagem de conquista do poder. De conquista da terra onde se encontrava a força espiritual.

A viagem de conquista e domínio irá influenciar a forma como se viveu a viagem na Europa ocidental, mesmo depois de a motivação religiosa ter deixado de dar o mote justificativo. O Ocidente europeu foi transitando do paradigma da peregrinação para o das cruzadas, dando origem a um modelo de relações de agressividade e de superioridade face a outras culturas.

Essas viagens não se caracterizaram pela curiosidade em relação ao outro ou pelo conhecimento dos seus hábitos. A viagem pelo conhecimento e pelo prazer não era considerada habitual ou sequer virtuosa, e foi até indiretamente censurada por Dante, quando, no canto XXVI do *Inferno*, encontramos Ulisses impedido de alcançar Ítaca pelo facto de prosseguir rumo ao Ocidente impelido pelo desejo de conhecer o mundo:

vencer puderam dentro em mim o ardor
que eu tive em me tornar do mundo experto,
e dos humanos vícios e valor[11]

As viagens de missão desenvolvem-se com particular ênfase a partir do século XIII, permitindo um conhecimento do mundo que dará origem à expansão europeia. O Renascimento será caracterizado pelo desejo de exploração e descoberta, de que as viagens marítimas portuguesas são um notável exemplo. O cronista por excelência da epopeia lusitana, Camões, passará à história como um viajante aventureiro, nem sempre se distinguindo na sua biografia o mito da realidade.

É nessa época, início do século XIV, que começam a surgir as jornadas terrestres em direção à Ásia e as explorações marítimas no Atlântico. Os relatos dessas viagens, realizadas no contexto de deslocações de embaixadas, missões e até peregrinações, surgem com bastantes detalhes etnográficos, como no caso dos textos de Marco Polo, verdadeiro pioneiro do viajante moderno. Nestes casos, o ímpeto de partir encontra-se, regra geral, permeado por uma vontade de explorar com o objetivo de submeter e dominar. A motivação é tanto comercial quanto política, mas ainda não se assiste verdadeiramente a uma curiosidade pelo outro. Os relatos prendem-se mais com necessidades de conhecimento prático e de subjugação, explora-se porque se quer conquistar e vencer. O outro será alguém a dominar.

Em Portugal encontra-se um dos mais assinaláveis exemplos deste desejo de conquista e um dos relatos de viagem e de encontro do outro por excelência, a *Carta do achamento do Brasil*, de Pero Vaz de Caminha. Os indígenas que Caminha descreve ao rei d. Manuel I, nesse momento único em que os dois povos se encontram, são criaturas pueris, dóceis e submissas, e uma das ideias que sustentam a narrativa é precisamente a de que a sua mansidão os tornava os receptores ideais para a evangelização: "Assim, Senhor, a inocência desta gente é tal que a de Adão não seria maior — com respeito ao pudor. Ora veja Vossa Alteza quem em tal inocência vive se convertera, ou não, se lhe ensinarem o que pertence à sua salvação".[12] Conhecer o outro para o tornar igual a nós.

Às viagens de exploração sucedem, nos séculos XVII e XVIII, as deslocações com carácter científico e comercial. A influência de disciplinas como a história e as ciências naturais oferecem à Europa um novo desígnio na sua centralidade geográfica: o da sistematização da natureza. No Novo Mundo descobre-se um território fértil para essas incursões, de que a viagem de Alexander von Humboldt à América do Sul (1799-1804) e a consequente magna obra por si produzida são um dos mais brilhantes paradigmas.[13]

Entretanto, na Europa, a partir do século XVII, aparece o termo *grand tour*, que simbolicamente poderá representar o substituto humanista das peregrinações e das cruzadas. O conceito, ainda que advenha do francês, foi sobretudo posto em prática pelos jovens das classes dirigentes de Inglaterra, embora se tenha desenvolvido a ponto de abranger os jovens das elites europeias abastadas. Este conceito de viagem consistia numa espécie de ritual de passagem social que se iniciava quando acabavam os estudos e que podia durar entre um e cinco anos, ao longo dos quais esses jovens conheciam as riquezas culturais de alguns países europeus, habitualmente França e Itália, com breves passagens pela Alemanha, Áustria e Holanda. Prepará-los para as suas tarefas futuras era o principal objetivo, bem como cultivar o seu gosto.

Já no último terço do século XVIII, o *grand tour* é de tal forma popular, que deixa de ser exclusivo dos herdeiros abastados, alargando-se a jovens com menos recursos e até a mulheres e crianças acompanhando as famílias.

A Revolução Francesa e os vinte anos de conflito provocados pelo afã imperialista de Napoleão põem fim aos incipientes movimentos turísticos. O fim das guerras napoleónicas, logo no início do século XIX, bem como o progresso alcançado nos transportes — surge o caminho de ferro — e nas vias de comunicação — melhoram-se as estradas — trazem um enorme desenvolvimento das possibilidades de deslocação do cidadão comum, encontrando-se neste século a génese do turismo. É por esta altura que começam a aparecer os guias turísticos de grande tiragem, como os alemães Baedeker (para os quais Schwarzenbach escreveu sobre a Suíça) ou os ingleses Murray. É também nesta altura que nasce a agência de viagens britânica Thomas Cook, onde se organizam viagens de turismo para grupos numerosos ou feitos à medida, para indivíduos ou grupos restritos. Agatha Christie, por exemplo, beneficiou dos serviços desta agência nas suas primeiras deslocações ao Médio Oriente.

É interessante perceber como outros tipos de avanço ocorridos no mesmo período, e de aparente menor dimensão, contribuíram para facilitar a viagem, sobretudo na Grã-Bretanha: a modernização do serviço consular ou dos instrumentos financeiros, por exemplo, com a criação daquilo que será o precursor do "traveler's check"; ou ainda, já na segunda metade do século XIX, quando se começa a discutir o conceito de lazer e de dias de descanso. Não é de estranhar, assim, que os países mais modernizados tenham sido aqueles que produziram mais turismo.

O desenvolvimento dos transportes teve óbvios efeitos nas possibilidades de deslocação, numa altura em que se verificava a expansão dos impérios coloniais. Até à Primeira Guerra Mundial, um quarto dos territórios terrestres eram controlados por potências coloniais. Esta conjuntura levou à abertura de novas geografias e de novos destinos, exponenciando o exótico e cimentando o carácter mítico da viagem.

As duas guerras mundiais dominaram a primeira metade do século XX e a deslocação tornou-se mais difícil. Contudo, os anos 1930 são considerados de grande apogeu da literatura de viagem, e de facto escreveram-se nesse período muitos relatos de viagem, como o memorável *A estrada para Oxiana*, de Robert Byron.[14] Naqueles tempos de profunda crise, a narrativa de viagem permitia refletir, de um ponto de vista geograficamente diferente e afastado, sobre as transformações que o mundo atravessava. Surge neste período um viajante mais intimista e reflexivo, mais individualista, em oposição à ordem social e ao sistema político que então se impunham.

A perspectiva histórica permite-nos distinguir entre os diferentes tipos de viagem e de viajante que se foram sucedendo ao longo dos tempos. O britânico Paul Fussell, na sua já clássica obra *Abroad* [No estrangeiro],[15] afirma que antes do turismo existia a viagem e antes desta a exploração, e que cada uma destas formas corresponde a uma época histórica: a exploração, ao Renascimento; a viagem, à era burguesa; o turismo, à era do proletariado.

Cada explorador, viajante e turista realiza efetivamente uma viagem, mas enquanto o explorador buscava o desconhecido, o viajante procura o que já foi descoberto pela história e o turista aquilo que foi descoberto pela indústria e especialmente preparado pela publicidade.

A mulher e a viagem

No capítulo anterior quase não falei da mulher intencionalmente. É de facto possível fazer a história das viagens sem a mencionar. E é o que normalmente acontece nos livros dedicados à literatura de viagens ou mesmo nos artigos de jornais que, com alguma frequência, dedicam dossiês ao assunto. É possível mas não é justo: uma importantíssima fatia da crónica da literatura de viagens é precisamente a das viagens feitas por pessoas a quem se vedava essa oportunidade. Para empreenderem a viagem desejada, as mulheres tinham de lutar contra muitas resistências. Não gostaria de as mitificar, mas apenas prestar-lhes a justa homenagem, através da memória das suas biografias, testemunhando o seu espírito de aventura, a sua coragem e o gosto que as levou a lugares aonde muitos hoje não se arriscariam.

A exclusão da mulher da viagem advém daquilo a que chamo a "maldição de Ulisses", esse mítico herói que, contra todas as expectativas, conseguiu manter a sua mulher à espera durante vinte anos. À espera e resistindo às tentações dos inúmeros pretendentes, como Ulisses pôde por si mesmo comprovar. Penélope é talvez o melhor exemplo de mulher fiel, tendo conquistado o direito a que lhe fossem erguidos vários monumentos, em honra da sua capacidade de espera e da sua resiliência, mas não é certamente o protótipo de mulher aventureira que resolve enfrentar os perigos e partir em busca do marido. Ela opta pela segurança do lar, por pouco familiar que este lhe seja sem a presença de Ulisses, em detrimento da intrepidez de partir rumo ao desconhecido. Penélope espera, e é esta espera que a consagra como mulher virtuosa. Confesso que não vejo grande virtude nesta delonga. A sua atitude influenciaria o entendimento sobre o papel da mulher ao longo da história no que diz respeito ao impulso de partir. A mulher não parte. A mulher fica. Aguarda. Ou não.

Como em todos os movimentos de emancipação, também nos movimentos feministas que despontaram no século XIX houve protagonistas a assumir os lugares de vanguarda, exigindo o direito ao sufrágio feminino. Mas não devemos associar as mulheres viajantes a esses movimentos, nem olhá-las de uma forma generalista, julgando-as emancipadas e vanguardistas. A verdade é que a mulher viajante atravessa várias categorias sociais, económicas e de pensamento. Algumas delas eram claramente conservadoras e contra a emancipação das mulheres. Gertrude Bell, por exemplo, chegou a ser ativista no movimento antissufragista britânico — falha ainda não perdoada por algumas ativistas dos direitos das mulheres. Deixou por isso de ser uma mulher independente e claramente à frente do seu tempo?

O que esse facto nos indica é que não existe uma categoria única de mulheres viajantes. O ímpeto de partir, a viagem realizada, une-as, a reflexão que sobre ela fazem e o testemunho que deixam também, mas a partir daí cada uma constrói a sua própria identidade.

O interesse geral pela literatura de viagem e a atenção que esta despertou entre os académicos progridem sobretudo a partir da década de 1980, coincidindo com o aumento do interesse pelo legado colonial europeu e pelas relações de força estabelecidas entre colonizadores e colonizados. Uma década antes, já se tinha verificado, através do revivalismo feminista dos anos 1970, um enfoque nas mulheres viajantes, reformulando-se a história, até aí centrada exclusivamente nos homens.[1]

Historicamente, a viagem feminina tem sido de modo geral considerada de natureza mais íntima e confessional do que a viagem masculina. Mas ignorar na mulher o ânimo de conquista e exploração, tradicionalmente associado ao universo masculino, significa obliterar, por exemplo, os meses que Alexandra David-Néel passou tentando tornar-se na primeira ocidental a entrar em Lhasa, na altura um território proibido a estrangeiros; ou ignorar o mapeamento da região do nordeste do Irão feito por Freya Stark (1893-1993) enquanto buscava os castelos da histórica seita dos Assassinos. Ou mesmo a infortunada holandesa Alexandrine Tinne (1835-1869), que perdeu a vida no Saara, em busca da fonte do Nilo.

Estas mulheres foram aventureiras e procuraram ser as primeiras nas explorações que se propunham fazer. Assim, não se pode negar que a vontade de mapear existiu em numerosos casos. A diferença em relação ao homem surge na maneira como a história é contada e recebida pelo público, bem como em todos os constrangimentos levantados pelo facto de ser uma mulher, e não um homem, a narrar a aventura.

Até bem adiantado o século xx, uma mulher que viajasse sozinha era objeto de espanto, curiosidade ou escândalo, quando não o conjunto dos três sentimentos, traduzindo a estupefacção perante uma representante do sexo "fraco" a aventurar-se no domínio dos homens.

Esta estranheza perante a mulher que se desloca é uma ideia dominante nos diversos livros de conduta que ao longo dos séculos foram aparecendo sobre as mulheres. Num deles, em que se dão conselhos a jovens solteiros — *The Art of Governing a Wife* [A arte de governar uma esposa], publicado em 1747 —, afirma-se claramente: "É suposto os homens irem para fora e arranjarem a sua vida, lidar com outros homens, tratar de todos os assuntos de portas abertas". O mundo dos homens é o mundo do exterior, do visível, enquanto das mulheres se espera que "assentem e poupem, tomem conta da casa, falem com poucos, guardem tudo dentro delas". O mundo do interior, do invisível, da ausência de descoberta.[2]

Ao representar conquista e domínio, mesmo que já não existam novos territórios para desbravar, a viagem autêntica é comparada com o sexo. Logo, às mulheres não é permitido, ou não seria historicamente permitido, entrar nesse mundo a sós. Apenas a mão experiente do marido as poderia guiar, "a uma rapariga deve ser mostrada a Europa — ou levada a viajar — pelo marido — ela não tem nada que ver o mundo antes. Ele leva-a, ele inicia-a", profere Henrietta Reubell (c. 1849-1924) em 1892, numa frase registada pelo seu amigo Henry James.[3]

Não se julgue a comparação exagerada: a tradição histórica da viagem remete para uma visão do território enquanto entidade feminina, conquistada pelo homem. Veja-se o poema de Robert Browning "By the Fire-Side" [Ao lado do fogo], escrito em 1855, em que Itália é caracterizada como um país-mulher: "*Oh woman-country, wooed not wed, / Loved all the more by earth's male-lands, / Laid to their hearts instead!*" [Ó, mulher-país, cortejada mas não casada/ pelos países-macho da terra ainda mais amada,/ que aos seus corações foi no entanto deitada!].[4]

A mulher, na tradição das grandes epopeias literárias — retornemos uma vez mais à *Odisseia*, ou mesmo aos *Lusíadas* —, aparece como objeto de desejo, e não como companheira ou, quase nem ousamos dizê-lo, protagonista, da viagem.

Mas sim, elas viajam, e fazem-no cedo como peregrinas, mulheres de missão, monjas, mulheres de exploradores ou missionários, até que no século XIX, apesar de ainda se julgar estranha a mulher viajante, se assiste à grande explosão na mobilidade feminina.

As *saint-simoniennes* em França e sobretudo as vitorianas inglesas dão o exemplo e partem em viagens de conhecimento e exploração.

> Nós, duas mulheres [...], descobrimos e afirmamos que as mulheres sozinhas viajam muito melhor do que com homens: elas obtêm o que querem de uma forma calma e sempre conseguem levar a sua avante, enquanto os homens vão ficar seguramente nervosos e armar confusão se as coisas não estão imediatamente como eles querem.[5]

Para além de tudo, viajar permite preencher o imaginário de uma forma real. É frequente o viajante falar de como em criança se sentia atraído pelos mapas, pelos nomes dos lugares, pela história que contêm e de como a partir deles construía o seu próprio mundo. Viajar permite a identificação real do imaginado, embora por vezes possa ser decepcionante. É irresistível uma história contada por Hester Piozzi (1741-1821) no seu livro *Observations and Reflections Made in the Course of a Journey through France, Italy and Germany* [Observações e reflexões feitas durante uma viagem pela França, Itália e Alemanha], publicado em 1789, em que descreve a reação de uma jovem mulher sua amiga que nunca havia viajado, quando a leva à Costa de Sussex: "E então jovem, não estás muito surpreendida?". Ao que a amiga responde: "É um belo lugar sem dúvida, mas...". "Mas o quê?", retorque Hester, "não estás desapontada, pois não?" Responde a amiga: "Não, desapontada não, mas não era realmente aquilo que eu esperava quando vi o oceano". Hester, sem perceber muito bem, volta ao ataque: "Diz-me então, peço-te minha jovem, e diz-me rapidamente, o que esperavas tu ver?". Ao que a amiga responde sem hesitar: "Bom, eu esperava... *eu esperava ver uma enorme quantidade de água*".[6]

A imaginação desta jovem sobre o oceano é claramente defraudada, pois não vê correspondência entre o que imaginara e a superfície lisa de água, que pouco se distingue de uma planície. O real despoja-nos do imaginado.

Nada impedirá a deslocação das mulheres no século XIX, mesmo que a maior parte dos guias de viagem se dirijam a um "ele", embora com notáveis excepções, como o delicioso *Hints to Lady Travellers at Home and Abroad* [Dicas para as mulheres viajantes em casa e no estrangeiro], de Lillias Campbell Davidson (1853-1934), que no ano de 1889, em 59 instrutivos capítulos que cobrem desde acidentes, casas de banho, comida, sacos de água quente, dinheiro, vários tipos de bagagem até variedades de chás, constitui um completo e prático manual para as mulheres que se aventuram por sua conta.

Não se julgue, contudo, que se trata de um guia para as mais destemidas. Apesar de se dirigir a mulheres, o texto faz eco do pensamento dominante:

A mulher e a viagem **27**

Como princípio geral, o lugar da mulher no momento de perigo é o de permanecer quieta e pronta para entrar em ação. É tal o instinto do sexo forte de proteger e cuidar os mais fracos, que nesses casos, se houver um homem a dirigir, é melhor que seja ele a tratar de tudo sem a embaraçosa interferência da fraqueza física feminina. Se não houver nenhum homem, a mulher terá de agir por si própria, mas mesmo nesse momento o melhor plano será permanecer quieta até que chegue o momento decisivo.[7]

No fundo, o livro procura assegurar que as mulheres respeitem as regras de decoro, submissão e passividade com que devem guiar a sua conduta em casa, precisamente no momento em que estão a violar essas regras ao saírem e viajarem. A violar as regras e a colocarem-se voluntariamente em perigo. Não será coincidência o facto de o primeiro capítulo ser dedicado aos acidentes em viagem.

Em última instância, o que estes guias realmente pretendem é impor uma conduta decorosa às aventureiras femininas. Os restantes guias escritos para um público masculino focam essencialmente métodos ligados à observação científica, considerando o homem viajante numa perspectiva profissional, a quem é necessário dar informação sobre equipamentos e resenhas práticas, por oposição à viagem pessoal e não profissional da mulher.

Integrado num contexto imperial, o homem viajava para recolher informação de carácter científico. Numa edição da Royal Geographical Society de 1893, *Hints to Travellers Scientific and General* [Dicas científicas e gerais para viajantes], afirma-se:

É dever de todo viajante civilizado em países recentemente abertos à pesquisa, coligir factos, simples e diretos, para informação dos líderes intelectuais, que, por força de uma grande experiência, podem habilmente fazer generalizações a partir dos detalhes provenientes de diversas fontes.[8]

Estes guias, ou livros de conduta — para utilizar uma designação mais apropriada àqueles que se dirigem às mulheres —, sofreram uma evolução ao longo dos tempos que, de alguma maneira, reflete a forma como a sociedade foi encarando as viajantes. No século XVIII, o que se procura é sobretudo construir o ideal da mulher doméstica, enquanto no XIX o que se pretende é que a mulher corresponda a uma imagem de feminilidade construída no âmbito de uma sociedade patriarcal.[9] O livro de Davidson é disso exemplo, assim como um anterior publicado em 1875, edição de Thomas Cook, *A Few Words of Advice on Travelling and Its Requirements Addressed to Ladies* [Alguns conselhos sobre viagens e seus requisitos dirigidos às mulheres]. Este livro aconselha as mulheres britânicas sobre a aparência que devem adotar enquanto viajantes e, por conseguinte, enquanto embaixadoras do seu país. O tipo de roupa adequado é descrito ao pormenor, bem como a bagagem, os *tours* mais ajustados em função da temporada, onde comprar *souvenirs*, climas, distâncias, medidas. A explicitação do público-alvo é fornecida logo na introdução: "É um facto estranho mas real que, embora se tenha escrito uma enorme quantidade de guias e dicas para viajantes, nenhum até agora dedicou especial e eficientemente espaço para os requisitos das mulheres viajantes".[10]

Esta posição secundária ou de inferioridade face ao homem espelha-se igualmente nos livros de viagem que as próprias mulheres escrevem e revela a tensão que existe entre aquilo que até à segunda metade do século XX é socialmente expectável da mulher (anjo doméstico, cumpridora do dever conjugal e ser maternal) e da mulher que viaja. Tensão porquanto o relato de viagem pressupõe aquilo que não se espera da mulher, que saia do domínio da sua casa e testemunhe o que está para além, em termos geográficos, sociais e até políticos.

Viajar implicava também adquirir conhecimento, começar uma educação que lhes era negada em casa. Como afirma a escritora e viajante inglesa Mary Berry (1763-1852) em carta a um amigo,

A nossa educação (se educação se pode chamar) está praticamente concluída no momento em que as nossas mentes se começam a abrir e estão ávidas de informação. Quando vós homens sois enviados à universidade, nós somos deixadas (as que não estão obrigadas a ganhar o sustento diário ou a remendar as suas roupas) à inatividade total, sem qualquer objeto, fim ou alvo para encorajar o emprego da mente.[11]

Por isso, a mulher procura chegar a um equilíbrio entre o dever doméstico e a vontade de explorar. Veja-se a reflexão que a inglesa Mabel Sharman Crawford (c. 1821-1912) elabora no seu livro *Through Algeria* [Através da Argélia], publicado em 1863:

Em tempos idos a regra de que nenhuma mulher podia viajar sem um acompanhante masculino era sem dúvida racional. Mas num período de fácil locomoção e com abundante evidência a provar que as mulheres podem viajar sós em países estrangeiros em perfeita segurança, a continuação desta regra é algo injusta. Por muito inquestionável que seja que a esfera da mulher, enquanto esposa e mãe, se encontra no lar, é certamente pouco razoável condenar muitas centenas de mulheres inglesas, possuindo autonomia financeira e sem ligações domésticas, a calar as suas aspirações naturais a ver a natureza na sua forma mais pura, a arte nas suas melhores obras e a vida humana nas suas fases mais interessantes. Este é o resultado prático de uma lei social que lhes recusa o direito de viajar, salvo em condições a maioria das vezes totalmente inatingíveis. […] E se a exploração de terras estrangeiras não é o fim mais elevado ou a mais útil das ocupações femininas, ao menos é bem melhor e certamente mais divertida que o croché ou os bordados com que, no lar, tantas procuram enganar o tédio dos seus desocupados dias.[12]

Reconhecendo que o fim principal da mulher é cuidar do lar, Crawford apela em nome das mulheres que não constituíram esse lar e que, para além disso, têm o desejo de viajar. Como estas duas condições só muito extraordinariamente se verificarão numa mesma pessoa, o número de mulheres que as reúnam será sempre suficientemente escasso para não provocar qualquer tumulto social, uma pequena minoria que não se alterará com os tempos.

> O simples facto de a mulher com autonomia financeira constituir uma pequena fração da sociedade proporciona a garantia de que o amor feminino à viagem nunca poderá conduzir a consequências danosas. Enquanto o mundo durar, os homens, e muito em especial as mulheres, procurarão, e encontrarão, a sua felicidade na esfera limitada da vida doméstica. Fazer hoje o que se fez ontem e permanecer na mesma rotina de ano para ano constituirá para todos, exceto para um número insignificante, a essência de uma existência feliz. A mulher turista será sempre, para o seu sexo em geral, um raio meteórico no meio das estrelas fixas que decoram o firmamento.[13]

Contudo, isto contrariava o pensamento dominante. O clérigo James Fordyce (c. 1720-1796), nos seus dois volumes *Sermons to Young Women* [Sermões a jovens mulheres], afirma claramente que é dever tanto das casadas como das solteiras permanecer em casa:

> Que são particularmente culpadas as mulheres que tenham a sua própria família, e viajem muito ao estrangeiro, ou pretendam brilhar em qualquer outro lugar que não a sua esfera privada, deve, creio eu, ser reconhecido. Mas poderá daqui inferir-se que aquelas que nada têm possuam a liberdade de passear perpetuamente, preferir qualquer outro lugar ao lar, e negligenciar as mais respeitáveis virtudes e as conquistas mais valiosas pelos desfiles de vestidos, a exibição da beleza e a afetação?[14]

O brilho da mulher estava reservado à sua esfera privada, e mesmo que ela pudesse cultivar-se de alguma maneira, o essencial era que conservasse a sua feminilidade.

Não é de estranhar que grande parte das viajantes vitorianas sejam mulheres com uma idade considerada bastante avançada

A mulher e a viagem

para a época; são raras as jovens que viajam de uma forma independente. A austríaca Ida Pfeiffer (1797-1858) esperou até aos 45 anos, depois de casar e ver crescer os filhos, para dar várias voltas ao mundo completamente só. Mesmo as que não casam têm obrigações domésticas a cumprir, como Mary Kingsley (1862-1900), que antes de destemidamente se lançar pelas mais inóspitas regiões de África Ocidental cuidou dos pais até à morte destes. É, assim, relativamente comum que estas mulheres, que marcam o tom da viajante moderna, só comecem a percorrer o mundo depois dos quarenta anos.

Uma das motivações para viajar seria a possibilidade de fugir à excessiva moralidade nos seus países. Fora da sua geografia natal, era menos condenável infringir as regras e iniciar uma nova vida. E há as que possuíam razões muito objetivas para escaparem à esfera doméstica. A propósito de uma viajante de que falarei mais tarde, Lady Mary Wortley Montagu (1689-1762), escreve a sua prima Elizabeth Montagu (1718-1800) numa carta a um amigo de 22 de julho de 1740:

Lady Shadwell viu Lady Mary Wortley Montagu em Veneza, onde agora reside, e perguntou-lhe o que a tinha feito abandonar a Inglaterra; ela disse-lhe que a razão era as pessoas se terem tornado tão estúpidas que já não suportava a sua companhia, toda a Inglaterra estava contagiada pela insipidez. Por sinal, aquilo a que ela se refere por insuportável insipidez é o marido, pois parece que não pretende voltar a casa enquanto ele for vivo.[15]

A mulher e a escrita

A maior parte das mulheres de que falo sentiu a necessidade de dar testemunho das suas viagens. Elas escrevem sobre aquilo que veem, embora mais uma vez estejam a penetrar um mundo que lhes é vedado, o da escrita. É por isso comum que a mulher adote géneros literários próximos do confessional e tradicionalmente mais desvalorizados, como as cartas ou o diário, estilos suficientemente lassos para permitir uma suposta narrativa desestruturada. Não lhes era concedido o estatuto de criadoras, apenas lhes era possível esta espécie de encenação da sua vida pessoal enquanto viajantes. A escrita, muitas vezes, não tinha como objetivo a publicação, e nalguns casos as edições são póstumas.

Houve, porém, uma autora que questionou o diário enquanto forma de relatar apropriadamente uma viagem, especialmente quando esta envolvia pretensões científicas. A princesa Teresa da Baviera (1850-1925),[1] prima de d. Pedro II, na sua viagem ao Brasil em 1888, pretendia conhecer o país de uma forma aprofundada, em consonância com o seu estatuto de naturalista e etnógrafa, adquirido ao longo de uma vida dedicada ao estudo e à observação. Atividades como visitar aldeias indígenas, observar animais, colecionar plantas deram origem ao livro *Meine Reise in den Brasilianischen Tropen* [Minha viagem nos trópicos brasileiros].[2] A obra foi escrita em forma de diário, do que a autora se arrependeu, por sentir que o meio não servia os seus propósitos, na medida em que impedia uma visão de conjunto das impressões, bem como dificultava o adicionar de experiências posteriores, uma vez que a princesa passou cinco anos a comparar junto dos museus europeus os espécimes que tinha recolhido, para proceder à sua minuciosa catalogação.

Mas, de facto, no século XIX assiste-se à explosão da narrativa de viagem feita por mulheres, mercê de uma expansão generalizada do género, conforme atestava o médico Henry Holland em carta à sua amiga escritora e viajante Maria Edgeworth (1768-1849): "Hoje em dia ninguém viaja sem escrever um caderno para dizer ao mundo por onde andou e o que viu".[3]

Eram concedidas às mulheres, nos países e culturas estrangeiros, certas prerrogativas de acesso por vezes proibidas aos homens, como aos haréns orientais. Simultaneamente, pelo facto de serem estrangeiras, acediam também à esfera de poder masculino; não raro eram recebidas e convidadas pelas autoridades locais. Os seus relatos, nestes casos, oferecem um repertório de vivências habitualmente interdito ao conhecimento ocidental. O carácter descritivo das suas narrativas deve-se a um desejo de objetividade e também de entendimento, tornando-se uma fonte de aprendizagem. Em 1828, um crítico da revista inglesa *Blackwood's* queixava-se da mediocridade da literatura de viagem, enumerando entre os prevaricadores "as românticas mulheres, cujos olhos estão confinados a meia dúzia de salões e que observam tudo na perspetiva da ficção poética".[4] Ou seja, no início do XIX era já reconhecida a categoria da mulher viajante e escritora, ainda que para lhe retirar respeitabilidade.

É possível encontrar ecos desta visão na atualidade. Em junho de 2011, numa entrevista ao jornal *The Guardian*, o escritor V.S. Naipaul (1932-2018) queixava-se do "sentimentalismo e da visão estreita do mundo" que as mulheres revelam na sua escrita.

Era tal o sentimento de inferioridade da mulher que se lançava na escrita, e em particular nos relatos de viagem, que se tornou comum uma introdução justificativa das narrações. Uma espécie de pedido de desculpa pela ousadia de se exibir tão publicamente. A prática foi estabelecida naquele que é considerado o primeiro relato de viagem ao estrangeiro feito por uma inglesa:

> Não só é necessário que eu faça um pedido de desculpa por aparecer
> desta forma pública, mas também pela minha presunção de tentar

empreender um trabalho que exige uma mão mais elegante e superior, que nenhuma capacidade feminina pode pretender alcançar.[5]

Os exemplos multiplicam-se. Algumas refugiam-se no braço protetor do marido, como Lady Sheil (1825-1869), que em 1856 publica o resultado de uma estada de quatro anos na Pérsia (*Visões da vida e costumes na Pérsia*):

> As notas anexas a este volume foram escritas pelo meu marido. Existem na Pérsia muitos assuntos não acessíveis à investigação pelo sexo feminino, porém, a ausência de qualquer alusão a esses assuntos, mesmo numa produção insignificante como esta, tornaria estas páginas mais incompletas do que, temo, já o sejam.[6]

Notas essas, refira-se, que mais não são do que apontamentos históricos sobre alguns lugares e como tal perfeitamente acessíveis à investigação feita por qualquer um dos sexos.

Tentando contrariar estes preconceitos, assistimos no século XIX a tentativas, mais ou menos dispersas, no sentido de justificar a legitimidade da mulher para escrever sobre a viagem. Em junho de 1845, na revista *Quarterly Review*, escreve Lady Elizabeth Eastlake (1809-1893):

> Todos os países têm uma vida privada a par de uma vida pública, e a primeira é muito necessária para interpretar a segunda. Por isso, cada país requer "repórteres dos dois sexos"; a mulher observadora, com os olhos treinados para o detalhe, após anos passados junto à lareira a cerzir as suas desorganizadas descrições de pessoas e costumes, cheias de frescor e espontaneidade, contrabalançando com o preocupado e orientado viajante masculino, que tanto começa a sua viagem com um determinado objetivo em mente como, falhando este, arranja um passatempo que o mantém ocupado todo o caminho.[7]

A mulher e a escrita

É muito curioso este trecho, porque encerra múltiplos conceitos e preconceitos construídos à volta da mulher. Mesmo viajando, ela não sai de casa, não sai dessa atmosfera de domesticidade que parece impregnar todos os seus passos. Porque se encontra numa situação de fraqueza, tende a prestar maior atenção ao que a rodeia e a estabelecer relações com o outro, o estrangeiro, que assume essa mesma posição. Ela rende-se à experiência, enquanto o homem tende a querer dominar essa experiência. Historicamente, o seu objetivo não será, de uma maneira assumida, o de classificar ou dominar, mas o de inserir-se na realidade que observa como um fim em si mesmo.

Claro que isso leva a um paradoxo. Se a mulher escreve de um ponto de vista mais íntimo ou confessional, a sua narrativa será considerada trivial, não se lhe atribuirá grande importância. Mas se optar por um estilo mais aventureiro, ver-se-á confrontada com acusações de que o que conta é mentira ou, no mínimo, amplamente exagerado. Aconteceu isso mesmo a Mary Kingsley, assim como a Alexandra David-Néel. As suas aventuras foram postas em causa, questionou-se a sua veracidade, o que possivelmente não teria acontecido se fossem homens.

Ao longo do tempo, assistimos a uma evolução na escrita de viagem feita por mulheres. Em virtude das dificuldades que tiveram de vencer para se afirmarem como viajantes e escritoras, estas mulheres — sobretudo a partir do momento em que, no norte da Europa, se assiste ao crescimento da mobilidade feminina, ou seja, no século XIX — procuram uma objetividade que contrarie as expectativas negativas criadas sobre elas.

Sabem que as suas viagens podem constituir informação relevante acerca dos povos que visitam, para o traçado de mapas, o conhecimento cultural, geográfico, topográfico. Tenhamos presente que grande parte destas viajantes eram originárias de potências coloniais, logo, mesmo que não possuíssem motivações políticas, trabalharam no âmbito das regras do Império Britânico, Francês, Alemão etc., e produziram informação que foi aproveitada politicamente nos respetivos países. Ou seja, se é certo que o primeiro impulso que originou as suas viagens pertence, regra geral, a uma esfera íntima e pessoal, o resultado traduziu-se num acervo de informação que seria aproveitado para fins estratégicos e governamentais.

A queda dos impérios coloniais e a progressiva emancipação da mulher levaram a uma proliferação dos testemunhos femininos sobre a viagem. E, como afirmei na introdução, o género de quem escreve sobre viagens é hoje mais relevante do que um século atrás, quando a discriminação era mais acentuada. Nessa altura, a mulher, ao ter de provar que conseguia ser bem-sucedida na viagem e na escrita, não usava a sua condição de género para se impor, porque sabia que a sociedade julgaria impiedosamente o seu trabalho. As multidões de críticos ferozes e misóginos deitariam por terra, sem qualquer tipo de contemplações, o trabalho apresentado pela mulher viajante, a quem não perdoavam a ousadia de escapar de casa.

Atualmente, para além de não existirem mais redutos por explorar, o mundo foi todo mapeado, a viagem subjetivou-se, já não interessa para onde se vai, interessa como se vai e por que se vai. Esta subjetivização, que não é exclusiva da deslocação feminina, foi-se estabelecendo progressivamente ao longo do século XX. Se na primeira metade ainda assistimos às mulheres que viajam, independentemente da motivação, com o fim de recolher informação objetiva sobre os países que visitam, seja do ponto de vista cultural, etnológico, antropológico ou político, essa tendência tende a desvanecer-se nas décadas posteriores. A viagem interior começa a adquirir mais relevância. A suíça Ella Maillart (1903-1997) será uma das primeiras a adotar e a assumir esta mudança. Apesar de ter iniciado as suas viagens nos tumultuosos anos entre as guerras mundiais, a sua longevidade — morre aos 94 anos — permite-lhe assistir a grande parte do século XX, protagonizando as transformações na literatura feminina de viagens.

A ideia é que a transformação política, a mudança de mentalidades, a construção de novos paradigmas sociais, se encontram

A mulher e a escrita

dependentes, em primeiro lugar, da mudança interior e da aprendizagem que a viagem propicia. Daí até chegar à fase atual, em que o pessoal é político, vai um passo. A viagem assemelha-se mais do que nunca à tal travessia que representa a própria vida. E a paisagem exterior se suaviza perante a transformação que provoca na viajante, a qual dá conta desse processo de transmutação interna.

Se a deslocação se democratiza e todos podem viajar, então o que distingue a verdadeira viajante não é tanto o destino escolhido, mas o modo de o alcançar. A irlandesa Dervla Murphy (1931-2022) adquiriu notoriedade fazendo viagens de bicicleta, a britânica Christina Dodwell (n. 1951) conheceu a China percorrendo-a em parte de canoa, a australiana Robyn Davidson (n. 1950) atravessou o deserto da Austrália num camelo, a norte-americana Mary Morris (n. 1947) subiu o Mississípi num barco tradicional, na companhia de dois marinheiros chamados Tom e Jerry, e, ainda, a também norte-americana Rosemary Mahoney (n. 1961) desceu o Nilo num barco a remos. Todas estas viagens deram origem a livros. Os exemplos podiam multiplicar-se.

Em muitos casos, o que se conta não é tanto o que se vê, o que está fora, o Outro, mas antes o que essa viagem em particular provoca em termos interiores, sejam memórias de infância ou histórias de família, por exemplo. O local é apenas o pretexto para se partir numa viagem interior.

Veja-se o caso da norte-americana Mary Morris e a experiência que nos relata da sua estadia em Leninegrado. Sentindo-se inquieta à noite, no seu quarto de hotel, sai para a rua numa daquelas que são conhecidas como noites brancas, em que às duas da manhã é tão claro como de dia. Vai narrando o que vê, num tom melancólico e reverencial, citando Pushkin e Gogol, como se por um museu deambulasse em estado nostálgico:

Continuei pelo labirinto de sinuosas ruas secundárias. Fiz o meu caminho ao longo dos obscuros canais, através das pontes arqueadas, descendo pelas estreitas vielas. Disse-me que deveria voltar para o hotel e dormir, mas estava a ser sugada, surpreendida com a facilidade com que havia entrado em sintonia com esta cidade e os seus habitantes. Como um herói dostoievskiano, pois esta também era a sua cidade, as emoções feriam-me interiormente, como um caracol dentro de si, e eu parecia carregar tudo no meu íntimo, enroscando-se mais profundamente, arrastando-se.[8]

Mais à frente, entendemos que o seu estado de espírito, que se reflete no deambular noturno, se deve a uma recém-anunciada gravidez com a qual começa a aprender a lidar:

> Deitei-me na alcova estreita, no pequeno quarto e na estreita cama toda rendada, sentia o pequeno corpo contido no meu próprio corpo. Descansamos juntos pela primeira vez, um dentro do outro, dentro da cama, dentro da alcova, no quarto, como essas bonecas russas que eu transportava como presentes, cada uma delas cada vez mais pequena, aconchegada dentro da outra.[9]

Outra característica das viajantes atuais, quando relatam as suas experiências, é realçarem o esforço físico que a viagem requer, o denominado *tough travel*, em que se pretende provar através da dificuldade da viagem — travessia do deserto, acompanhamento de um povo nómade, isolamento, os exemplos são numerosos — que estamos no domínio da expedição e não do simples turismo. Facto que as exploradoras vitorianas teriam achado surpreendente, já que descrevem as mais arriscadas aventuras no tom mais natural. Teremos oportunidade de o verificar.

A evolução da escrita de viagem das mulheres acompanha o progresso a que elas mesmas se viram sujeitas enquanto transgressoras de normas. Há quem distinga várias fases no desenvolvimento desta literatura, sobretudo de tradição inglesa: a fase do "feminino", aproximadamente entre 1840 e 1880, que envolve a imitação da escrita

A mulher e a escrita

masculina e um enfoque na esfera doméstica; uma fase "feminista", entre 1880 e 1920, caracterizada pela oposição aos valores e ao domínio masculinos; e, finalmente, desde 1920, a fase da "mulher", marcada pela consciência da identidade feminina e da autodescoberta.[10] Por simplificadora que seja, esta definição lança alguma luz sobre as mudanças e sobre os processos de autoconsciência das mulheres enquanto atores específicos da literatura de viagens.

Mesmo quando o subgénero adotado era particularmente íntimo ou confessional — como as cartas ou o diário —, o relato de viagem permite às mulheres reclamarem uma voz pública, analisarem o mundo e expressarem as suas opiniões e reações. Os seus relatos não são apenas subjetivos e íntimos, são também políticos e polémicos. A Revolução Francesa, por exemplo, constituiu uma inspiração para algumas mulheres, que viram nos acontecimentos subversivos e nos novos direitos reclamados pelo povo francês um paralelismo com os direitos das mulheres.

Mary Wollstonecraft (1759-1797), mãe da escritora Mary Shelley (1797-1851), foi uma delas. Arrebatada defensora dos direitos das mulheres, foi em parte através da viagem que construiu o seu pensamento político. Inspirada pela Revolução Francesa, escreveu *A Vindication of the Rights of Men* [Reivindicação dos direitos dos homens],[11] publicado em 1789, panfleto político em que ataca os privilégios da aristocracia e defende a república. Mary via na revolução o caminho para a libertação da mulher, pelo que fica fortemente desapontada quando, ao ler o plano nacional de educação francês proposto por Talleyrand, percebe que não menciona as mulheres. A sua resposta não se faz esperar: no polémico manifesto *A Vindication of the Rights of Women* [Reivindicação dos direitos das mulheres],[12] publicado em 1792, advoga a igualdade dos direitos das mulheres e o acesso destas à educação. Liberdade, igualdade e fraternidade também para as mulheres. Para Mary, não era de estranhar que estas ocupassem uma posição secundária na sociedade, uma vez que não tinham acesso à educação.

De uma forma menos polémica, esta ideia é reforçada por Maria Edgeworth em *Letters for Literary Ladies* [Cartas para senhoras literárias], publicado em 1795, onde, através de um diálogo epistolar ficcionado entre dois homens, um a favor da ideia da educação das mulheres e o outro contra, se conclui que é ilógico excluir as mulheres dos estudos e ao mesmo tempo ridicularizá-las pela sua falta de realizações. Não se podem obter resultados se não se disponibilizam as ferramentas.

Tanto Wollstonecraft como Edgeworth seguiram atentamente o desenrolar da Revolução Francesa e ambas foram a Paris para a testemunhar em direto, com risco de vida. Também a portuguesa Leonor de Almeida (1750-1839), mais conhecida como Marquesa de Alorna, irá a Paris no ano da revolução e o que vê fá-la pôr em causa os princípios recebidos na sua educação. Apesar de pertencer à aristocracia, classe que se torna uma das principais vítimas do fervor revolucionário, Leonor, temendo por um lado o princípio do fim do seu mundo, não pode deixar de admirar, por outro, os princípios igualitários que a revolução proclama e que o seu espírito iluminista entende como os mais corretos para todos os homens.

Se é evidente, de uma perspetiva histórica, que o género na escrita de viagens não era irrelevante, pois a mulher entrava num campo em que tinha de se afirmar perante o domínio do homem, poderá não ser tão evidente que, depois de as diferenças se terem esbatido, essa diferenciação continue a fazer sentido. Acontece, porém, que o género constitui um elemento identificador e construtor da identidade, inseparável não só de quem escreve mas também de quem lê.

Historicamente, os relatos de viagem escritos por homens tendem a centrar-se na conquista e no domínio do desconhecido, enquanto os das mulheres refletem uma atitude mais contemplativa; se alguma conquista existe, prende-se sobretudo com a da independência. Esta diferença talvez representasse um incentivo à escrita, pois abria a possibilidade de novas perspetivas sobre um mesmo lugar.

Voltando a citar o artigo "Lady travellers", de Elizabeth Eastlake, publicado na revista *Quarterly Review* de 1845:

Quem não percebe a diferença entre os seus livros — em especial os livros de viagem — os dos homens ora maçadores e cheios de detalhes factuais ou então pouco cuidados e superficiais, com dissertações pesadas onde esperávamos um olhar mais leve ou um trocadilho tonto onde esperaríamos um sentimento profundo, ora exigindo muito trabalho ao leitor, ora mostrando demasiado descuido do escritor. E os das mulheres — leveza e animação, vivacidade, com o tato de dedicar-se ao que o leitor mais quer saber e a sensibilidade de evitar o que ela própria desconhece; nem sugerindo esforço do autor nem exigindo uma atenção consciente, deixando porém uma imagem clara na memória e uma verdade sólida impressa na mente?[13]

Os perigos

Não se pode falar em viagem sem mencionar os perigos que ela envolve. Viajar implica tensão. A deslocação compreende o risco, a chegada a um local estranho pode representar perigo, porque desconhecemos o que nos rodeia. É certo que na atualidade os riscos foram substancialmente reduzidos, a produtiva indústria do turismo disso se tem encarregado com eficiência exemplar. Desde os transportes até aos locais de hospedagem, tudo mudou e se tornou mais seguro e confortável. Mas nem sempre foi assim.

Segurança

No rol de perigos o primeiro e mais óbvio prende-se com a segurança. Quando se atravessava o deserto árabe, por exemplo, sofrer o ataque de um clã hostil era um revés bastante provável até há umas décadas, e não escolhia homens ou mulheres. O certo, porém, é que à panóplia de danos à integridade física que podem ser cometidos contra o viajante, à mulher acresce, ou é mais óbvio, o perigo de violação, que pode acontecer em qualquer parte do mundo.

As vitorianas, em particular, fruto do rigor de costumes de que eram vítimas no seu país, sofriam especialmente com o medo de perder a virtude. Com ironia e pragmatismo, Freya Stark discorre acerca deste medo já perto dos quarenta, num livro autobiográfico, quando lhe perguntam por que razão algumas mulheres receiam pela sua virtude:

> Penso que é bastante estúpido preocuparmo-nos com essas coisas quando nos encontramos na meia-idade, mas as inglesas aqui — tão

velhas como eu e algumas até bastante mais — parece que anseiam serem assaltadas se atravessarem dez metros sozinhas à noite.[1]

A questão do assédio sexual é também focada no livro *Hints to Lady Travellers at Home and Abroad*. Mais uma vez, a prevaricadora será sempre a mulher, e a sua conduta determinará o que lhe aconteça:

> Muito se tem dito sobre os perigos para as mulheres, sobretudo jovens mulheres, viajando sós, sobre os aborrecimentos causados pela impertinência ou intrometidas atenções de viajantes do sexo oposto. Apenas posso referir que em todos os casos que são do meu conhecimento ou fruto da minha observação, é a própria mulher a responsável. Estou convicta que nenhum homem, por muito audacioso que seja, se atreverá, se estiver sóbrio, a tratar com familiaridade excessiva ou grosseria uma mulher, por jovem que seja, que distintamente lhe mostre pela dignidade da sua atitude e conduta que esse tipo de liberdades é um insulto.[2]

De resto, se aliada a esta conduta a mulher evitar caminhos solitários a horas tardias e montar apenas durante o dia, a sua segurança e especialmente a sua virtude não serão postas em causa, afirma convictamente a autora.

Se exceptuarmos as situações de países em estado de guerra, viajar hoje em dia é bastante mais seguro do que há umas décadas. A informação sobre os destinos é abundante, há agências de segurança oficiais com páginas na internet que, entre outras informações mais ou menos acertadas, monitorizam o estado de segurança de cada região. Os transportes são mais eficazes e fiáveis. É possível ter uma imagem de satélite da zona geográfica que vamos explorar e fazer *zoom* sobre essa área. É realizável estar lá antes de lá estar. Passear virtualmente pelas ruas de uma cidade que ainda não conhecemos. No limite, é possível viajar sem sair de casa, e não apenas na célebre tradição da viagem literária, mas concretamente, se é que algo de concreto existe na viagem virtual, ver o destino escolhido através de um monitor. Sem riscos, sem perigos.

Esta possibilidade teria ajudado bastante Alexandrine Tinne, herdeira holandesa de grande fortuna, proveniente de uma família liberal que lhe incutiu o gosto pela viagem. Alexine (como também era conhecida) começa as suas deambulações na Europa, para mais tarde se aventurar pelo norte de África e por todo o Médio Oriente. É uma verdadeira exploradora, reconhecida pelo célebre missionário dr. Livingstone (1813-1873), que lhe admira publicamente a coragem. Quando, aos dezenove anos, parte com a mãe rumo ao Egito, dá início a uma das aventuras mais audaciosas de que há memória, mas que acabará tragicamente. Realizará várias explorações nas quais, entre outros feitos notáveis para a época, aluga uma embarcação a vapor para percorrer o rio Nilo. Mais tarde tentará encontrar a nascente do famoso rio e passará meses a explorar a misteriosa região do Sudão e o povo dinka.

Estas expedições foram assoladas por numerosos surtos de febres tropicais, a que sucumbiram todos os membros da expedição e de que Alexine também foi vítima, prostrando-se na cama durante semanas. Relata-se que no Sudão foram tão severamente picadas por mosquitos, que as suas caras incharam ao ponto de se tornarem irreconhecíveis. Os elementos pareciam conspirar contra elas; na época das chuvas as tendas cediam sob o peso das trombas de água. As duas criadas favoritas que a acompanhavam desde a Europa morreram, mas o golpe mais duro foi sem dúvida a morte da mãe, que não resistiu às febres, seguida pouco depois pela morte da tia, que também as acompanhava. Mesmo assim, e apesar dos profundos sentimentos de culpa pela morte dos seus familiares mais queridos, Alexine não desistiu.

Em 1869, iniciava nova aventura pelo deserto do Saara, diz-se que com a intenção de descobrir a nascente do rio Congo. Tal como mandavam as regras das travessias do deserto, Alexine obteve a necessária patronagem dos chefes locais. Não se sabe se devido

Os perigos

a antagonismos entre povos tuareg rivais ou se devido à falta de poder do chefe a quem pediu proteção, o facto é que a meio da travessia Alexine foi surpreendida por um ataque, no qual um dos agressores lhe cortou a mão com uma espada, deixando-a a sangrar até à morte no deserto. Tinha 29 anos. Hoje em dia, diz-se que a causa possível do ataque terão sido os dois enormes tanques de ferro com provisões de água que a sua caravana carregava e que, pela sua grandiosidade, foram tomados por reservatórios de ouro. O que vale mais no deserto?

Justiça lhe seja prestada, apesar do terrível fim da expedição, a aventura não foi em vão. Os conhecimentos científicos adquiridos foram determinantes para expedições posteriores na região. Conhecimentos sobre geografia, geologia, vegetação, clima e vida animal, bem como desenhos de plantas locais, posteriormente publicados em livro,[3] serviram de fonte de estudo para quem mais tarde se aventurou naquelas terras.

Era um perigo viajar, sim. Enfrentava-se o desconhecido e muitas vezes partia-se com o pressentimento de não mais voltar.

"Fiz o meu testamento e tratei de todos os meus assuntos mundanos, de tal forma que no caso de morrer (evento que considero mais provável do que o meu regresso em segurança) a minha família encontrará tudo tratado."[4] Assim escrevia Ida Pfeiffer em 1842, nas vésperas da sua viagem a Terra Santa, Egito e Itália. Pressentimento gorado, a viajante acabou por dar a volta ao mundo várias vezes.

Umas décadas mais tarde, o sentimento geral continuava a ser o de que mulheres sozinhas potenciavam os riscos da viagem. Vejamos o que afirma esta viajante em 1870:

Parece que a Terra Santa é considerada a viagem a fazer por um cavalheiro. "E uma mulher forte poderá acompanhar o seu marido", afirmou o dr. Macleod. Por isso, quando duas amigas e eu resolvemos, no verão de 1868, ausentar-nos durante um ano de casa, com o propósito de visitar locais amados por nós pelas suas santificadas associações, foi grande a consternação expressa pelos nossos amigos perante a ideia de três senhoras se aventurarem em tão prolongada peregrinação a sós. "Acham que elas alguma vez voltarão? Vão para o meio de maometanos e bárbaros", disse alguém que sabia da nossa intenção. Mas por que razão? Os meios de comunicação melhoraram tanto, a arte de providenciar conforto ao viajante é levada a tal perfeição, que qualquer mulher de prudência comum (sem pertencer à classe chamada das independentes de espírito) não terá dificuldades em organizar as coisas ao seu agrado.[5]

Naquele que será porventura o título mais longo da história da literatura de viagens, torna-se evidente a que género de perigos as viajantes se submetiam: *Uma narrativa autêntica do naufrágio e sofrimentos da senhora Eliza Bradley, a mulher do capitão James Bradley, de Liverpool, comandante do navio* Sally, *naufragado na Costa de Barbary, em junho de 1818. A tripulação e os passageiros do mencionado navio caíram nas mãos dos árabes, poucos dias após o naufrágio, entre os que lamentavelmente se encontrava a senhora Bradley, que depois de suportar dificuldades incríveis durante os seis meses de cativeiro (cinco dos quais se encontrou separada do seu marido e de qualquer outro ser civilizado) foi felizmente resgatada das garras dos impiedosos bárbaros, pelo sr. Willshire, o cônsul britânico, residente em Magadore. Escrito pela própria.* Foi publicado em 1820 e relata aquilo que descreve. Ao contrário de outras, a história teve um final feliz, apesar do muito que a autora sofreu, como ela mesma descreve, quase para além da possibilidade de resistência física.

Resilientes e corajosas, estas mulheres. Não raro as vemos usar armas para se defenderem. Isabel Burton usa ostensivamente o revólver no cinto e muitas vezes bastava a existência visível da arma — revólver ou faca — para afastar os perigos.

Um digno e português exemplo será dado por Leonor de Almeida, Marquesa de Alorna, que descreve a sua chegada a uma remota e obscura aldeia dos Pirenéus espanhóis:

A solidão, o ar selvagem dos seus habitantes, a linguagem bárbara que eu mal compreendia porque não era o verdadeiro espanhol, tudo me provocou um terror quase superior às minhas forças, mas fazendo da necessidade virtude desci do carro com uma pistola na mão (descarregada, diga-se de passagem). Uma das criaturas que dificilmente se acreditaria ser da espécie humana iluminou-me, um *caleo* na mão e olhando sempre para a pistola. Apercebi-me que ela tinha tanto medo de mim quanto eu tinha dela; então depus bravamente as minhas armas mas o terror tinha-se espalhado na casa e tive dificuldade em fazer com que a dona do albergue viesse falar comigo.[6]

Numa das suas incursões pela Arábia, Rosita Forbes (c. 1890-1967) conta como, ao contrariar uma ordem dada pelo guia que a acompanhava, os homens que faziam parte da escolta hesitaram em obedecer-lhe. Perante a dúvida, Forbes puxou do revólver e anunciou: "O homem que se recusar a marchar comigo será enviado para uma longa viagem". Quando Farraj, o guia, tenta levar a melhor e levanta a sua espingarda perante o que julga ser uma intimidada e assustada Forbes, esta não hesita em disparar a sua arma. "Ele era um bom alvo contra o pôr do sol. O primeiro tiro arranhou-lhe a mão; o segundo atirou a sua Martini (espingarda) ao ar."[7]

Entre as descrições mais divertidas que li sobre o facto de a mulher ser totalmente capaz de enfrentar os perigos sem a ajuda de um homem conta-se o livro da americana Eliza Farnham (1815-1864), *Life in Prairie Land* [A vida na pradaria], um relato da vida na pradaria de Ilinóis, para onde viaja sozinha entre 1836 e 1840. Em Dixonville, entra na única hospedaria que encontra para passar a noite, apesar de o lugar lhe parecer imundo e o dono bastante suspeito. Embora peça um quarto só para ela, é conduzida para um que se encontra ocupado, garantindo-lhe o dono que aí poderá lavar-se durante uma hora sem ser interrompida e que mais tarde lhe dará um salão que ficará desocupado. Não confiando na boa-fé do seu anfitrião, barrica-se no quarto vedando a porta com malas, baús, móveis e tudo o que encontra à mão.

Mal tinha acabado essa tarefa quando alguém empurra violentamente a porta, tentando em vão entrar no quarto:

> "Abra esta porta", exclamou uma voz dura, acompanhando as palavras com outro empurrão que fez tremer as barreiras. Acrescentei a minha própria força às outras seguranças e informei a pessoa de que uma senhora se encontrava no quarto apenas por um período muito breve e que presumia que ele, como cavalheiro, necessitava apenas de ser informado deste facto para ser levado a deixá-la numa situação pacífica.

Perante a série de impropérios que o evidentemente muito pouco cavalheiro lhe dedica com o fim de recuperar o seu quarto, que quer ver livre "no mais curto espaço de tempo que seria próprio descrever", a nossa heroína não se acobarda e percebe que tem de mudar de atitude se quer prosseguir pacata e sobretudo privadamente com as suas abluções:

> "Cavalheiro", disse eu, "não abandonarei este quarto enquanto não estiver pronta, o que levará bastante mais tempo do que acabou de nomear. Se se retirar e me permitir, sem moléstia, que realize aquilo que vim fazer, o seu quarto será desocupado em quinze minutos. Se permanecer aí, eu permanecerei aqui e tenho, para além da minha força pessoal, a ajuda de dois baús muito pesados e uma espingarda apontada à altura da cabeça de um homem. Pode não estar familiarizado com o seu conteúdo, mas há fortes probabilidades de vir a estar caso insista em abrir esta porta de forma violenta".

É bem possível que Eliza disparasse se o "cavalheiro" prosseguisse nas suas tentativas de forçar a entrada no quarto, pelo menos ele assim o entendeu, visto que se retirou, "murmurando umas maldições terríveis". Mais tarde ela veio a perceber que se encontrava num "antro da mais abominável iniquidade", frequentado por "jogadores, falsificadores, ladrões de cavalos, etc".[8]

Casos há em que a mulher voluntariamente procura o perigo, nem sempre por um gosto pela aventura, mas por uma abnegada vontade de ser útil ao seu semelhante. Mary Seacole (1805-1881) era jamaicana, filha de uma mãe negra, praticante de medicina tradicional, e de um pai branco, militar escocês, que nunca conheceu. A sua experiência, adquirida na pensão da mãe em Kingston — onde esta tratava os soldados inválidos do Exército britânico —, bem como as viagens que, já adulta, fez ao Panamá — onde se encontrava o irmão e onde teve a oportunidade de tratar de doentes com cólera e febre-amarela —, dão-lhe um conhecimento médico que Mary deseja pôr a serviço de um país que considera seu. A oportunidade surge quando a Inglaterra se envolve na Guerra da Crimeia (1854-1856). O conflito desenvolve-se ao longo de dois anos, ingleses, franceses e turcos contra os russos, que haviam invadido algumas províncias do Império Otomano, a pretexto de protegerem os cristãos da Turquia. Foi uma guerra violenta, em que as nações europeias procuraram avidamente conquistar parte do agonizante Império Otomano, maioritariamente travada na distante península da Crimeia, a sul da Ucrânia.

Mary viaja para a Inglaterra, onde descobre que afinal naquela mãe-pátria distante a cor da sua pele é mais relevante que o seu conhecimento médico e que a vontade de servir o Exército britânico. Desdobra-se em contactos junto do Departamento de Guerra inglês, mas é sempre atendida com condescendência e ironia. Enfermeira? Tratar de soldados ingleses, ela, cuja pele mistura o tom negro da ilha natal com o branco escocês? Não, não é digna de servir o Império Britânico. Ainda tenta contactar uma assistente de Florence Nightingale (1820-1910), procurando juntar-se ao contingente de 38 enfermeiras que esta dirigia na Turquia, em apoio dos soldados feridos. A assistente, a senhora Herbert, nem chega a recebê-la, mandando dizer que Florence Nightingale não pode contratar mais enfermeiras. Mas Seacole não é mulher de se deixar vencer. A juventude passada observando a mãe a tratar dos soldados ingleses lembra-a de que estes sempre foram agradecidos e reconhecedores dos seus cuidados. O British Hotel que a senhora Seacole geria em Kingston nos seus tempos de infância é o preferido dos militares britânicos. Não, Mary não se deixará vencer. Ela tem uma missão a cumprir e vai executá-la com ou sem a ajuda dos pomposos burocratas que se lhe atravessam no caminho.

Em janeiro de 1855, anuncia à sua rede de conhecimentos — vasta, devido aos oficiais que passaram pelo British Hotel — a sua intenção de estabelecer cantina e alojamento para oficiais doentes e convalescentes em Balaclava, pequeno porto junto de Sebastopol, na Crimeia. Cedo percebe que deve colocar-se o mais perto possível da linha da frente, pelo que manda construir um edifício a meio caminho entre a frente e o porto, batizado de Spring Hill, onde terá sempre pronta uma refeição quente, cerveja e os seus cuidados para os soldados ingleses, franceses e turcos. Esta atitude e toda a coragem e desvelo manifestados perante o conflito acabam por lhe trazer o reconhecimento dos soldados e oficiais dos exércitos a quem tão generosamente ofereceu os seus cuidados.

No final da guerra, voltará à Inglaterra praticamente na bancarrota. Mas torna-se impossível não lhe fazer justiça. O *Times* louva em vários artigos a sua coragem e dá testemunho de como fora a primeira a colocar-se debaixo de fogo com "vinho, ligaduras e alimentos para os feridos ou para os prisioneiros". Quando corre o risco iminente de falir, o *Times* lança uma campanha de apoio a Seacole. Chega a temer-se a profunda injustiça de Florence Nightingale passar à posteridade pelo seu papel na Guerra da Crimeia, e os atos de Seacole caírem no esquecimento. A história acaba bem, a casa real patrocina a campanha, e Mary Seacole verá as suas dívidas saldadas e garantido um fundo que lhe permitirá viver folgadamente até ao fim dos seus dias. As suas memórias encontram-se fixadas em *Wonderful Adventures of Mrs. Seacole in Many Lands* [Maravilhosas aventuras da sra. Seacole em muitas terras], publicado em 1857.

Saúde

Neste curto périplo, não podemos ignorar a saúde, um risco para quem viaja que ainda hoje subsiste. Que condições vamos encontrar e em que medida podem afetar a nossa saúde? Que epidemias existem pelo mundo?

Se em pleno século XXI o planeta parou e morreram milhões de pessoas devido à pandemia da Covid-19, imaginemos como seriam as condições numa altura em que os desenvolvimentos científicos não estavam tão avançados. A gripe espanhola de 1918, por exemplo, gerou 50 milhões de vítimas.

Serão as próprias viajantes a testemunhar o risco a que se expunham. A francesa Jane Dieulafoy (1851-1916), ela própria morta em consequência de uma febre contraída em Rabat, refere a morte de umas missionárias francesas no Irão em 1880: "Das nove freiras enviadas o ano passado, três sucumbiram logo à chegada, na sequência de resfriamentos contraídos enquanto atravessavam rios a cavalo; outras três morreram de febre tifoide ou de perniciosas complicações".[9]

A vida das missionárias ou religiosas era particularmente difícil, sobretudo em África, um dos lugares tradicionais de missão e onde o europeu sucumbia com facilidade.

"É bastante usual de manhã perguntar-se 'quantos morreram ontem à noite?'. A morte é vista com indiferença, como se as pessoas fossem apenas fazer uma pequena viagem, para regressar ao fim de alguns dias."[10] A autora destas linhas, Anna Maria Falconbridge (1769-?) — que acompanhou o primeiro marido em duas viagens à Serra Leoa em finais do século XVIII, com o objetivo de organizar uma colónia de escravizados libertos —, descreve com bastante agudeza as condições de vida naquele país da África Ocidental, acrescentando: "Não consigo imaginar de que tipo de material sou feita, porque apesar de me encontrar diariamente no meio de tanta doença e de tantas mortes, sinto-me muito melhor do que quando estava em Inglaterra".[11]

As descobertas de Pasteur, o desenvolvimento das vacinas e os progressos da medicina permitiram reduzir substancialmente os perigos que uma viagem a destinos remotos poderia representar para a saúde. Mas não os eliminaram.

Tão surpreendente quanto os casos de resistência como o de Falconbridge é a teoria da força e ânimo das mulheres segundo a sua nacionalidade, exposta pela australiana Mary Gaunt (1861-1942). No seu livro *Alone in West Africa* [Sozinha na África Ocidental], publicado em 1912, a viajante refere o facto de nunca ter encontrado uma mulher inglesa, com exceção das enfermeiras religiosas, que tenha conseguido passar um ano completo na costa ocidental africana: "A teoria geralmente aceite é que não são capazes de o suportar e na maioria dos casos de facto não o conseguem. Ficam doentes. Com as minhas compatriotas é diferente: a australiana fica, assim como a alemã ou a francesa".[12]

E a que se deveria isso? De início, Gaunt afirma não o entender, mas a explicação acaba por lhe surgir. A alemã fica porque o seu orgulho e a sua glória se encontram no lar. Já a australiana não é tão dedicada ao lar, mas o facto de desde cedo ter uma vida difícil e ajudar nas tarefas domésticas, num país onde os criados são uma raridade, faz com que, "quando chega a uma terra em que os criados abundam, se forem duros e ignorantes, ela sente-se numa terra de conforto e luxo".[13] Segundo a autora, à mulher compete acompanhar o marido. Em terras onde os homens são abundantes, a mulher não casa para garantir o sustento, mas por prazer e para o acompanhar e ajudar. Isto leva-a às inglesas: afinal, o problema reside no facto de a Inglaterra ser um país sem homens, o que leva as mulheres, para garantirem o seu modo de vida, a casarem com o primeiro que lhes aparece, que bem pode ser o último!

A sua casa africana não lhe interessa, o marido não a absorve, não tem ninguém a quem exibir o seu estatuto de recém-casada, nenhuma visita que fazer, nenhum lanche, nenhuma *matiné*, de facto não tem quaisquer interesses, está entediada até à morte; teme o "resfriado", por isso não permite a entrada do refrescante ar da noite. Como resultado natural, volta para casa ao fim de sete meses feita um destroço e, uma vez mais, o pobre clima africano é que paga as favas.[14]

É um exercício divertido cruzar as afirmações de Gaunt com as de um membro da geração de 1870, Jaime Batalha Reis. Na sua atividade de jornalista, Reis escreve sobre a mulher viajante inglesa, advogando o seu pleno direito a integrar a Sociedade Real de Geografia da Inglaterra. Em 1839, esta organização tinha elegido como membros 21 mulheres, mas foi depois obrigada a arrepiar caminho, devido à quantidade de reclamações contra a admissão de mulheres, que seria posteriormente vetada por larga maioria. Reis indigna-se contra esta posição, compondo uma acesa defesa dos direitos das mulheres viajantes, pois destas se tratava essencialmente. E nessa defesa contraria a tese da sra. Gaunt:

Justamente em virtude das suas qualidades masculinas, a mulher inglesa é uma excelente exploradora geográfica — isto é, tão forte, saudável, decidida, pouco imaginativa no que precisa de comer para poder atravessar os países selvagens e desconhecidos, pouco mais ou menos como qualquer homem. O número das inglesas que vão aos planaltos do Tibete, que atravessam a Pérsia, que se introduzem na Arábia, que atingem as montanhas da Abissínia ou os vales pouco frequentados da África Central, é cada dia mais considerável. É frequente serem elas as únicas pessoas, em toda a caravana, que não são atacadas pelas febres ou doenças dos países insalubres.[15]

Higiene

As condições de higiene eram, e são ainda, determinantes para o bom sucesso de uma viagem. Quartos imundos e casas de banho sem qualquer semelhança com as ocidentais eram queixas frequentes das viajantes — isto, claro, quando tinham o privilégio de encontrar um quarto ou de usufruir de uma casa de banho. A maioria das vezes, e de uma forma talvez bem mais confortável ou pelo menos higiénica, a dormida era feita em tendas montadas ao ar livre e todas as necessidades de caráter fisiológico, satisfeitas ao relento.

Mas não serão essas as piores condições a enfrentar: a falta de privacidade nos acampamentos, aliada ao excesso de pudor, impediam um asseio frequente.

No Médio Oriente, por exemplo, era comum a hospedagem em caravançarais, estalagens que ficavam nas rotas habituais dos viajantes,[16] cuja forma retangular, com um pátio central, permitia albergar animais, camelos, burros, cavalos, e, também, as pessoas, nas dependências em redor. Uma vez que não era frequente a mulher viajar, não existiam espaços separados em função do sexo. As latrinas eram primitivas.

Mesmo nas cidades se testemunha a falta de salubridade. Isabelle Massieu (1844-1932) percorreu a Ásia sozinha e fornece este elucidativo detalhe aquando da sua passagem por Banguecoque: "O coração exalta-se quando começa a ver os detritos e imundícies amontoados por todas as esquinas". Mas não se pense que a sujidade é exclusiva do longínquo mundo não ocidental. A feminista francesa Olympe Audouard (1830-1890), nos finais do século XIX, queixa-se do cadáver de um cavalo que esteve a apodrecer à porta da sua chique casa, na Rua 23 de Nova Iorque, durante três dias! Mas confesso que a minha favorita é esta gráfica descrição de Sousse, na Tunísia, feita por Anne de Voisins d'Ambre (1827-?): "A hedionda e repulsiva sujidade das ruas [...], tão cobertas de lixo que o chão se torna ondulado e os pés se afundam em elasticidades que fazem tremer os mais aguerridos, das quais exalam pestilentas emanações".[17]

Nem Lisboa em pleno século XX se livra de descrições pouco abonatórias sobre certos bairros, a fazer fé na descrição da americana Mary McCarthy (1912-1989), que andou pelo país durante três meses nos anos 1950: "Os lisboetas sentem orgulho de Alfama, que se assemelha às piores páginas de Victor Hugo. Farrapos, cheiros e emaciação andam aqui a par [...]. No entanto, os portugueses estão ansiosos por mostrar Alfama como um pedaço de cor local".[18]

Nestas condições, é natural que as doenças se propagassem com mais facilidade e que as epidemias fossem frequentes. Mas havia mais problemas a enfrentar pela falta de higiene e a falta de intimidade. Acredito que a menopausa, e já vimos como muitas destas mulheres não viajaram na flor da idade, possa ter resolvido alguns problemas de caráter mais íntimo, mas nem sempre terá sido assim. Em todo o caso, não descobri nenhuma referência à questão da menstruação e de como uma mulher num espaço limitado e sem privacidade poderia lidar com o tema.

Sei, por exemplo, que Ida Pfeiffer, numa travessia de barco até Alexandria, não se lavou ou mudou de roupa durante dez dias. Entre a higiene, o conforto, a virtude e o recato, percebemos quais eram as principais condicionantes para as mulheres no século XIX. É pouco provável que em pleno século XXI assistíssemos a estas evidentes, e um tanto exageradas, manifestações de pudor.

Mas há as que tiveram uma atitude mais pragmática em relação à forçada vida comunitária a que eram obrigadas nos caravançarais. Na sua obra publicada em 1860, *Voyage dans les steppes de la Mer Caspienne et dans la Russie Méridionale* [Viagem às estepes do mar Cáspio e à Rússia Meridional], Adèle Hommaire de Hell (c. 1819-1883) sente que "os viajantes se preocupam pouco uns com os outros. [...] Neste quarto cheio de indivíduos de costumes tão diversos, encontramo-nos tão à vontade como se o quarto fosse só nosso".[19]

A roupa

A viajante e escritora Ella Sykes (1863-1939) cita em *Through Persia on a Side-Saddle* [Cruzando a Pérsia numa sela lateral], publicado em 1901, o seguinte provérbio persa: "Se estiveres numa sala sê da mesma cor das pessoas que lá se encontram". Talvez não seja por isso invulgar que nas suas aventuras em terras estrangeiras algumas mulheres adotem os costumes locais no que diz respeito às roupas, uma atitude a que os ingleses chamam, um tanto depreciativamente, *going native*. A primeira de muitas terá sido Lady Mary Wortley Montagu, cujo formidável retrato pintado em 1716 por Charles Jarvas nos mostra uma mulher elegantemente vestida com roupas de inspiração otomana.

Décadas mais tarde, Lady Hester Stanhope (1776-1839) vai mais longe no seu atrevimento e adota a indumentária masculina turca. Já no século XIX, Fanny Loviot (c. 1828-1860) far-se-á passar por homem, de modo a evitar ser violada quando a embarcação em que seguia de Hong Kong para a Califórnia é capturada por piratas chineses. Anne de Voisins d'Ambre, de que vimos a repugnada descrição de uma rua de Sousse, adora descrever-se como um cavaleiro árabe galopando pelo deserto tunisino, tal como uma personagem de romance. Também Isabelle Eberhardt (1877-1904), no virar do século XIX para o XX, adotou na Argélia o trajar dos homens árabes, sendo frequentemente confundida com um.

Mais recentemente, em *Through Persia in Disguise* [Atravessando a Pérsia, disfarçada], publicado em 1973, Sarah Hobson (n. 1947) conta como percorreu o Irão disfarçada de homem, sendo inclusivamente alvo de assédio masculino. "Era um desenlace estranho. Tinha-me esquecido, ou pelo menos nunca tinha considerado, que se fosse bem-sucedida como rapaz teria de lidar com a homossexualidade."[20]

Estas condutas não estavam, certamente, isentas de crítica. Perante uma Freya Stark ataviada com roupas masculinas, o explorador inglês Wilfred Thesiger (1910-2003) dirá:

Ali está ela vestida como um homem com um punhal e um cinto de cartuchos e uma espingarda e tudo o resto — mas porquê? Se ela queria vestir-se como um árabe deveria ter usado roupas de mulher em

Os perigos

vez desta coisa ridícula de se vestir como um homem ou um rapaz — que a condena do princípio ao fim.[21]

Talvez se tivesse feito as suas explorações pelos desertos árabes vestido com roupas de mulher, fossem elas ocidentais ou orientais, o sr. Thesiger percebesse as dificuldades que estas representavam e como lhe tolheriam os movimentos.

Nem todas, porém, partilhavam do "abandono do decoro". Muitas permaneciam fiéis, e até ao último minuto das suas peripécias viviam ataviadas no seu improvável vestuário vitoriano, próprio para o clima do norte da Europa, mas de modo algum adequado às extremas variações de temperatura que se fazem sentir no deserto, ao grau de humidade da selva ou ao sol abrasador de uma savana. A vitoriana Mary Kingsley, por exemplo, não abandona a saia preta até aos tornozelos, e a camisa igualmente preta, de folhos, abotoada até ao pescoço, mesmo quando se encontra em pântanos africanos à procura de espécies raras de peixes.

Em países como Inglaterra, no entanto, havia lojas de roupa e armazéns com secções inteiramente dedicadas às mulheres que se deslocavam para outras paragens. Em *Na Síria*, a célebre escritora de policiais mas também afoita viajante Agatha Christie dá-nos uma hilariante descrição da sua tentativa de comprar roupas simultaneamente adequadas às temperaturas abrasadoras da Síria e à compleição de uma "mulher cheia". A passagem é elucidativa sobre o tipo de secções que as senhoras podiam encontrar. Para além da secção geral, onde era difícil encontrar roupa de verão em pleno inverno, havia também a "Nossa secção de cruzeiros", totalmente incompatível com tamanhos grandes, e a "Nossa secção tropical":

Consiste principalmente de chapéus coloniais – chapéus coloniais castanhos, chapéus coloniais brancos, chapéus coloniais de patente especial. [...] Mas – sim – há mais coisas. Aqui há vestuário próprio para as esposas dos construtores do império. Xantungue! Casacos e saias de xantungue de corte simples – sem nada de disparates juvenis –, que contemplam as corpulentas e as esqueléticas! Avanço para um cubículo, levando vários estilos e tamanhos. Poucos minutos depois estou transformada numa *memsahib*![22]

Considerando o elevado número de viajantes no Médio Oriente e nos países árabes, onde o uso do véu feminino é tradicional, ressalve-se que muitas destas mulheres optavam por não cobrir a cabeça. Lady Hester Stanhope será uma delas, entrando desafiadoramente em Damasco sem qualquer peça a ocultar-lhe os cabelos. Mas casos haverá em que o véu não só é usado como quase se torna indispensável, pois torna a mulher mais discreta, menos óbvia, menos estrangeira. Vejamos o texto da inglesa Rosita Forbes, em *The Secret of the Sahara* [O segredo do Saara]:

> Tirei o meu gasto véu com um suspiro de alívio, porém, enquanto vagueava nas tortuosas ruelas da velha Sisa com as suas casas encavalitadas umas em cima das outras e o seu labirinto de túneis escuros que servem de rua, senti-me envergonhada perante o olhar dos árabes. Parecia-me intolerável que um muçulmano pudesse ver a minha cara sem véu. Instintivamente enfiei o meu gorro e subi a minha capa. Curiosamente, a alma deste povo tinha-se tornado também a minha, e eu ressentia-me da falta de privacidade, até que me lembrei de que Sitt Khadija não existia![23]

A autora assumiu tão convictamente este processo de tornar-se nativa, que adoptou uma personagem, uma jovem viúva líbia chamada Sitt Khadija, por quem se fazia passar.

Não é o caso de Eliza Fay (c. 1755-1816) quando, na sua passagem pelo Cairo, em 1779, a caminho da Índia com o marido, se vê forçada a adotar os vestidos que as mulheres locais usam para poder conhecer a cidade sem ser incomodada. O vestuário exigia o véu e as camadas sucessivas de roupa fazem-na dizer: "uma moda terrível para alguém como eu, para quem o ar puro é o maior requisito da existência".[24] Aparentemente, o seu desejo de ar puro tê-la-á feito esquecer a prudência fora das cidades, pois no seu atribulado caminho contam-se um assalto à caravana em que seguia no deserto egípcio e uma detenção no sul da Índia.

Harriet Martineau (1802-1876), na sua viagem pelo Nilo até Abul Simbel, em 1846-47, recusou as vestes locais, embora se tornasse o centro das atenções nas várias povoações por onde passava ao longo do rio. "O olhar não era rude ou ofensivo, mas era suficientemente desagradável, pelo menos para alguém como eu, que sabia que a aparência de uma mulher com a face descoberta é uma indecência."[25]

Em certas regiões nem sequer era possível a escolha. Na Pérsia, por exemplo: "Com uma mulher é diferente. Não pode sair sem estar coberta por um denso véu; nem se pode entreter fazendo compras no bazar devido à atenção que atrairia se não estivesse vestida com roupas persas".[26]

Realmente, o principal problema com a roupa destas históricas viajantes relacionava-se mais com as condições de vida em viagem do que propriamente com as variações climáticas, embora estas pudessem ser rigorosas. Montar a cavalo ou a camelo várias horas por dia não é tarefa fácil com saias de vários folhos, botins de tacão, corpetes, espartilhos, anáguas e um sem-fim de peças que desde os tempos mais remotos têm feito parte da história da por vezes indecifrável moda feminina.

A roupa é fundamental, pode até ser uma questão de vida ou morte, como quando se foge de um elefante, de um leão ou mesmo de um nativo hostil. Lady Mary Hodgson (1673-c. 1719) di-lo curta mas certeiramente: "As saias são um impedimento quando se está a fugir pela vida em Ashantiland".[27] Referia-se ao cerco do forte da cidade de Kumassi, no Gana, que opôs as tropas britânicas aos povos Ashanti.

A roupa serve igualmente para proteger as mulheres das ameaças sexuais. A sentenciosa Davidson impõe com algum rigor que as saias poderão ser um pouco mais curtas no caso de se fazer montanhismo, mas só o bastante para libertar o tornozelo, e não perdoa as mulheres que usam saia "uma polegada ou duas abaixo do joelho", de aparência nada consistente com a ideia de feminilidade.

Para além do maior conforto que o uso de trajes masculinos conferia, a adoção de uma identidade masculina facilitava a circulação. Na viagem que faz a Palmira com o marido, o explorador Richard Burton, Isabel Burton deleita-se com o facto de a confundirem com um rapaz:

> Diverte-me e apraz-me muito saber que ao longo de todo o caminho tenho sido geralmente confundida com um rapaz. Não tinha em mente disfarçar-me, mas quando me apercebi incentivei a ideia, e procederei de igual forma no futuro, enquanto estivermos fora dos trilhos habituais.[28]

O traje de montar inglês, em que as pontas do vestido eram recolhidas dentro das botas de cano alto, criava a aparência das calças largas que os nativos vestiam. Se a isso juntarmos o cabelo recolhido dentro de um *tarbush*[29] e por cima o lenço que lhe cobria a cabeça, o peito e os ombros, escondendo as suas formas, mais o revólver e a faca de caça pendurados de um cinto de cabedal atado à cintura, temos a figura perfeita de um jovem sírio acompanhando uma expedição de europeus. Isto permitiu-lhe aceder a sítios onde a mulher, por não lhe ser reconhecido o devido merecimento, não podia estar: "Assim vestida, eu podia fazer o que me apetecesse, entrar nos sítios que as mulheres não são dignas de ver e receber todo o respeito e consideração que seriam prestados ao filho de um homem poderoso".[30]

Também Jane Digby (1807-1881), numa viagem a Palmira em 1853, juntamente com a sua criada Eugénie, são forçadas a fazer-se passar por beduínos, já que a escolta não garante a sua segurança enquanto mulheres estrangeiras europeias.

É particularmente interessante perceber como o vestuário transcendeu a mera questão da moda e das conveniências práticas — quando se viajava e sob que clima, os costumes locais, os transportes utilizados ou as dificuldades do terreno. Para as mulheres do século XIX, e mesmo para as da primeira metade do XX, o facto de adotarem roupas masculinas representava uma ameaça para a estrutura social, na medida em que as calças eram vistas como símbolo do poder do homem e do domínio do masculino na sociedade.[31] A questão jogava-se directamente no campo dos movimentos feministas: em especial desde a década de 1870, a evolução dos direitos das mulheres não se ficou pelo campo da política e teve expressão social, com implicações quanto ao que lhes era permitido em termos de comportamento e de vestuário. A mulher viajante era portanto duplamente transgressora, pois não só desafiava as convenções pelo facto de partir, como se vestia de maneira imprópria para uma senhora.

A roupa é uma forma de afirmar a identidade e até a nacionalidade, facto particularmente notório na altura em que as mulheres se estreiam no *grand tour*. Um dos grandes perigos que os ingleses viam nessa deambulação europeia, mesmo para os homens, era o da "estrangeirização". Sobretudo a partir do século XVIII, quando o *grand tour* começou a institucionalizar-se, tornou-se comum seguir a moda dos outros países. Paris, naturalmente, era a máxima referência, mas também Itália marcava o passo nesta área. Foi, aliás, no século XVIII que se assistiu a uma uniformização da moda por toda a Europa, por contraste com os séculos XVII e XIX, altura em que as modas e os costumes regionais se impuseram.

A mulher francesa era admirada por saber vestir-se bem, mas também pela sua cultura e espírito. Nas palavras da escritora Frances Brooke (1724-1789):

> Uma francesa distinta sentir-se-á mais envergonhada se falhar no seu gosto pelas *Belles Lettres* do que se for malvestida, e é pelo facto de negligenciarem o adorno das suas mentes que as nossas viajantes inglesas são em Paris objeto de desprezo inominável, honradas com a designação de belas selvagens.[32]

No entanto, as inglesas não deixavam de fazer o *tour* pelo velho continente, sendo Paris a primeira paragem obrigatória. Aí podiam não só mergulhar em pleno nas últimas tendências da moda, como testemunhar o tipo de vida que as damas da sociedade levavam. Os salões de ilustres damas francesas nos quais se discutia literatura, arte e mesmo política eram uma fonte de aprendizagem para as inglesas, que acabaram por replicar esse modelo na sua pátria.

A maior liberdade de que gozavam as mulheres no continente amedrontava os tradicionalistas britânicos. A inglesa Elizabeth Montagu descreve o interesse do seu círculo de amigos londrinos depois de regressar de uma estada no continente: "Depois de tão prolongada ausência visitavam-me com frequência e curiosidade os meus conhecidos, queriam perceber se eu me tinha germanizado em Spa, holandizado na Haya ou afrancesado pela estada de duas noites no Lion d'Argent, em Calais".

Aparentemente, terão ficado tranquilos: "Não melhorei nem me metamorfoseei".[33]

A fidelidade à moda podia provocar a insolvência dos viajantes. Este perigo era de tal ordem, que em 1753 o dramaturgo Edward Moore escreve uma sátira sobre o tema. *The World* [O mundo] descreve as desventuras de um inglês que é persuadido pela mulher e pela filha a levá-las em viagem a Paris, justamente a acompanhar o irmão, que vai iniciar o seu *grand tour*. Relutante, o pobre marido e pai aceita, para ao fim de uns tempos na capital francesa concluir: "A minha mulher tornou-se ridícula ao ser publicada em francês, e a versão da minha filha, ouso dizê-lo, impedirá muitos cavalheiros ingleses de tentarem compreendê-la".[34]

Isto após gastar consideráveis quantias que quase o levam à falência. Nada que não se possa solucionar quando as mulheres regressarem à sua pátria, onde não poderão acompanhar a moda francesa. Pior será o filho, que também ele voltará com um pensamento diferente e muito pouco inglês.

A comida

Serão hoje poucas as pessoas que esmorecem perante a ideia de viajar para um destino longínquo com medo de não se habituarem à dieta local, até porque as cadeias de fast-food se podem encontrar nas esquinas mais remotas. Mas recuemos para um tempo em que não era possível armazenar alimentos, não existiam enlatados nem refrigerantes, nem Tetra Paks ou qualquer dispositivo de conservação dos mantimentos.

Quando se leem os relatos de mulheres sobre longas travessias pelo deserto, por florestas, regiões inóspitas e pouco populosas, percebe-se que encontrar comida ou um poço de água potável se tornava uma questão de sobrevivência.

"Na Jamaica, de cada vez que apanhávamos uma tartaruga, invariavelmente eu implorava pela sua vida, mas algum tempo depois só pensava em comida fresca", desabafa Lady Richmond Brown (1885-1946) em *Unknown Tribes and Uncharted Seas* [Povos desconhecidos e mares inexplorados]. Publicado em 1924, o livro conta a viagem de Brown à América Central e à do Sul, em desobediência às ordens do médico para que ficasse em casa convalescendo de uma operação delicada. Brown não só recusou ficar confinada a ver os amigos a jogar ténis e a passar intermináveis tardes bebericando chá, como se aventurou a observar os povos perdidos daquelas regiões, acompanhando um amigo explorador. Mas do que me interessa agora falar é de comida, ou melhor, da ausência dela. Uma mulher convalescente com certeza teria uma dieta delicada, e no entanto Lady Brown não só não segue essa dieta como se aventura nos pratos mais exóticos, típicos da região. Sabe que perde a sua compostura britânica quando se abalança perante as refeições mais "primitivas", mas a fome não lhe permite escolher. Comerá o porco selvagem que viu ser morto e esfolado momentos antes de estar no seu prato. A sua civilidade esbate-se: "Uma ou duas vezes me senti revoltada quando ouvia as histórias das acções de homens desesperados depois de um naufrágio. Mas agora compreendo".[35]

As travessias das missionárias britânicas Mildred Cable (1878-1952) e Francesca French (1871-1960) pelo deserto do Gobi impressionam ainda hoje qualquer leitor. Já veteranas, atravessaram o deserto cinco vezes, entre 1926 e 1941.

Sem água o deserto não passa de um cemitério [...]. Ninguém se consegue acostumar à sede. Quando o desejo de água assalta um homem, ele esquece tudo o resto na sua frenética procura, sabendo que a sua vida depende de encontrá-la e que, falhando, ele cedo se tornará vítima do delírio, da loucura e da morte.[36]

O relato prossegue com uma arrepiante descrição do que a sede faz sofrer e de como o deserto pode ser tão enganador, iludindo mesmo os olhos mais avisados com as miragens da temida água seca. Estas mulheres descobriram também, sob uma temperatura escaldante, que no deserto há ainda a água que não sacia, pior do que as miragens:

O brilho da fonte límpida era irresistível, mas quando corri para lá, agora certa da água ser uma realidade, a mesma voz áspera advertiu-me: "Beba tão pouco dessa água quanto possa". Desta vez ignorei os seus avisos, tinha encontrado água verdadeira e queria apreciá-la até ao fim. Cedo me apercebi de que o *bash* era mais experiente do que eu, porque quanto mais bebia da água, mais ressequida ficava. Era salobra — nem salgada nem doce. Nem salgada como o suor que conduz à loucura, nem doce como a água da nascente que sacia e refresca, mas salobra, deixando a sede insaciada para sempre. Bebi quanto pude e voltei a beber e ainda assim permaneci sedenta.[37]

Mas o deserto oferece outras possibilidades, não se perdendo o espírito e a vontade ou até mesmo o sentido do humor. Era até possível aperfeiçoar as qualidades culinárias. Uma das pioneiras do deserto, Lady Anne Blunt (1837-1917) — que passou à história não especificamente pelas suas muitas viagens (foi a primeira mulher a atravessar o deserto da Arábia), mas pela sua paixão pelos cavalos — habituou-se totalmente à escassez de alimentos, aproveitando o que podia na sua dieta precária:

> Os gafanhotos são agora uma parte normal das provisões diárias e constituem na verdade um excelente ingrediente. Depois de os experimentarmos de várias maneiras, chegámos à conclusão de que o melhor é simplesmente cozê-los. As pernas longas e saltadoras devem ser arrancadas e o gafanhoto deve ser segurado pelas asas, mergulhado em sal e comido. Sabe a vegetal, mais do que a peixe ou carne, um pouco como o trigo verde na Inglaterra, e para nós substitui os vegetais de que tanto necessitamos.[38]

Wilfrid, o marido de Lady Anne, com quem viaja, atreve-se até a sugerir que ao prato fosse atribuído o mérito de um lugar cimeiro entre os *hors d'œuvre* de qualquer restaurante parisiense.

Não será contudo necessário aventurarmo-nos por países longínquos para que a alimentação se torne um problema. Na própria Europa, a comida podia ser bastante intolerável para os estrangeiros. Mais uma vez, as inglesas são paradigmáticas no seu desagrado e desprezo pelos hábitos alimentares de outros países. Lady Anna Miller (1741-1781), que viajou muito pela Europa, escreve nas suas *Letters from Italy* [Cartas da Itália], em 1777, que, contrariamente ao expectável, a gastronomia em Genebra não é tão má como lhe haviam dito: "Sobre o que ouviste [a mãe] de comerem gatos, se alguma verdade existe nisso não é em Genebra que esse animal está na moda, mas em lugares mais remotos e pouco civilizados da Suíça".[39]

Nem a cozinha francesa escapou à voracidade crítica destas exigentes *gourmets*. Hester Thrale (1741-1821), que viajou pela Europa com Samuel Johnson, afirma com desagrado, quando se encontram em Paris, que nenhuma carne sabe como a carne inglesa e que os franceses abusam das cebolas e do queijo em todos os pratos e condimentam tanto os alimentos que lhes retiram o sabor original. Não há prato que não possua alho, vinagre, queijo e sal em abundância.

Até a dieta mediterrânica, hoje considerada Património Imaterial da Humanidade, é achincalhada pela exigente avidez destas senhoras. Vejamos os reparos que a escritora Marie Rattazzi (1813-1883) faz à gastronomia lusa, aquando das suas visitas a Portugal em 1876 e 1879:

> Em Portugal desconhece-se completamente a arte culinária. A cozinha é tão má como a de Espanha, e já não é dizer pouco. Desde a sopa até à sobremesa nada se faz sem azeite. Não é só isto que a torna abominável, são os cozinheiros do país que podem alcunhar-se *estraga molhos*.[40]

A logística da viagem

É uns dias, uns meses, até uns anos antes da partida, dependendo da travessia que pretendemos realizar, que a génese da palavra *travel* em inglês faz jus à sua origem etimológica. A logística da viagem pode tornar-se uma tortura para quem vai partir. Será talvez fácil para o viajante deste globalizado século XXI diligenciar o transporte ou o alojamento, preparar o itinerário, saber que tipo de mala levar, que roupa será mais apropriada ou com que tipo de alimentação se vai confrontar. Os guias de viagem não faltam, e a internet é um valioso repositório de informação sobre destinos diversos. De casa, é possível marcar o mais remoto alojamento ou optar por tendas que protegem do frio, do calor ou da chuva. Os sacos de cama são finos, leves e à prova dos climas mais rigorosos. Há roupa preparada para todos os tipos de ambientes, geografias e atividades. A bagagem pode ir desde uma simples mochila impermeável e fácil de carregar até a uma sofisticada mala ultraleve de rodas que se desliza sem esforço. Em última instância, é até possível não escolher nada e encomendar o serviço a uma agência de viagens. Atualmente existem agências de todos os tipos, desde a clássica até à que prepara viagens de aventuras, peregrinações religiosas, luas de mel, idas a locais perigosos (como Afeganistão e Iraque), deslocações para ver fenómenos da natureza (nos Estados Unidos organizam-se viagens para observar tornados). A verdade é que é até possível nem saber para onde se vai e o que se vai ver.

Nem sempre estas facilidades existiram. Não me atrevo a imaginar como se preparavam e organizavam os primeiros viajantes, apesar das narrações existentes, mas é possível formular uma ideia bastante aproximada de como se viajava a partir do século XVIII, tanto através das descrições, como, já no século XIX, através das imagens.

O catálogo de dificuldades é extenso. Numa carta à irmã, aquando da sua chegada a Paris, Elizabeth Montagu refere: "Os cavalos são tão maus, os cocheiros, tão desajeitados, os arreios de corda, tão podres, as estalagens, tão sujas, que julgo que ninguém viajaria dez milhas neste país se o pudesse evitar".[1]

Nesse tempo, como agora, as mais afoitas ou as mais empreendedoras ou com mais recursos económicos (embora a escassez de dinheiro não tenha impedido Ida Pfeiffer, entre outras, dos seus passeios pelo globo) organizavam as suas próprias viagens. Outras, menos preparadas ou com menos tempo, paciência ou informação, optavam pelos serviços do já mencionado sr. Thomas Cook, numa altura em que nasce a indústria do turismo. A agência, criada em 1865, ainda hoje existe. Cozinha viagens, literalmente. O lema é *Don't just book it. Thomas cook it*, pretendendo passar a ideia de que o turista não é levado como mais uma peça de bagagem para uma série de destinos sobre os quais não teve grande coisa a dizer.

Desengane-se, porém, quem pense que esta logística institucionalizada não dá o seu trabalho. A incansável Lady Isabel Burton vivia na Síria com o marido Richard quando entrou em contacto com um grupo de 180 compatriotas em visita ao Médio Oriente pela mão experiente de Cook. A descrição consta do seu livro *The Inner Life of Syria, Palestine and the Holy Land* [A vida íntima da Síria, da Palestina e da Terra Santa], publicado em 1875, e é hilariante:

> Chegam como gafanhotos a uma cidade, e é difícil aos *habitués* encontrar alojamento e alimentação durante a sua estadia. Os nativos costumam dizer "*Ma hum sayyáhín: hum kukíyyeh*" ("Estes não são viajantes: estes são cookii"); no entanto nunca será demais louvar o sr. Cook e a sua instituição. Ele permite que milhares de pessoas, que de outro modo ficariam em casa, desfrutem de *l'éducation d'un voyage*; e a viagem é necessária à "estreita mente insular". Abrirá países atualmente

de difícil acesso; um grupo de Cook não será saqueado ou maltratado em sítios em que um indivíduo só muito raramente poderá entrar.

Lembremo-nos de que estas premonitórias palavras são escritas na segunda metade do século XIX. Por muito que a viagem se tivesse banalizado, sobretudo em países como a Inglaterra, a verdade é que ainda representava um grande perigo em certas partes do globo. Mas é evidente que a sucessiva invasão de "cookiis" nos países mais fechados ou remotos iria provocar a sua abertura, quanto mais não fosse porque ficavam com uma ideia do tipo de costumes e comportamentos dos "gafanhotos" de outras latitudes — nem sempre abonatórios, é certo.

Burton prossegue:

> Mas as "caravanas" são conjuntos de curiosos bípedes humanos. Seguramente, o sr. Cook deve publicitar a elaboração desta incongruente coleção e seguidamente escolher os mais estranhos. Deve ser difícil para ele também. Uns discutem com ele porque chove, outros porque caem dos seus cavalos, e todos têm as suas queixas.

Apesar da ironia com que descreve a situação e as várias figuras bizarras do grupo, Burton nunca abandona o tom apologético, já que percebe que certas pessoas não se atreveriam a viajar de outra maneira:

> Tudo o que vi preencheria um capítulo, mas seria injusto escrevê-lo; havia sem dúvida pessoas agradáveis, tranquilas e bem-comportadas no meio deles, simplesmente essas não exerciam qualquer atracção sobre mim. Para sermos justos, se tivermos 180 pessoas de diferentes temperamentos, caracteres e hábitos de qualquer parte do mundo e as misturarmos, é absolutamente garantido que, quando aqueles que não estão habituados a viajar sentirem fome ou sede, calor ou frio, cansaço ou sonolência e outras dificuldades previsíveis na vida fora de casa, o pior do seu carácter virá à superfície.[2]

Pense-se no tormento que era providenciar transporte para 180 passageiros na Síria do século XIX. Não creio que haja hoje em dia agências suficientemente temerárias para reunirem um grupo de 180 na mesma viagem, mas, a existirem, a verdade é que em dois confortáveis autocarros elas e as respectivas bagagens seriam facilmente transportadas. Em contrapartida, quando o meio de transporte mais eficiente é o cavalo, há que recorrer a uma arte logística de génio para conseguir pôr toda a tropa em andamento.

Antes de a indústria do turismo se desenvolver em pleno, o viajante contratava o seu próprio serviço. Os séquitos — constituídos por guias, criados, carregadores, animais de transporte etc. — podiam atingir, nos viajantes mais endinheirados, várias centenas de pessoas e de animais. Viajar não era uma tarefa fácil ou acessível aos mais desorganizados, o poder de controlo exigido era imenso. É interessante notar o modo como a mulher — que no seu país e no seu lar desempenhava um papel normalmente subordinado — quando em viagem, sobretudo no domínio colonial, se transforma em autoridade. A organização de meios podia ser bastante complicada e transformava de facto a viajante na comandante suprema, conferindo-lhe um poder de que não desfrutava em casa.

A inglesa Mariana Starke (c. 1762-1838), que se celebrizou, entre outras obras, pelos seus guias de viagem de França e Itália, elabora extensíssimas listas com tudo o que é preciso, o que inclui artefactos como uma cama construída de modo a poder transformar-se num sofá-cama, pistolas e facas, um canivete suíço para as refeições, colheres de prata, sopa, chá, sal, uma *chaise-percée*[3] de viagem instalável em carruagem, ferro de engomar, selas e arreios para homens e para mulheres, um móvel dispensário com escalas e pesos, para além de tantas outras coisas.[4] Começam a ser compreensíveis os enormes baús que se utilizavam em viagem.

Há por isso quem dê conselhos sobre o tipo de bagagens e onde podem ser adquiridas. Agnes Smith (1843-1926) refere:

O baú ideal é o de Edward Cave, Wigmore Street. É um cesto, coberto com uma lona forte que não precisa de cobertura extra e, ao mesmo tempo, leve e impermeável à chuva. Para viagens curtas, uma pequena mala de cabedal chamada "The Gladstone" é muito apropriada, já que contém mais do que parece à primeira vista e prende-se facilmente nas costas da mula.[5]

Mas, regra geral, as bagagens são bastante numerosas, daí a necessidade de um pequeno exército de serventes. É por isso habitual os guias de viagem darem conselhos sobre como tratar os criados, embora se dirijam essencialmente a homens. A *Domestic Encyclopedia* [Enciclopédia doméstica], publicada em 1821, oferece conselhos quanto ao criado ideal:

> O criado seleccionado para acompanhar um cavalheiro nas suas viagens deve ser fluente na língua francesa; saber escrever expeditamente com letra legível para poder copiar tudo o que se lhe ponha à frente; ter conhecimentos práticos de cirurgia e saber fazer sangramentos caso o seu senhor tenha um acidente num lugar onde não exista assistência cirúrgica. Os cavalheiros devem esforçar-se por conquistar estes criados tão úteis às suas pessoas, mostrando-lhes a mesma atenção que um pai possa ter pelo seu filho, prometendo-lhes um lugar para a vida no regresso.

Recorde-se que estes homens não serviam apenas o viajante, como também organizavam o resto do pessoal.

Outros havia que tentavam preparar o viajante para as idiossincrasias dos serventes indígenas. Neste caso, imperava a regra da superioridade racial e de classe, recomendada tanto para homens como para mulheres. Sugere-se portanto um tom de comando ativo: "Em todas as relações com os ajudantes de campo e os nativos seja em primeiro lugar paciente, a seguir justo e firme, distribuindo de igual modo e com moderação elogios e críticas, mas firmemente.

Nunca perca a calma — exceto se o fizer de propósito, e evite os gracejos", são algumas das recomendações da Royal Geographical Society.[6]

Com as devidas distâncias, porque não se esperava que uma mulher interagisse com os outros quando em viagem, estes conselhos serão igualmente válidos para as mulheres. Com efeito, uma viagem podia resultar num tremendo desastre caso o serviço escolhido não fosse de confiança. Que o diga Lady Mary Coke (1727-1811), aristocrata inglesa que costumava passar os invernos a viajar, ao descobrir numa estadia em Viena, em 1773, que o criado principal que se encontrava ao serviço há oito anos a andava a roubar. Para agravar a situação, outro dos empregados encontrava-se em permanente estado de embriaguez e suspeitava-se de que um outro lhe tinha furtado um colar de pérolas. Outro ainda inflacionava os preços das acomodações para ficar com o excedente. Em suma, a deslealdade e a traição foram de tal ordem, que Lady Coke começou a ficar paranoica, convencendo-se de que a aleivosia dos criados resultava de ordens dadas pela arquiduquesa da Áustria, Maria Teresa. Mas nem estas contrariedades a impediriam de continuar a viajar:

> As coisas tão desagradáveis por que passei na última viagem, embora não me tenham dissuadido de viajar, ao menos fizeram-me tomar a determinação de nunca mais viajar para tão longe de Inglaterra. França e a Flandres serão, imagino eu, para o futuro, as fronteiras das minhas viagens.[7]

Mesmo sem insídia ou perfídia, os criados podiam tornar-se um incómodo. Mary Wollstonecraft, por exemplo, sente uma enorme dificuldade em comunicar com o amante americano durante a sua estadia em França. Numa carta que lhe dirige em 1795, queixa-se: "Que posso eu dizer? Que posso escrever com a Marguerite empoleirada num canto ao meu lado? Não sei".[8]

Quando acompanha o marido nas suas escavações arqueológicas na Síria, a pragmática Agatha Christie não se inibe de falar dos criados que os assistem e do desconsolo que sente por ter ao serviço o criado principal que por hierarquia lhe está atribuído, a ela e ao marido, chefe da expedição, mas que é claramente o pior:

> Por vezes, nas primeiras horas da manhã, tenho um sentimento de aversão por Mansur! Entra no quarto depois de ter batido à porta umas seis vezes, porque tem dúvidas se o repetido "Entra" é de facto dirigido a ele. Fica parado a respirar com grande esforço e segurando duas chávenas de chá forte que balançam perigosamente. [...] Com ele entra um forte aroma, na melhor das hipóteses a cebola, e na pior a alho. Nenhum deles é muito apreciado às cinco da manhã.[9]

E depois havia a frustração de não poder seguir exatamente o que os guias recomendavam para cavalheiros. Mesmo a expedita Gertrude Bell se queixará disso em carta a propósito de uma viagem pela Turquia em 1905: "O que os meus serventes precisavam ontem à noite era de uma boa coça, e seria isso que teriam tido se eu fosse um homem — raramente me lembro de ter sentido tanta raiva reprimida! — mas da forma que as coisas são tenho de calar-me e passar por cima".[10]

O transporte

Como vimos, uma das razões para o grande desenvolvimento do turismo no século XIX foi o progresso nos transportes. O comboio revolucionou as deslocações, permitindo de uma forma relativamente confortável e segura cobrir grandes extensões geográficas. Até essa altura, o único transporte de carácter coletivo era o barco, ideal para viagens intercontinentais ou onde existissem cursos navegáveis de água. O Danúbio e o Volga, por exemplo, eram vias de acesso a grandes cidades do centro e do leste da Europa. E o famoso Nilo, que na sua parte navegável permitiu que chegassem a terras egípcias tantos e tantos viajantes ao longo dos séculos.

Onde o barco não podia chegar, viajava-se por terra em carruagem. Outros meios de transporte fundamentais eram o cavalo e o burro, o asno ou o camelo. Em destinos mais longínquos, até as zebras chegaram a ser utilizadas.

Os progressos alcançados nos meios de transporte — o comboio e, mais tarde, os veículos motorizados — não foram unanimemente saudados com entusiasmo. Cada inovação era recebida com azedume por algumas minorias, que acreditavam que aquilo ia prejudicar o modo de vida ou estragar a paisagem. De certa forma, tinham razão. O poeta inglês William Wordsworth (1770-1850) chegou inclusive a fazer uma campanha, muito fracassada, contra o caminho de ferro. O crítico de arte e ensaísta John Ruskin (1819-1900) secundou ferozmente esta opinião:

> Todo o sistema ferroviário de viajar é dirigido a pessoas que, estando muito apressadas, são por essa razão infelizes. Ninguém que o pudesse evitar viajaria dessa maneira [...]. O caminho de ferro é na sua totalidade uma questão de negócio sério, despachar-se o mais cedo possível. Transforma um homem numa encomenda viva.

O turista acaba, assim, por se transformar no "arauto involuntário da não desejada modernização, o insidioso agente do poder transformativo".[11]

Hoje em dia — já o observei no início — algumas mulheres viajantes procuram formas alternativas de transporte que lhes criem o exotismo que já nem o destino mais remoto pode oferecer. A sua jornada torna-se assim mais desafiante, aventureira e interessante, justificando a escrita. Mas até ao final do século XIX não havia realmente alternativas.

Para algumas mulheres, o transporte era quase mais importante do que a viagem. A francesa Louise Bourbonnaud (c. 1847-1915), por exemplo, dedicada viajante que dá a volta ao mundo no final do século XIX, passa mais tempo em comboios, barcos e hotéis do que

A logística da viagem

no exterior, referindo-se sobretudo a isso e nunca demonstrando grande interesse pelo que a rodeia. Ao passar por Lisboa (não se sabe com exatidão a data, apenas que terá sido depois de 1875, ano em que fica viúva e decide começar a viajar), dedica-lhe três míseras páginas em *Seule à travers 145,000 lieues terrestres, maritimes, aériennes* [Sozinha por 145 mil lugares terrestres, marítimos e aéreos], onde se lê: "Lisboa não possui belas ruas e à parte a Praça do Comércio, que os ingleses chamam também praça do cavalo de bronze, possui poucas coisas dignas de serem citadas".[12]

O transporte podia ser bastante inusual. É frequente, por exemplo, ao atravessarem cadeias montanhosas, os viajantes mais abastados irem na chamada *chaise à porteurs*, em vez da tradicional e terrivelmente dura mula. Não que esta alternativa fosse muito mais confortável, e deveria ser certamente mais perigosa. A intrépida Lady Webster (1771-1845), cuja infelicidade durante o primeiro casamento a levou a passar grande parte do tempo no estrangeiro, conta no seu diário que atravessa os Alpes na tal *chaise à porteurs*, que mais não é do que um palanquim em forma de cadeira, segurado por dois homens que caem com frequência devido à irregularidade do piso e à estreiteza do caminho: "A minha intrepidez deve mais a uma indiferença em relação à vida do que à minha coragem natural. Não tenho nada para amar, por isso a vida para mim não é de grande valor".[13]

Também Lady Sheil, que passou quatro anos na Pérsia com o marido, falará deste intimidante palanquim, só que transportado por mulas, o que parece ainda mais aterrador. Este meio de transporte não tinha tanto que ver com o tipo de caminho que se atravessava quanto com a intenção de ocultar as mulheres:

[...] o modo comum de viajar entre as mulheres, encerradas numa grande caixa, chamada *takhterewan*, suspensa entre duas mulas, em que a pessoa se arrasta com dignidade senhorial, de tal forma que a nossa paciência é posta a um duro julgamento. Num terreno montanhoso esta mesma caixa expõe a ocupante a algum perigo e a uma alta dose de terror. Numa estrada estreita, com um profundo precipício num dos lados, sem parapeito, e com mulas que nem orações, golpes ou injúrias afastam da beira, a pessoa vê a caixa pendurada sobre o abismo escancarado e a ocupante nem se atreve a mexer-se, não vá perturbar o equilíbrio e, involuntariamente, procurar a salvação antes do tempo devido.[14]

Vimos como o ato de viajar foi permitindo ou abrindo caminho para que as mulheres adquirissem alguns direitos. Poder sair de casa, conhecer o mundo, mudar o vestuário tradicional, foram desenvolvimentos que a viagem ajudou a introduzir. Um outro, especificamente relacionado com os meios de transporte, se deve acrescentar a esta lista: montar a cavalo como os homens. Nenhuma importância se dá hoje ao tema, homens e mulheres utilizam as mesmas selas e montam exatamente da mesma maneira, mas nem sempre foi assim. Até bem avançado o século xx, mulheres houve que montaram sempre à amazona, isto é, com as duas pernas de um lado da sela, especificamente concebida para esse fim. Montar de outra forma era considerado impudico e escandaloso.

Renée Schwarzenbach (1883-1959), mãe da viajante suíça Annemarie Schwarzenbach, foi uma cavaleira excepcional. Tinha uma criação de cavalos na quinta em Boken, no lago de Zurique, e era frequente ganhar os primeiros prémios nos concursos hípicos de obstáculos. Há belíssimas fotografias que a captam a saltar com o seu cavalo mais de 1,30 metro, sempre à amazona. Nunca montou escarranchada, apesar de a filha, nascida em 1908, já ter aprendido a montar dessa maneira.

Se trago à tona a senhora Schwarzenbach, que até à morte permaneceu inveterada amazona, é porque a história demonstra a convicção e a intransigência que dominavam esta questão, que despertou debates e discussões inflamadas. Obviamente, o que estava em causa não era propriamente a forma de montar — é possível fazê-lo das duas formas e há selas e arreios específicos para cada uma delas —, mas sim a visibilidade da mulher. O decoro que a devia preservar de outros olhares, o recato que devia manter, eram de todo em todo incompatíveis com a desfaçatez de se arriscar a mostrar uma parte da sua pele e de assumir uma postura tão impudica e pouco feminina.

Mas o problema era realmente sério, pois o cavalo constituía um transporte inestimável e único em certas regiões. Algumas das nossas protagonistas abordam a questão e confessam, mais ou menos envergonhadas, que tiveram de montar escarranchadas, esclarecendo que o fizeram porque simplesmente não tinham alternativa.

Houve uma mulher, porém, que se destacou na defesa frontal do direito das mulheres a montar como os homens. Ethel Brilliana Tweedie (c. 1862-1940) é hoje uma figura relativamente desconhecida, mas chegou a alcançar bastante notoriedade no seu tempo quando, depois de ter ficado sem família, viúva e com dois filhos para sustentar, encarou a viagem como forma de ganhar dinheiro. Destacou-se sobretudo pelo que escreveu sobre a Escandinávia, tendo publicado vários livros das viagens à Islândia, à Noruega e à Finlândia.

Em *A Girl's Ride in Iceland* [Passeio de uma rapariga na Islândia], publicado em 1889, defende sem reservas essa postura, gerando acesos debates na imprensa, com opiniões entusiasticamente a favor e outras fervorosamente contra si. "Coisas amargas foram ditas pelos dois campos no que diz respeito a uma coisa tão simples e inofensiva",[15] desabafa.

O caso surge quando Tweedie se vê forçada a montar dessa forma durante a sua estada na Islândia. Não tendo trazido a sua própria sela à amazona e havendo no grupo outra mulher, os islandeses procuram afadigadamente encontrar duas selas para as senhoras, num país em que as senhoras montam como os homens. Após a busca, na estalagem onde se encontram, é achada apenas uma sela, velha e carcomida e com ar medieval, a qual foi destinada a uma tal "menina T.". Ethel vê-se então na contingência de escolher entre ficar para trás ou montar à amazona numa sela de homem. A escolha da segunda opção termina, como seria de esperar, numa sucessão de quedas e na incapacidade de prosseguir naqueles moldes o passeio pelas paisagens islandesas. "Não havia alternativa: ou volto para trás ou monto como um homem. A necessidade dá coragem nas emergências."[16] Apesar de a posição lhe parecer estranha ao princípio e de se sentir um pouco desconfortável, cedo começa a perceber que é muito mais agradável e rapidamente começa a trotar e a galopar sem problemas. Compara-se até com a menina T., lamentando que esta só visse metade da paisagem. De facto, para uma amazona, olhar para o lado oposto pode representar um rude golpe para a coluna.

Confortada com a sua escolha e sendo cavaleira experiente, Tweedie comprova em primeira mão as vantagens da equitação masculina, muito menos cansativa e bastante mais confortável. Recorre a todo o tipo de argumentos em defesa da sua tese, desde o facto de se verem mulheres a andar de bicicleta e de até os pais mais severos permitirem que as filhas montem escarranchadas sobre o selim, até às opiniões médicas, como a de um tal Sir John Williams — "umas das maiores autoridades em doenças de mulheres" —, segundo o qual montar como os homens não trazia qualquer prejuízo para a saúde feminina.

Na realidade, diz ela, esta problemática carece de sentido, na medida em que mulheres na Islândia, na África do Sul, na Albânia ou mesmo as mexicanas, indianas ou romenas, por exemplo, montam escarranchadas. Aliás, as próprias mulheres inglesas assim o faziam, antes de a *side-saddle* ter sido introduzida, presumivelmente, por Ana de Boémia (1366-1394), mulher de Ricardo II. A verdade é que as referências e imagens de mulheres a montar à amazona vêm desde a Grécia clássica, mas só na Idade Média a moda terá pegado entre as mulheres (pelo menos as de determinadas posições sociais) da Europa.

Tweedie investe contra a convenção social:

A logística da viagem

A sociedade diz que as mulheres não devem montar como os homens. A sociedade é um tirano cruel. Nada é mais fácil do que aguentar-se numa sela de lado, é claro, e nada mais difícil que montar numa graciosamente. Pelo conforto e pela segurança afirmo, monta como um homem.[17]

A dormida

Mais um dilema para as viajantes de tempos remotos. Os hotéis começaram a ser comuns no início do século XIX, mas até essa data o viajante deveria contar com a imprevisibilidade de pensões, estalagens, caravançarais, mosteiros etc., lugares que nem sempre garantiam segurança, privacidade, conforto ou higiene. "Já dormi em tudo e em nada", afirmará Rosita Forbes em *Adventure* (1928). Para agravar a questão, havia ainda muitos lugares vedados às mulheres.

Depois de jornadas cansativas, muitas vezes a cavalo durante horas seguidas, o ansiado descanso poderia ser terrivelmente frustrante. Elizabeth Montagu descreve os vários alojamentos de França como "chiqueiros para porcos", uns atrás dos outros. "Em vez de dormir, passas o tempo a coçar o braço esquerdo e a tentar afugentar os vermes, tantas vezes quantas cometem a insolência de acampar na tua testa."[18]

Lady Anna Miller também descreve os alojamentos em Itália de uma forma muito pouco abonatória: "A dureza e a sujidade da cama não me convidam a descansar".[19]

Marie Rattazzi dissertará sobre as pragas lisboetas:

As casas em Lisboa, como em todo o resto de Portugal, são habitadas, principalmente de verão, por um enxame de baratas que de noite saem pelas fendas do sobrado, do teto, das paredes, por todos os lados, enegrecendo as casas. [...] Uma noite, fugi horrorizada do Hotel Gibraltar, convencida de que era inútil lutar, pois que quantas mais se matam mais aparecem.[20]

Na sua deambulação pela Hungria e pela Transilvânia, no final do século XIX, Ellen Browning (1836-1932) oferece-nos um vivo retrato de uma das pragas que desde os mais remotos tempos assolam os viajantes que pernoitam em alojamentos menos cuidados: as pulgas. Depois de um cansativo dia na estrada, nada mais ansiando do que uma cama onde descansar, Browning passa uma noite num hotel em Kolozsvár, Roménia, em luta contra este pequeno mas fastidioso inimigo:

É difícil para algumas pessoas fazer a ponte entre pulgas e tragédia, mas eu não sou uma dessas afortunadas pessoas. *Experientia docet* (a experiência ensina). Ao princípio começaram a vaguear furtivamente sobre os meus membros indefesos só duas ou três; eram evidentemente a vanguarda enviada em missão de reconhecimento. Encontrando-me muito sonolenta, cocei-me vigorosamente, dei vários beliscões ao acaso e fingi que tão poucas não faziam diferença. Houve uma pausa nas suas manobras e eu — pobre mortal! — sonolentamente regozijei-me de elas não considerarem o meu sangue suficientemente "doce" para os seus gostos depravados e, em consequência, se terem retirado em busca de "novas pastagens". Porém, a ilusão durou pouco. Elas tinham simplesmente ido chamar as suas irmãs, primas, que se contavam às dúzias, bem como as suas tias para se juntarem à festa e tomarem parte nas corridas.[21]

Uma das descrições mais repulsivas, e divertidas também, vem da pena acutilante da sra. Christie. Apesar de declarar não ser uma pessoa com uma aversão exagerada a ratos, confessando até ter-se afeiçoado a um ou outro roedor intrometido, oferece-nos a descrição de uma noite infernal:

Assim que apagamos os candeeiros, dezenas de ratos – na verdade creio que seriam às centenas – saem dos buracos das paredes e do chão. Correm alegremente por cima das nossas camas, chiando ao mesmo tempo. Ratos por cima da cara, ratos a puxarem-nos os cabelos – ratos! Ratos! RATOS! [...] Esforço-me por reprimir os tremores da carne.

A logística da viagem 81

Adormeço durante um instante, mas os pezinhos a correr pela minha cara acordam-me. Ligo a lanterna. As baratas aumentaram e uma enorme aranha negra está a descer do teto por cima de mim! A noite assim continua, e sinto vergonha de dizer que às duas da madrugada fico histérica. Declaro que quando amanhecer vou para Kamichlie esperar pelo comboio e voltar diretamente para Alepo! E de Alepo sigo direto para Inglaterra! Não consigo suportar esta vida! Não vou aguentar isto! Vou para casa![22]

A histeria é fleumaticamente dissolvida pelo marido, que manda instalar a cama ao ar livre, garantindo-lhes um sono livre de roedores e rastejantes sob o firmamento plácido e estrelado da Síria.

Isto para não falar da ainda mais terrível praga dos mosquitos ou da ameaça das cobras. Isabella Bird (1831-1904), por exemplo, descreve situações terríveis com uma enorme quantidade de cobras que encontra no Colorado, como veremos mais à frente. Claro que a culpa nem sempre é do alojamento, até porque muitas vezes nem sequer existe alojamento. Muitas são as viajantes que optam por dormir ao relento, em tendas de campanha ou até, por vezes, no próprio meio de transporte.

Viajantes — porquê estas?

Falei até aqui de algumas das mulheres que justificam a existência deste livro. Tenho a noção de que as histórias são sempre incompletas e de que uma vida, por medíocre que possa parecer, nunca se pode, nunca se deve, restringir a umas quantas linhas resumidas num livro. A verdade, porém, é que nenhuma destas mulheres teve uma vida insignificante. Era necessário coragem e força de vontade para afrontar a sociedade e insistir na aventura geográfica que, por motivos diversos, inquietou tantas mulheres cujo destino óbvio era o lar.

Este livro pretende apenas dar a conhecer alguns nomes. Se tenho de justificar o critério de inclusão de uma viajante em detrimento de outra quase fico sem argumentos. Foram tantas, são tantas. Mulheres que se desviaram da rota normal de sua existência e em decisões audazes mudaram o curso de sua vida, provando que a viagem — esse domínio masculino desde os tempos mais remotos — também lhes pertencia.

Mais do que falar sobre estas mulheres, pretendo que elas falem por si. Foi o que tentei fazer nos capítulos que se seguem: dar-lhes voz, recuperar palavras, desvendar pensamentos, revelar imagens, para nos tornarmos testemunhas de sua vida aventureira.

A arrumação em categorias obedeceu a vários critérios, que misturei de uma forma algo diluída. O primeiro, mais óbvio, é o cronológico. Comecei pelas precursoras da viagem, uma espécie de pioneiras não assumidas. Saberão sempre os primeiros que são os primeiros? Com a brevidade que os poucos textos e as incertezas históricas nos impõem, recuaremos um pouco na história, até ao século IV.

Nesta rota cronológica interpõe-se a geografia: falaremos de destinos de eleição, perdendo-nos no apelo exótico do Oriente,

Viajantes — porquê estas?

nas luxuriosas e também desérticas paisagens de África, percorreremos o mundo, que algumas delas palmilharam de lés a lés.

Também obedeci a critérios de afinidades, temperamentos semelhantes, daí o capítulo dedicado às mulheres para quem a viagem era sobretudo interior.

Por fim, falaremos de viajantes contemporâneas que, pela extensão da sua vida, obra e viagens, ou pela originalidade da sua voz, têm direito a integrar o panteão das notáveis.

É uma viagem longa, mas que se empreende com gosto, pois a sensibilidade destas mulheres, a sua capacidade de observação, os diversos contextos e épocas em que viajaram, formam hoje um legado muito importante não apenas sobre a cultura do "outro", mas também sobre as sociedades de que eram oriundas.

Em suma, este livro traça o percurso das mulheres viajantes — pleno de romantismo, audácia, aventura —, mas também o da sociedade ocidental e da sua relação com outras culturas.

Segunda parte

As pioneiras

As crónicas oficiais pouco falam delas, mas é certo que houve mulheres de exploradores, cavaleiros, cruzados ou até mesmo de mercadores que acompanharam os seus maridos nas suas várias atividades mundo fora. Era um mundo remoto e desconhecido, cujos limites geográficos ainda não haviam sido definitivamente estabelecidos. O fim do mundo terrestre, ninguém o havia visto, mas não faltavam fábulas a preencher o vazio do conhecimento. Existiriam profundos abismos para o nada, ou pior, para o incógnito? Terras de canibais, como aparecem definidos em certos mapas medievais os territórios desconhecidos? A superstição, aliada à ignorância, tornava qualquer jornada num empreendimento de grande ousadia. O facto de ser levado a cabo por uma mulher aumentava esse sentimento.

Já vimos como a Bíblia se tornou uma espécie de primeiro guia de viagem, já que continha o conjunto de lugares que o viajante peregrino desejava visitar. No entanto, para percorrer o itinerário devoto, o peregrino precisava de outras ajudas. Os romanos, embora credores em muito do seu conhecimento geográfico aos gregos, deram o seu contributo nesta área, sobretudo porque isso lhes permitia conhecer melhor os seus vastos domínios. Eram comuns os guias romanos que auxiliavam o viajante, e dividiam-se em dois grupos: os *Itineraria Adnotata* e os *Itineraria Picta*. Os primeiros referenciavam as distâncias entre os lugares, assinalavam as estradas, identificavam as capitais de província, as guarnições ou colónias e, ainda, descreviam os rios ou montanhas que separavam cada província. Os segundos eram mapas. Existiam também livros dedicados a locais, em particular dentro do Império, como o *Mirabilia Urbis Romae*, do século XII, que descreve as maravilhas da cidade de Roma.

Os *mirabilia* tornar-se-ão comuns nas narrativas de viagem da Idade Média, interrompendo frequentemente o discurso sobre o itinerário, para descrever as maravilhas que se deparavam no caminho ao autor.[1]

Egéria
finais do século IV

Apesar dos guias e outros instrumentos então ao alcance, é difícil explicar o que levou Egéria a empreender uma peregrinação nos finais do século IV.

Foi nesta época que começaram a aumentar as deslocações de mulheres do Ocidente para o Oriente, impulsionadas pela imperatriz Helena, mãe do imperador Constantino. Será este imperador a facilitar as peregrinações à Terra Santa, quando, no Édito de Milão de 313, impôs a neutralidade religiosa do Império, logo, a tolerância ao cristianismo. Diz-se até que Constantino se terá convertido ao cristianismo por influência da mãe. Com efeito, Santa Helena foi uma devota cristã e realizou uma peregrinação à Palestina por volta de 326, pouco tempo antes de morrer, certamente com um séquito considerável. Há notícia de outras mulheres — geralmente patrícias romanas — em viagem peregrina àquela região, como Melânia, a Velha, viúva de um prefeito de Roma que ali se deslocou na década de 370.

As pioneiras

O que torna Egéria única é o facto de ela ter escrito, num registo epistolar posteriormente recolhido em livro, sobre a sua peregrinação ao Oriente. É o primeiro relato de viagem escrito por uma mulher e o segundo do género, já que até então apenas um peregrino, de Bordéus, escrevera um testemunho de peregrinação, cinquenta anos antes.[2]

As fontes pouco nos revelam sobre Egéria, e até o seu nome é motivo de controvérsia: Eiheria, Echeria, Heteria ou Etheria são hipóteses que preteri em favor de Egéria, versão que consta em *Egéria, viagem do Ocidente à Terra Santa, no século IV (Itinerarium ad Loca Sancta)*.

Não é possível afirmar com precisão quem foi Egéria. As informações mais diretas provêm da sua narrativa, mas não deixa de ser estranho que lhe seja prestada uma atenção relativamente marginal na literatura sobre o tema. Talvez o facto de o mundo anglo-saxão dominar a viagem desde o século xix tenha relegado para segundo plano as viajantes de outros contextos. Porém, Egéria merece integrar o panteão das aventureiras mais arrojadas, e seria justo prestar-lhe homenagem como padroeira das viajantes modernas. Afinal, tudo indica, terá sido a primeira.

Com todas as incertezas que a falta de provas documentais acarreta, a história coloca Egéria a habitar a Galiza na segunda metade do século iv. Não é certo que lá tenha nascido, embora seja bastante provável que a sua origem se situe algures na Península Ibérica. Há uma tese, cada vez menos defendida, segundo a qual teria nascido no sul da Gália, província de Aquitânia, atual França. Igualmente escasso é o que se sabe sobre o resto da sua vida. Alguns historiadores sugerem que era parente do imperador Teodósio, o Grande (347-395), por via da sua mulher, Aelia Flacila, mas não há qualquer facto que o comprove.

A primeira fonte de informação sobre Egéria provém de uma carta escrita pelo monge galego Valério de Bierzo (c. 630-695), que a identifica como freira. Tem sido bastante comum referenciá-la no lugar de abadessa num convento galego, mais um facto que fica por comprovar. Valério infere que ela é religiosa porque no texto se dirige a interlocutoras, a quem chama de irmãs — "Ora, uma coisa quero que vós saibais, veneráveis senhoras e irmãs" —,[3] o que não possui particular relevância, uma vez que naquele tempo era comum os cristãos trataram-se assim, mesmo que não professassem qualquer voto.

O certo é que não seria frequente que uma mulher leiga, mesmo de posses, fizesse uma viagem tão grande: cerca de três anos (entre 381 e 384), para mais por sua própria determinação, e não como mera acompanhante.

Ao longo do seu trajeto, Egéria foi sempre acompanhada, na maioria dos casos, por homens do clero, mesmo bispos, e, em alguns trechos, por oficiais do Império. No seu texto, a referência aos santos homens que a acompanham é constante:

> E embora deva dar sempre graças a Deus por todas as coisas [...] contudo, pela minha parte, também não sou capaz de agradecer o suficiente a todos aqueles santos, que se dignavam receber a minha humilde pessoa de tão boa vontade nos seus mosteiros e até guiar-me por todos os lugares, que eu procurava ver sempre seguindo as Sagradas Escrituras.[4]

Religiosa ou não, foi sem dúvida uma mulher influente e com algum poder.

Depois desta primeira referência de Valério, a obra foi recuperada no século XIX por se encontrar parcialmente copiada no *Codex Aretinus*, escrito num mosteiro beneditino no século XI. O *Codex* foi descoberto em 1884 pelo estudioso Francesco Gamurrini numa biblioteca monástica de Arezzo. Hoje em dia, o manuscrito conserva-se no Museu de Arezzo. Mas o texto de Egéria chegou incompleto, já que se terão perdido a primeira e a última partes. Faltando-lhe o título, começou por ser conhecido como *Itineriarum Egeriæ*.

Para além do facto totalmente surpreendente de ter sido escrita por uma mulher, esta obra é fundamental do ponto de vista histórico, porque oferece informação valiosa sobre vários aspectos. Em primeiro lugar, o facto de ter sido escrita em latim vulgar fornece pistas da evolução da língua e clarifica alguns fenómenos de derivação para as línguas românicas.

Fornece, ainda, informação preciosa sobre a liturgia cristã de Jerusalém, comparando-a com a do Ocidente hispânico, numa altura em que se começa a estabelecer definitivamente o conjunto de cerimónias e datas religiosas do cristianismo, como o Domingo de Glória ou o Natal.

O livro encontra-se dividido em duas partes, a primeira dedicada à viagem propriamente dita, na qual nos é dada a relação dos lugares que Egéria visita, e a segunda consagrada exclusivamente à liturgia de Jerusalém, que começa assim: "Ora, para que Vossa Caridade saiba que ofícios têm lugar cada dia nos lugares santos, julguei dever dar-vos disso conhecimento sabendo que teríeis gosto em conhecê-los",[5] seguindo-se uma pormenorizada descrição dos ritos. Alguns episódios são particularmente emotivos, dada a transcendência do lugar. A vigília na liturgia de domingo realizada na Anástese (a gruta que cobria o túmulo de Cristo), por exemplo: "Mal começa a leitura fazem-se tais gritos e gemidos da parte de todos os que assistem, e são tantas as lágrimas que até o mais insensível se deixaria comover até às lágrimas pelo muito que o senhor sofreu por nós".[6] Ou a liturgia da Sexta-Feira Santa:

> Uma vez, pois, chegados a Getsémani, faz-se primeiro uma oração apropriada, diz-se um hino; em seguida lê-se o passo do *Evangelho* onde o Senhor foi preso. À leitura deste passo, são tais os gritos e gemidos de todo o povo em lágrimas, que quase junto à cidade se ouviam as lamentações de todo o povo.[7]

Mas que caminhos atravessou Egéria? Aproveitando a relativa tranquilidade dos territórios do Império Romano, sabe-se que a viagem teve início em 381, atravessou o sul da França e o norte da Itália, cruzou em seguida o Adriático e chegou a Constantinopla ainda no mesmo ano. Seguiu para a Palestina, onde Egéria visitou quase todos os lugares santos, como Jericó, Nazaré, Cafarnaum e, naturalmente, Jerusalém, de onde partiu no ano seguinte para o Egito, para ver o Monte Sinai. Visitou Antioquia, Edessa, Mesopotâmia e Síria, regressando a Constantinopla. A primeira parte do livro termina em Constantinopla, com a autora a expressar, nos últimos parágrafos, vontade de ir a Éfeso, "para rezar por causa do santuário do santo e bem-aventurado apóstolo João",[8] após o que teria intenção de regressar.

O que leva Egéria a esta peregrinação de vários anos é justamente uma fé profunda e a vontade de oferecer o seu testemunho sobre os lugares místicos da Bíblia e de neles poder rezar. A sua descrição do Monte Horeb segue o modelo que aplica a cada lugar sagrado onde chega:

> Celebrámos, pois, também ali a eucaristia e fizemos uma oração fervorosíssima, e leu-se o passo correspondente do livro dos Reinos: isto era o que na realidade eu desejara sempre vivamente para nós, que, a qualquer parte onde chegássemos, se lesse sempre o passo correspondente da Bíblia.[9]

A sua narrativa é rica na descrição dos itinerários, estabelecendo com precisão os locais dos mosteiros e santuários que foi visitando, perdendo-se na beleza e na exaltação mística que as paisagens podem provocar. É particularmente emotiva a subida ao Monte Sinai, onde assume que é a fé que a impulsiona e a faz ignorar o cansaço do esforço físico a que se submete:

> Assim, pois, por vontade de Cristo nosso Deus, ajudada pelas preces dos santos que me acompanhavam e com um grande esforço, porque era preciso subir a pé, pois não se podia de todo subir em sela, a verdade é que este esforço não se sentia, por aquela parte; de facto, não se sentia o esforço, porque o desejo que eu tinha via-o realizar-se, por vontade de Deus; à hora quarta, pois, chegámos ao cimo daquele santo monte de Deus, o Sinai, onde foi dada a Lei, isto é, àquele lugar onde desceu a majestade do Senhor naquele dia em que o monte se pôs a fumegar.[10]

Mencia de Calderón
1514-?

Já vimos como não era totalmente invulgar a existência de peregrinas desde a Antiguidade Tardia, o mesmo acontecendo ao longo da Idade Média. Nesta época, os caminhos eram mais perigosos, o que talvez explique que a maioria das que ficaram na história pertencessem aos estratos mais altos da sociedade, rainhas ou mulheres da nobreza, com meios de garantir uma viagem segura. Foi o caso de Leonor de Aquitânia (1122-1204), que acabou por se tornar rainha consorte de França e depois de Inglaterra. Durante o seu casamento com Luís VII de França, fez questão de integrar a segunda cruzada (1147-49), o que não era usual. Fê-lo, aparentemente contra a vontade do marido, reclamando o seu direito na qualidade de duquesa da Aquitânia e uma das maiores feudatárias de França.

Também há notícia de que a princesa Ingrid da Suécia fez em 1270 uma peregrinação a pé do seu país até Santiago, Roma e Jerusalém. Regressou também a pé e mandou construir um convento de dominicanas como símbolo da sua devoção.

Mas passemos a uma outra mulher ainda relativamente desconhecida e que protagonizou um dos episódios de viagem mais perigosos e aventureiros do século XVI. De nome Mencia de Calderón, esta espanhola nascida na Medellín estremenha, em Espanha, num século em que a coroa espanhola, ocupada por Carlos I e depois por Felipe II, prossegue com a conquista da América, partirá para aquelas terras, procurando assumir o papel que havia sido confiado ao marido, Juan de Sanabria.

Morto três meses após ter sido nomeado, a 1º de janeiro de 1549, governador do Rio da Prata e do Paraguai por Carlos I, Sanabria será secundado pelo filho Diego de Sanabria, então com dezoito anos. Enquanto o jovem tenta reunir soldados em Sevilha para tomar posse do cargo, a viúva de Juan e madrasta de Diego decide partir para a América, com o intuito de cumprir uma das incumbências de Sanabria: levar súbditos da corte para consolidar as propriedades reais na costa atlântica.

É assim que, no dia 10 de abril de 1550, Mencia parte do mar Mediterrâneo numa frota constituída por uma nau e dois brigues. Embora cada embarcação possuísse o seu próprio capitão, Mencia arrogou para si o comando moral da viagem e ficou responsável pelas cerca de oitenta mulheres solteiras que seguiam a bordo, cujo fim era casarem com os espanhóis que se encontravam nas Américas, para assim preservarem o sangue espanhol e branco, livre de toda a "contaminação" indígena. Era comum falar-se do Rio da Prata, atual Argentina, e do Paraguai como o paraíso de Maomé, porque havia dez mulheres para cada homem. A tentação era grande e a população mestiça crescia a um ritmo que provocava evidente desagrado na metrópole. Nada mais lógico, pois, que enviar mulheres para a região. Viajantes, sem dúvida, cujos nomes a história não terá registado, numa aventura em que quase tudo correu mal, mas em que sobressai o espírito corajoso de Mencia.

Em junho, a expedição chega às Canárias, de onde volta a partir no dia 15, mas uma forte tempestade a obriga a mudar o rumo, empurrando os barcos para as costas africanas. Perto do golfo da Guiné, um pirata normando ataca os navios. Rezam as crónicas que foram despojados de tudo e atacados vilmente pelos fora da lei marinhos, mas que, apesar da violência, Mencia de Calderón conseguiu garantir intacta a virtude das donzelas casadoiras que levava a bordo.

A viagem prossegue entre dificuldades imensas, ventos enfurecidos, mares irados, os elementos parecem conluiar-se contras as frágeis embarcações, e a tripulação sofre numerosas privações. A falta de alimentos e água começa a causar vítimas, entre elas a filha mais nova de Mencia, das três com que embarcara, que não suporta as agruras da vida a bordo. As doenças, febres e pestilências várias testam ao extremo a capacidade de resistência das tripulantes. Imaginemos por um momento: um bando de homens e mulheres partilhando o espaço exíguo e limitado de uma embarcação, em condições de habitabilidade que se vão tornando cada vez mais insuportáveis, sem lugar para a higiene mínima, mesmo quando a natureza das mulheres assim o exige, com falta de comida e água.

Uma das embarcações naufraga, a outra perde-se. Os sobreviventes arribam à ilha de Santa Catarina, na costa do Brasil, depois de oito tenebrosos meses no oceano, onde acabam por ser resgatados por colonos portugueses que se encontram seiscentos quilómetros a norte, na ilha de São Vicente, para mais tarde serem aprisionados no presídio de Santos, aparentemente devido a movimentações pouco claras por parte de Mencia no sentido de denunciar à Casa de Contratação de Sevilha o comércio esclavagista dos portugueses com os indígenas brasileiros.

Conseguida finalmente a libertação, ao que parece pelos bons ofícios de dois padres jesuítas, a intrépida Mencia decide levar a expedição até ao fim e empreende a pé o caminho até Asunción, no Paraguai. Mais de mil quilómetros de selva profunda, rios intransponíveis, desmesuradas cordilheiras, regiões onde abundavam os indígenas tupi, então considerados hostis, húmido e excessivo calor tropical, tudo enfrentaram estas valentes mulheres com o fim de cumprirem o seu objetivo. No final a travessia foi menos amarga, depois de entrarem em território guarani, cuja atitude em relação aos europeus era mais amigável.

Chegam a Asunción no dia 15 de agosto de 1551, para serem recebidas em júbilo por incrédulos colonizadores espanhóis. Calcula-se que cerca de metade das mulheres que faziam parte do contingente tenha perdido a vida, tanto na travessia marítima como na terrestre.

De dona Mencia pouco mais se sabe. O último relato que se lhe conhece data de 1564, e não é possível precisar a data da sua morte.

Catalina de Erauso
c. 1585?-1652

Ainda no século XVI, mas já depois de Mencia de Calderón ter vivido as suas terríveis peripécias, destaca-se a figura de Catalina de Erauso, que passou à posteridade como a "freira alferes" e cuja vida teve tanto de rocambolesco como a de Mencia teve de trágico. De tão inverosímil, a sua biografia é frequentemente posta em causa, mas as fontes históricas parecem corroborar, tirando um ou outro episódio mais romanceado, as aventuras que lhe são atribuídas.

A história é contada na primeira pessoa em *História da freira alferes escrita por ela mesma*, que começa com um resumo dos seus primeiros anos de vida:

> Nasci eu, dona Catalina de Erauso, na vila de San Sebastian, Guipúzcoa, no ano de 1585, filha do capitão dom Miguel de Erauso e de dona

Maria Pérez de Galarraga y Arce, naturais e habitantes daquela vila. Criaram-me os meus pais em sua casa, com outros irmãos meus, até fazer quatro anos. Em 1589 meteram-me no convento de San Sebastian el Antíguo, dessa vila, que é de freiras dominicanas, com minha tia dona Úrsula de Unzá y Sarasti, prima-irmã de minha mãe e prioresa daquele convento, onde me criei até fazer quinze anos, e se ocuparam da minha profissão.[11]

Mas a jovem Catalina não imprime nas suas práticas religiosas a devoção que o ministério exigia e cedo se apercebe da sua natureza revoltosa, ao incompatibilizar-se com uma freira. Foge do convento, onze anos passados de noviciado, na véspera de São José, noite de 18 de março de 1600: "[...] e saí para a rua, que nunca tinha visto, sem saber por onde andar nem para onde ir". A fuga impetuosa não a impede de manter a serenidade para se munir de linha e tesouras, que a ajudarão a transformar as roupas, de abundante tecido, num traje masculino: calções, polainas e casaco. Passa os três primeiros dias escondida num castanhal, nas traseiras do convento, "talhando, arranjando e cortando a roupa".

Corta o cabelo e empreende caminho a pé até Vitória, onde é acolhida por um catedrático, a quem, passados três meses ao seu serviço, furta uns dinheiros que lhe permitem ajustar transporte com um arrieiro que partia para Valladolid.

Encontrando-se a corte nesta cidade, a jovem consegue lugar como pajem do secretário do rei, don Juan de Idiáquez. Este veste-a bem e de ora em diante Catalina assume plenamente a sua nova identidade masculina, adotando o nome de Francisco de Loyola. A transformação é de tal ordem, que uma noite, recebendo Don Juan de Idiáquez a visita do pai de Catalina, este não a reconhece. O pai conta a Don Juan como se encontra desgostoso pelo desaparecimento da filha, andando pela região em sua busca. Ao ouvir a conversa, Catalina resolve deixar o serviço nessa mesma noite e parte para Bilbau. Aqui começam os seus de então em diante constantes problemas com a justiça: Catalina, ou melhor, Francisco de Loyola, envolve-se numa rixa de rua que acaba, como quase todas em que participa, com a sua vitória e a condenação a um mês de cárcere.

Uma vez em liberdade, vai trabalhar como pajem na casa de outro nobre, em Navarra, durante dois anos, regressando depois à sua terra natal, San Sebastian, onde encontra a mãe durante um serviço religioso:

> E um dia ouvi missa no meu convento, missa que também a minha mãe ouviu, e vi que me olhava e não me reconheceu, e terminada a missa, uma das freiras chamou-me ao coro, e eu, não me dando por achado, fiz-lhes muitas cortesias e fui-me embora. Estávamos já no ano de 1603.

Nesse mesmo ano, depois de passar por Sevilha, assenta praça como grumete num galeão capitaneado por um seu tio, partindo para as Américas. Acabará, passado algum tempo, por roubar o dito tio — um "rombo avultado", nas suas palavras, no valor de quinhentos pesos — e parte para o Panamá com o capitão Juan de Ibarra. Mas não se aguenta muito tempo, o capitão "era forreta", pelo que acaba por gastar todo o dinheiro que roubara, procurando então novo patrão. Instala-se com um mercador de Trujillo, Juan de Urquiza, com quem viaja pela região e que lhe confia uma loja em Saña. A bonança dura pouco tempo, desta feita devido a uma zaragata iniciada num teatro. Um tal de Reyes tapa-lhe a vista, e ela acaba por dar-lhe um golpe com a faca, ferindo ainda seriamente outro homem. De novo no cárcere, sai graças ao patrão, mas este tem outras ideias para Catalina: pede-lhe que case com dona Beatriz de Cárdenas, sua amante: "Convém saber que esta dona Beatriz de Cárdenas era dama do meu amo, e ele procurava ter-nos seguros: a mim para o serviço e a ela, para o prazer". Consegue safar-se do casamento e ainda assim fazer com que o amo lhe arranje nova loja em Trujillo, no Peru.

Mas a afronta a Reyes vai persegui-la e, passados dois meses, o ofendido e o amigo deste a quem dera uma estocada vão no seu encalço procurando vingança. Uma nova luta terá consequências

As pioneiras **99**

trágicas, a morte de um homem. Mais uma vez, o patrão consegue safá-la e, dando-lhe dois mil pesos e carta de recomendação, envia-a para Lima, "cabeça do opulento reino do Peru", onde fica ao serviço de um rico mercador, Diego de Lasarte.

Ao fim de nove meses de serviço é dispensada pelo novo patrão. A razão? Os amores que prodigalizava a uma das donzelas da casa:

> Ao fim de nove meses disse-me que procurasse a minha vida noutro lado, e o motivo foi porque tinha em casa duas donzelas, irmãs da sua mulher, com as quais, e sobretudo com uma, que se inclinou mais para mim, costumava folgar e triscar. E um dia, encontrando-me na sala de visitas a pentear-me deitado em seu regaço e percorrendo-lhe as pernas, assomou-se por acaso a uma fresta, por onde nos viu e a ouviu a ela dizer-me que fosse para Potosí, que procurasse dinheiro e que nos casaríamos. Retirou-se, e dali a pouco chamou-me, e pediu para fazermos contas, e despediu-me e fui-me embora.

As suas intermináveis peripécias levam-na agora a assentar praça como soldado numa companhia que vai para Concepción, no Chile. Nesta importante cidade, com título de nobre e leal e direito a bispo, são bem recebidos pelo governador, Alonso de Ribera, cujo secretário é afinal um dos irmãos de Catalina, o capitão Miguel de Erauso. Miguel não a reconhece, até porque havia abandonado a casa paterna tinha Catalina dois anos. O encontro é narrado assim:

> Pegou na lista das pessoas, foi passando e perguntando a cada um o nome e a pátria, e chegado a mim e ouvido o meu nome e pátria, atirou fora a pena e abraçou-me e foi fazendo perguntas de seu pai, e sua mãe, e de sua querida Catalina, a freira. Eu a tudo fui respondendo como podia, sem me denunciar nem ele se aperceber.

O entusiasmo leva o irmão a requisitar Catalina para seu serviço. Ao fim de três anos, um novo negócio de saias leva-os a incompatibilizarem-se:

Fui com ele algumas vezes a casa de uma dama que ali tinha, e depois, algumas outras vezes fui lá sem ele, que o veio a saber e achou mal e me disse que não entrasse ali. Espreitou-me e apanhou-me outra vez, e esperando por mim, ao sair investiu contra mim à cinturada e feriu-me numa mão.

Catalina tem de abandonar Concepción e parte para Paicabí: "Estávamos sempre com as armas na mão, devido à grande invasão de índios que ali há…". Numa batalha com os indígenas em que estes estão a vencer e lhes levam a bandeira, Catalina, ou melhor, Francisco destaca-se por conseguir recuperar, com risco para a sua vida, a bandeira:

> Eu, com grande golpe numa perna, matei o cacique que a levava, tirei-lha, e apertei com o meu cavalo, atropelando, matando e ferindo uma infinidade; mas gravemente ferido e trespassado por três flechas e uma lança no ombro esquerdo, que me magoava muito; finalmente cheguei ao pé de muita gente e caí logo do cavalo. Acudiram-me alguns, e entre eles meu irmão, que não tinha visto e foi um consolo para mim.

É promovido a alferes pela façanha.

Feitas as pazes com o irmão, logo ocorre nova desgraça: "A Fortuna divertia-se comigo, tornando as ditas em azares". Numa casa de jogo, mata dois homens. Refugia-se numa igreja, onde, acalmados os ânimos com a passagem do tempo, consegue sair uma noite para acompanhar um amigo que havia sido desafiado num duelo. A luta tem início sob o manto escuro da noite: "Estava tão escuro que não víamos as mãos…". O amigo tomba na querela, trespassado pela espada do inimigo, que por sua vez também sucumbe aos ferimentos. Ficam Catalina e o amigo do opositor, envolvendo-se os dois numa luta, até que a espada do alferes o faz tombar de morte: "'Ah, traidor — disse —, que me mataste!'. Eu quis reconhecer a fala de quem eu não conhecia; perguntei-lhe quem era, e disse: 'O capitão Miguel de Erauso'. Eu fiquei atónito".

As pioneiras

Catalina foge, numa travessia penosa até Tucumán, província da atual Argentina. Mais de mil quilómetros de cordilheiras, sem água e com muito frio. Esfomeada, é acolhida por uma

> senhora mestiça, filha de espanhol e de índia, viúva e boa mulher, que, ao ver-me e ao ouvir os meus infortúnios e desamparo, se condoeu e recebeu--me bem, e, compadecida, me fez logo deitar numa boa cama, dando-me em seguida de cear e deixou-me repousar e dormir, com o que me restaurei.

A senhora era abastada, possuindo muitas "bestas e gados" e, ao que parece, viu na nossa heroína o par perfeito para a filha casadoira:

> Ao cabo dos oito dias que ali me teve, a boa mulher disse-me que ficasse ali a governar a casa. Eu mostrei grande estima da mercê que me fazia no desvario e ofereci-me para a servir o melhor que pudesse. Poucos dias depois deu-me a entender que acharia bem que me casasse com sua filha, que ali consigo tinha; a qual era muito preta e feia como um diabo, muito contrária ao meu gosto, que foi sempre de caras bonitas. Mostrei-lhe grande alegria por tanto bem sem que eu o merecesse, e, oferecendo-me a seus pés para que dispusesse de mim como coisa própria adquirida em derrota, fui-a servindo o melhor que sabia; vestiu-me mui galã e entregou-me francamente a sua casa e a sua fazenda. Passados dois meses, fomos a Tucumán para ali efetuar o casamento. E ali estive outros dois meses, adiando o evento com vários pretextos, até que não aguentei mais e, pegando numa mula, fui-me embora e nunca mais me viram.

Esta aventureira viajante, enquanto ia entretendo a filha da senhora, a quem retratou com a pena racista e misógina da época, paralelamente tinha feito amizade com o cónego do bispo, o qual a viu como bom partido para uma sobrinha, moça do agrado de Catalina. O cónego enviou "vestimenta de bom veludo, doze camisas, seis pares de calções de Rouen, uns colarinhos de Holanda, uma dezena de lenços e duzentos pesos numa travessa; tudo isto de presente e galantaria, não se entendendo como dote". Dois compromissos para casar e a impossibilidade para o fazer. "E tínhamos chegado a isto quando montei a cavalo e desapareci. Não sei como depois se arranjaram a preta e a provisória."

Parte para Potosí com um soldado que encontra pelo caminho, e depois de "muitas canseiras" e alguma zaragata com bandidos, consegue ser promovida a ajudante de sargento-mor, devido à ajuda que deu na repressão de uma rebelião contra o corregedor. Continua na infantaria, com o objetivo de "conquistar e apanhar ouro", e descreve algo cruamente as lutas que mantém com os indígenas:

> Entretanto, os índios tinham regressado ao lugar, em número superior a dez mil. Enfrentámo-los com tal coragem e fizemos um estrago tal, que corria pela praça abaixo um caudal de sangue como um rio, e perseguimo-los e matámo-los até para lá do rio Dorado.

Não sendo a companhia de infantaria de que faz parte autorizada pelo governador a conquistar aquela terra, abundante em ouro, foge para a cidade de La Plata, empregando-se com o capitão Francisco de Aganumen, mas o emprego dura pouco e é acolhida em casa de uma viúva de nome Catalina de Chaves. Mais uma encrenca para a/o nossa/o heroína/herói. Desta feita, é falsamente incriminada por um crime que não comete. Depois de muitas peripécias, consegue escapar e segue para Las Charcas, onde uma nova rixa no jogo a leva a evadir-se à socapa.

Segue para Piscobamba esta freira imparável, onde novamente se envolve em zaragata tal que acaba por matar um homem pela calada da noite. Não sendo vista, esconde-se em casa de um amigo, mas as autoridades conseguem arranjar testemunhas contra ela e mandam executá-la. Catalina já sente o roçar áspero do laço da forca no pescoço quando, inesperadamente, chega despacho a suspender a sentença. Parece que algumas das testemunhas que realmente haviam sido forjadas foram apanhadas noutro crime e o seu

As pioneiras **103**

testemunho, desacreditado. Sorte imensa a de Catalina, que efetivamente havia cometido o crime.

Inúmeras outras aventuras se seguem, desde salvar uma mulher de ser morta pelo marido porque a apanhou nos braços de outro e ser perseguida pelo dito por julgar que era o amante, até ser injustamente acusada da morte de outro homem. Tudo parece acontecer a esta irrequieta monja-alferes.

Quando mata, numa rixa de jogo, o "novo Cid", vê-se novamente obrigada a fugir, sendo apanhada após alguns venturosos episódios. O bispo de Guamanga dá-lhe guarida e aqui começa o ponto de viragem na vida de Catalina transvestida de Francisco:

> Pela manhã, cerca das dez, sua ilustríssima mandou-me conduzir à sua presença e perguntou-me quem era e donde, filho de quem, e todo o curso da minha vida e causas e os caminhos que percorri até chegar ali. E à medida que esmiuçava isto, misturando bons conselhos e os riscos da vida e espantos da morte e contingências dela, e o assombro da outra se se apercebia que não tinha percebido, procurando sossegar-me, e converter, e ajoelhar-me diante de Deus, e que eu me amedrontasse. E vendo-o tão santo, parecia-me estar na presença de Deus, descobri-me e disse: "Senhor, tudo o que contei a V.S. ilustríssima não é assim. A verdade é esta: sou mulher e nasci em tal parte, filha de Fulano e Sicrana; meteram-me com a idade de tal em certo convento, com Fulana minha tia; ali fui criada; tomei o hábito e fui noviciada; estando para professar, nessa mesma ocasião me vim embora; fui a tal sítio, despi-me, vesti-me, cortei o cabelo, fui para aqui e para acolá; embarquei, desembarquei, trafiquei, matei, feri, corrompi, andei de casa em casa, até vir parar aqui, e aos pés de sua senhoria ilustríssima".

Em breves linhas uma vida inteira. O bispo, perante tamanha história que ouve sem falar nem pestanejar, emociona-se até às lágrimas. Recompõe-se e tenta mostrar a esta pecadora arrependida que o caminho deve ser o da confissão e justamente o do arrependimento.

Considera "o caso o mais notável dentro do género que já tinha ouvido na vida". Para se certificar da veracidade da assombrosa história pede a umas experientes matronas que verifiquem a sua condição de mulher, as quais asseveram sem margem de dúvida a sua feminilidade, tendo-a achado "virgem intacta, como no dia em que nasci".

O bispo rende-se a tão singular biografia e, enternecido, diz-lhe: "Filha, agora não duvido do que me contaste, e doravante acreditarei em tudo o que me disseres; venero-te como uma das pessoas notáveis deste mundo, e prometo-vos assistir-vos no que puder e cuidar da vossa conveniência e do serviço de Deus".

Entretanto, a notícia começa a espalhar-se e Catalina torna-se uma espécie de celebridade, pelo que o bispo decide enviá-la ao convento de freiras de Santa Clara de Guamanga. Quis o destino que o bispo que a protegera morresse passados cinco meses, em 1620, pelo que é enviada para Lima, onde fica dois anos. Como não é freira professa, visto ter saído ainda noviça, é autorizada a sair do convento e enviada para Espanha. Chega a Cádis no dia 1º de novembro de 1624.

Parte para Sevilha, tentando esconder-se da multidão que acudia para a "ver vestida com o hábito de homem". Acaba por ganhar uma tença de oitocentos escudos por favor real, em recompensa pelos serviços à coroa.

Em Espanha continua com a sua vida de brigas sempre que consegue passar despercebida. Parte um dia para Roma:

> Beijei o pé a Sua Santidade Urbano VIII, e contei-lhe rapidamente e o melhor que soube a minha vida e correrias, o meu sexo e virgindade. Manifestou Sua Santidade estranhar tal coisa, e com afabilidade concedeu-me licença para prosseguir a minha vida com o hábito de homem, tendo a *ulción*[12] de Deus sobre o seu mandamento *non* occides.[13] O caso tornou-se notório, e foi notável a multidão de que me vi cercado: personalidades, príncipes, bispos, cardeais. Onde quer que fosse abriram-se-me as portas, de maneira que durante o mês e meio

que estive em Roma, foi raro o dia em que não fosse convidado e mimoseado por príncipes.

De Roma parte para Nápoles, e aí termina a narrativa desta desordeira e insurrecta viajante:

Em Nápoles, um dia, passeando-me no molhe, reparei nas risadas de duas cortesãs que falavam com dois moços. Olhavam para mim, e olhando para elas, disse-me uma: "Senhora Catalina, para onde vai?". Respondi: "Senhoras putas, vou-vos dar cem cabeçadas e cem facadas a quem vos defender". Calaram-se e puseram-se a andar.

Estamos no ano de 1626.

Pouco depois de regressar a Espanha, foi publicada a sua presumível autobiografia, com duas edições, para além de uma encenação teatral. A edição que sobreviveu até hoje é de 1829, e é uma segunda cópia do original encontrado no Arquivo das Índias em 1784. A história foi publicada em inglês em 1908. Ao longo dos anos, tem sido estudada por investigadores, ciosos de aferir a sua veracidade. O que se tem podido comprovar é que a personagem existiu, que assumiu uma identidade masculina e que serviu as forças militares espanholas no Chile e no Peru.

A aparência masculina de Catalina impedia suspeitas sobre o seu verdadeiro sexo. Em carta dirigida a um amigo, descreve-a Pietro della Valle, um cronista que a conheceu em Roma:

Alta e de aparência forte e masculina, não tem mais peito que uma criança. Disse-me que tinha empregue não sei que remédio para fazê-lo desaparecer. Tenho a impressão de que foi um emplastro fornecido por um italiano, o efeito foi doloroso, mas muito ao seu gosto. Não tem uma cara feia, mas está muito envelhecida pelos anos; carrega a espada tão bravamente como a sua vida, e a cabeça um pouco baixa e enfiada nos ombros que são demasiado altos. Em suma, tem mais o aspecto bizarro de um soldado que o de um galante cortesão. Unicamente a sua mão poderia fazer duvidar do seu sexo, porque é cheia e carnosa, embora robusta e forte, e o gesto, algumas vezes, tem um não sei quê de feminino.[14]

É certo que os tempos eram propícios à denominada *mujer varonil*, de que o teatro espanhol da época tem muitos exemplos, nomeadamente as peças de Lope de Vega. Mas Catalina foi mais longe, recusando todos os papéis reservados às mulheres.

Se para nós é óbvia a natureza homossexual ou transsexual da personagem, uma sociedade falocêntrica como a espanhola do século XVIII nunca poderia imaginar tal conceito. Catalina foi admitida sem condenação — conseguindo até que lhe concedessem o direito de vestir o hábito de homem e sendo-lhe mesmo atribuída, segundo a sua autobiografia, uma tença real — porque de alguma maneira era encarada como uma espécie de eunuco, se vista como um homem, ou como uma mítica guerrilheira amazona, se olhada como mulher. Na prática, segundo alguns autores, a adoção do travestimento nos séculos XVII e XVIII permitia legitimar as relações homossexuais entre mulheres.[15]

Mas se tanto espaço lhe dedico nesta obra é por duas razões: primeiro, pelo facto de Catalina ser uma figura relativamente desconhecida, como aliás a maior parte das mulheres viajantes, com a agravante de nem sequer aparecer na maioria dos livros dedicados ao tema. Segundo, e mais importante, por ser uma das primeiras vezes na história em que uma mulher desafia abertamente a autoridade e sai vencedora.

Catalina morre, ao que se sabe, no México, cerca de 1650. Teria nessa altura entre 58 e 65 anos.

Paixões orientais

O fascínio que o Oriente exerceu sobre o Ocidente remonta a alguns séculos, tendo sido Marco Polo um dos principais responsáveis pelo encantamento. Mas é especialmente a partir do século XVIII, e sobretudo do XIX, que esse deslumbramento adquire um carácter prático e leva os viajantes a deslocaram-se a essa parte do globo de uma forma mais intensa. "Gradualmente vamos melhorando a nossa capacidade para uma vida oriental e tornamo-nos inaptos para a vida na Europa", dirá Isabel Burton em finais de Oitocentos.[1]

Importará, antes de entrar no capítulo, delimitar o sentido mais específico da noção de Médio Oriente, já que o conceito tem dado azo a algumas confusões ao longo dos tempos. Numa perspectiva histórica, o termo Médio Oriente foi cunhado em 1902, pelo historiador e oficial da marinha americana Alfred Thayer Mahan, para designar a área que se estende entre um Oriente mais afastado, a Índia, e um mais próximo, abrangendo a parte mais ocidental da Ásia e o Mediterrâneo Oriental. No centro deste mapa, que definia os interesses estratégicos americanos, estava o Golfo Pérsico. O conceito começou a ser divulgado e foi gradualmente estendido, até nele caberem os territórios sob domínio do Império Otomano, desde o Mar Negro até à África Equatorial e da Índia até ao Mediterrâneo. O neologismo não substituiu o termo mais antigo de "Oriente", mas ambos são usados alternadamente e por vezes com ambiguidade.[2]

Neste capítulo, a referência ao Oriente far-se-á essencialmente para denominar a região do Médio Oriente, entendida na sua versão mais abrangente, desde o Norte da África até à Índia.

A região exercia para o homem do século XIX um fascínio que as fronteiras limitadas da Europa já não podiam oferecer. Não estamos diante da peregrinação da Idade Média, que levou milhares de pessoas em viagens de fé para a Terra Santa. Agora o apelo é outro, é o apelo do exotismo e da diferença, do proibido também.

É importante perceber que a concepção que o Ocidente começou a construir do Oriente foi criada a partir de uma série de perceções assentes em ideias preconcebidas, a que se juntou alguma imaginação e fantasia dos próprios ocidentais. O viajante que partia para aqueles territórios levava uma série de expectativas sobre o que iria encontrar, tanto positivas como negativas, deixando frequentemente pouco espaço à descoberta. A própria viagem e a escrita a ela associada contribuem para desenvolver essa visão.

A aparição, ainda no século XVIII, de escritos ligados ao Oriente vem alimentar o interesse pela região. É logo no início, em 1711, que em França Antoine Galland publica a sua tradução dos contos d'*As mil e uma noites*. A tradução inglesa demorará um século a aparecer, em 1839, assinada por John Paine. Ainda em 1721, Montesquieu publica as *Cartas persas*, e em 1756 Voltaire reflete, entre outras coisas, sobre o islão e o cristianismo na obra *Essai sur les Mœurs et l'esprit des nations* [Ensaio sobre os costumes e o espírito das nações].

No século XIX e inícios do XX, a figura do escritor viajante começa a adquirir maior notoriedade com exemplos como o dos franceses Pierre Loti e Victor Segalen, ou mesmo Paul Claudel, que passa cerca de quinze anos na China como diplomata, escrevendo sobre a experiência em *Connaissance de l'Est* [Conhecimento do Oriente], publicado em 1900, em que reflete sobre a relação entre a China e o Ocidente. Também o português Camilo Pessanha escreverá sobre a sua vivência em Macau, nem sempre da perspetiva mais positiva. Se é certo que o poeta se refere a terras mais longínquas do que o estrito Médio Oriente, o seu testemunho não deixa de ser representativo da visão do Oriente que predominava entre os ocidentais europeus.

O outro, o habitante destas terras, é frequentemente visto como um repositório exemplar de defeitos e vícios e raramente olhado na sua complexidade. Assim, o oriental — e o árabe em particular — é considerado ignorante, bárbaro, preguiçoso e lascivo.

É uma visão do outro influenciada pela relação de domínio que se estabeleceu no contexto do colonialismo. E é uma perspetiva essencialmente masculina. É óbvio que as mulheres também se inseriram no âmbito do pensamento colonial e que o seu testemunho se enquadra nessa lógica. Teremos oportunidade de o constatar em exemplos como Gertrude Bell ou Mary Kingsley, esta última em relação à África Ocidental. Mas não deve ser esquecido que parte da etnologia doméstica que se criou sobre o Médio Oriente evoluiu através da observação das mulheres, já que ao homem estava vedado o acesso ao domínio privado da casa. Para começar, tomemos o exemplo de Lady Mary Wortley Montagu.

Lady Mary Wortley Montagu
1689-1762

As consequências da viagem empreendida por Lady Montagu a Istambul, em 1717, na história das viagens e também na maneira como o Ocidente representa o Oriente nunca serão suficientemente sublinhadas. Trata-se de um daqueles acontecimentos aparentemente menores que se perdem na escala dos grandes sucessos históricos, mas que fazem com que algumas coisas mudem mais ou menos subtilmente.

Quando pela primeira vez um ocidental tem acesso direto ao exclusivo e interdito mundo feminino do Médio Oriente e dá testemunho disso e quando esse ocidental é uma mulher, pois só assim seria possível aceder a este mundo proibido, algo de francamente excitante acontece.

Pensemos em toda a concepção que temos do Oriente, veiculada, entre muitos outros meios, por quadros como os de Delacroix, Ingres ou Jean-León Gérôme, por exemplo, e em como a imagem que criámos dessa zona do globo passa muito por esse mundo oculto e velado, fechado aos homens, e sobre o qual estes vão fantasiando com base nas descrições de quem a ele acedeu. Ingres, curiosamente, nunca viajou pelo Norte de África ou pelo Oriente; os seus quadros de atmosfera orientalista inspiraram-se nas descrições feitas por Lady Mary.

Veremos adiante que os relatos sobre os haréns não são coincidentes, nem o poderiam ser, visto falarem de realidades diversas consoante a região, o meio social ou até mesmo a personalidade do senhor da casa. O certo é que sobre Montagu exerceram um imenso fascínio.

Mas seria injusto reduzir a fama desta extraordinária mulher à obra que escreveu sobre a sua experiência na então capital do poderoso Império Otomano, embora seja certo que a sua fama se deve precisamente a essa obra, as *Cartas de Istambul* publicadas em Inglaterra um ano depois da sua morte, em 1763. O livro reúne a correspondência que Mary manteve com várias pessoas, principalmente a irmã, mas também alguns amigos, sobre a sua experiência enquanto mulher do embaixador inglês em Constantinopla.

O género epistolar não era estranho a esta mulher. Desde muito cedo, ainda adolescente, cria redes de correspondência com as amigas mais íntimas, onde, entre muitas outras coisas, falam dos namoros e dos jovens mancebos que vão conhecendo. A prática é tão frequente, que não é de estranhar que criassem códigos para salvaguardar o conteúdo das missivas caso fossem indevidamente apreendidas por

Paixões orientais III

um familiar mais zeloso. Era frequente as jovens de boas famílias serem afastadas durante algum tempo para paragens rurais distantes, de modo a pôr fim a romances indesejados.

Assim, por exemplo, quando falavam em "paraíso" referiam-se a alguém com quem queriam casar por amor, já o "limbo" designava um pretendente aceitável, mas não um amor apaixonado, e o "inferno", bom, a palavra é bastante autoexplicativa. A maioria destas jovens raramente atingia o paraíso, pelo que ficar-se pelo limbo era bastante preferível a entrar no inferno, como muitas vezes sucedia.

O leque de pretendentes para Mary Montagu era vasto. Nascida no seio de uma família nobre, foi a primogénita do Duque de Kingston. A mãe morreu quando ela era criança, o que a converteu, por iniciativa do pai, na mulher da casa, tornando-se o centro das atenções dos amigos, não só pela sua beleza física, mas também pela sua graça, espírito e inteligência. Qualidades que a levaram a cultivar-se para além do que era comum entre as mulheres no século XVII. Aprendeu latim por sua conta e esforçava-se por ler sempre na língua original.

Dedicou-se à poesia, tendo frequentado os círculos intelectuais ingleses, onde era considerada e respeitada pelo seu trabalho. Foi amiga íntima do poeta Alexander Pope, que se terá apaixonado perdidamente por ela. Pope foi um dos destinatários de algumas das cartas de Constantinopla. No seu regresso da Turquia, a amizade desfez- -se, aparentemente porque Mary terá escarnecido de uma fervente declaração de amor que Pope lhe professou. Magoado e despeitado, o poeta ter-lhe-á desferido uma série de ataques em público através de poemas, a que Montagu sempre respondeu com sobriedade.

Foi graças à correspondência escrita que Mary Montagu veio a conhecer o seu futuro marido, Edward Wortley Montagu, também ele originário de uma família nobre, aluno brilhante em Cambridge e dedicado à política. A irmã de Edward, Anne Wortley, era amiga e correspondente de Mary. Supostamente, as cartas que as amigas trocavam tinham o escrutínio prévio do irmão, e Mary sabia que quando escrevia a Anne a destinatária da epístola não seria apenas ela, mas também Edward. Com a morte prematura de Anne, em 1709, a correspondência entre os dois prosseguiu, agora sem intermediário.

Edward não terá sido em nenhum momento o paraíso sonhado por uma jovem, mas Mary, apesar da sua natureza intensa e apaixonada, parece ter deixado a razão, mais que o coração, decidir o seu futuro sentimental, pelo menos enquanto jovem. As cartas que lhe enviou, publicadas postumamente pelo bisneto em 1836, mostram claramente que nunca esteve apaixonada. "Sinto estima por ti, com uma mistura de benevolência mais forte do que podia imaginar",[3] dirá. Mas, mesmo assim, decide fugir com ele em vez de ceder à pressão do pai, que a quer casar com um rico herdeiro irlandês. Não que o pai considerasse Edward um mau pretendente, mas a impossibilidade de se chegar a um entendimento entre os dois no que a um acordo pré-nupcial dizia respeito fez com que o pai proibisse o casamento.

Desafiando a família, casam no dia 23 de agosto de 1712 e têm um filho no ano seguinte. Em 1715, contrai varíola, uma doença mortal à época. Sobrevive, mas ficará para sempre com a cara marcada, o que arruína a beleza que lhe era reconhecida e invejada. Em 1716, o marido é nomeado embaixador em Constantinopla e Mary, contrariamente ao que era comum na época, acompanha-o na sua missão, levando, para maior escândalo, o filho.

Os cerca de dois anos que passou no Império Otomano foram proveitosos em vários aspectos. Mary não se tornou conhecida apenas pela sua faceta de escritora. Com efeito, ao chegar a Constantinopla tomou contacto com o método a que os turcos recorriam para combater a varíola, doença que não só a desfigurara como lhe matara um irmão. De facto, na Turquia a varíola era muito menos mortal, graças à prática de inoculação do vírus, em versão ligeira, em pessoas saudáveis, de modo a desenvolver imunidade. A fé de Mary nesta prática, que descreve pormenorizadamente nas suas cartas, foi de tal ordem, que inoculou — ou enxertou, para usar o termo turco — o próprio filho.

Paixões orientais

Conseguiu levar a prática para Inglaterra no seu regresso, apesar de alguns protestos da comunidade científica. Em 1721, quando uma epidemia de varíola alastrou em Inglaterra, Mary inoculou a filha de três anos, que entretanto nascera em Constantinopla, e persuadiu a princesa de Gales, de quem era amiga íntima, a fazer o mesmo. A experiência foi levada a cabo em presos que aguardavam execução e em crianças de orfanatos. Ao ver que todos recuperavam após dois ou três dias de febres moderadas, o próprio rei, Jorge I, ordenou a inoculação dos seus netos, filhos da princesa de Gales. A descoberta da vacina foi mais tarde atribuída a Edward Jenner (1749-1823) em 1796, mas é justo creditar o trabalho desenvolvido por esta mulher como precursor do tratamento na Europa Ocidental.

Era uma mulher aguerrida, que lutava pelas suas convicções, e também uma visionária, pois cedo percebe que a sua ida para Constantinopla é uma experiência que merece ser contada. Embora dando prova da sua paixão pelo género epistolar, o certo é que nas cartas que escreve em viagem há o intuito claro de deixar testemunho para a posteridade, daí o estilo e o tom, que as tornam dignas de publicação, o que não acontecerá com o resto da sua correspondência, de natureza mais privada. Mary guardará cópias de todas as cartas que formam esse livro epistolar.

Com início no dia 3 de agosto de 1716, descreve à irmã a travessia do mar, assolada por uma violenta tempestade, e a chegada a Roterdão, cujo ambiente urbano, mais limpo e com comércio de melhor qualidade do que em Londres, a encanta.

A viagem prossegue rumo a Viena, onde chega navegando pelo Danúbio. A cidade defrauda-a, pois esperava da urbe do imperador um cenário de maior fausto. Mas o que sobressai de verdadeiramente interessante da sua estadia são os costumes locais, de que fala abertamente, entre divertida e escandalizada. Os Montagu, pela sua proeminência enquanto representantes da coroa britânica em trânsito para o seu posto, tornam-se o centro das atenções e são convidados para as melhores festas da elite local. Uma das characteristicas da sociedade vienense que Mary vê com mais agrado é a admiração pelas mulheres mais velhas:

> Posso assegurar-te de que as rugas ou uma curvatura nos ombros, aliás mais do que isso, o próprio cabelo cinzento, não constitui nenhuma objecção para se fazerem novas conquistas [...]. Uma mulher de trinta e cinco anos é olhada como uma rapariga inexperiente e não poderá certamente fazer-se ouvir no mundo até ter pelo menos quarenta.[4]

Lady Montagu brinca com a questão, pois consola-a o facto de haver na terra um paraíso para as mulheres maduras e, embora agora seja menosprezada pela sua juventude — tinha menos de trinta anos na altura —, sabe que um dia Viena a receberá de braços abertos. É apenas uma questão de tempo.

Não deixa, apesar da tenra idade, de fazer as suas conquistas, involuntárias é certo, mas não por isso menos intensas. O ambiente da corte imperial a isso conduz:

> Essa perplexa palavra Reputação tem um sentido bastante diferente aqui do que é dado em Londres, e arranjar um amante está tão longe de ser uma perdição que é até uma forma de ganhar uma boa reputação, as senhoras são muito mais respeitadas em relação à posição social do Amante que a do Marido. [...] Numa palavra, é um uso estabelecido para cada Senhora ter dois Maridos, um que tem o Nome e o outro que executa os Deveres.[5]

Nesta carta, Mary retrata de forma hilariante o livre costume vienense, que vai ao ponto de tornar socialmente inaceitável convidar uma senhora para uma festa sem convidar de pleno direito também o marido e o amante, entre os quais ela graciosamente se sentará. Não pensemos que estes "subcasamentos" eram levianos ou passageiros; podiam durar até vinte anos. E deviam ser estabelecidos logo que uma mulher casasse, até porque envolviam património,

Paixões orientais **115**

já que ao amante competia passar uma pensão que provasse a sua constância face à senhora eleita.

A própria Mary ver-se-á diretamente confrontada com a situação quando uma amiga vienense lhe conta que teve de sair em sua defesa, porque se andava a comentar a sua estupidez: há duas semanas na capital do Império Austríaco e ainda não tinha arranjado um amante!

À jovem não faltavam pretendentes; ela própria relata como numa festa um jovem conde, cujo nome omite, se lhe dirige nestes termos:

> Senhora, quer a sua estada seja curta ou longa, penso que deve passá-la da forma mais agradável possível, e com esse fim deve comprometer-se num pequeno *affaire* do Coração. O meu Coração, respondi gravemente, não se compromete muito facilmente, e não tenho nenhum desejo de separar-me dele.

O destemido candidato não desarma, porém, e propõe-se gentilmente arranjar-lhe um pretendente mais ao seu gosto. O texto prossegue refletindo sobre as diferenças culturais, pois se uma tal proposta no seu país teria sido considerada um insulto, na Áustria, pelo contrário, era uma cortesia: "Como vês minha querida, a galantaria e a boa educação são tão diferentes em diferentes climas como a Moralidade e a Religião".[6]

As cartas continuam com a descrição da sua viagem até à Turquia, tornando-se manifesto o desconforto que representava viajar naquele tempo, mesmo para pessoas privilegiadas. Ao incómodo do transporte em carruagens, onde era impossível dormir ou sequer refrescar-se, acrescia o perigo dos caminhos. Quando atravessam os Alpes, por exemplo, não consegue vislumbrar um centímetro de terra entre as rodas da carruagem e o precipício. "Foi-me dito depois que é normal encontrar o corpo dos viajantes no Elba, mas graças a Deus tal não foi o nosso destino e chegámos em segurança a Dresden."[7]

Mas será em Sofia, capital da Bulgária, na altura sob o domínio turco, que Montagu se sentirá a mergulhar num mundo totalmente diferente. Fazem uma paragem na cidade para conhecer os banhos, célebres pelas nascentes de água quente que curam problemas reumáticos, digestivos, doenças da pele, etc.

É no dia 1º de abril de 1717 que Mary escreve a uma amiga — cujo nome se desconhece, já que a autora não identifica totalmente os seus destinatários — a carta que a tornará famosa em todo o mundo e na qual relata a sua entrada nos banhos turcos de Sofia. Começa por descrever o meio de chegar aos banhos e como, no seu desejo de permanecer incógnita, aluga uma carruagem turca que oculta a sua identidade. Ao chegar, às dez da manhã, o banho já se encontra cheio. Só tem palavras de encanto e reconhecimento pela beleza das salas que vê e pela simpatia com que é recebida:

> Usava o meu vestido de viagem, que é um vestido de montar, e certamente deveria parecer-lhes extraordinária, no entanto nenhuma delas demonstrou a mínima surpresa ou curiosidade impertinente, recebendo-me com o máximo civismo. Não conheço nenhuma Corte Europeia onde as senhoras se tivessem portado de maneira tão educada perante uma estranha.[8]

Impressiona-a o facto de nenhuma das cerca de duzentas mulheres presentes lhe mostrar um sorriso desdenhoso ou um comentário satírico pela sua forma de vestir, como certamente aconteceria no seu meio caso surgisse alguém vestido em desacordo com os cânones da moda vigentes. Não que isso importasse particularmente; nos banhos as mulheres estão todas nuas e ela aproveita a ocasião para se deter na formosura dos corpos, na suavidade das peles, na beleza dos rostos. A sua forma de olhar é revestida de todas as matrizes que temos sobre o Médio Oriente e sobre a languidez e atração luxuriosa das suas mulheres. Louvando os seus corpos, Mary afirma que as proporções são tão exatas como nas deusas saídas dos pincéis de um Ticiano. E a elegância com que compõem os seus toucados faz-lhe evocar a delicadeza das Graças.

Secretamente, deseja, de uma forma um tanto maldosa, reconhece, que o pintor amigo Charles Gervase ou Jervas (c. 1675-1739) esteja presente e invisível:

> Imagino que teria aperfeiçoado substancialmente a sua arte ver tantas mulheres belas e nuas em diferentes posições, umas conversando, outras trabalhando, outras bebendo café ou *sherbet*, e muitas deitadas negligentemente nas suas almofadas enquanto as suas escravas (geralmente meninas bonitas de 17 ou 18) se dedicavam a entrançar os seus cabelos da maneira mais bela.[9]

O catálogo está todo elencado: nudez, beleza, juventude, indolência, erotismo. Os banhos, os turcos *hamam*, são os lugares onde se trocam as notícias recentes e se comentam ou se inventam os escândalos. Mas Lady Mary apressa-se a explicar que esta diversão não é quotidiana, apenas sucede uma vez por semana e dura umas quatro ou cinco horas.

Uma passagem particularmente divertida acontece quando a senhora mais importante, pelo menos em aparência, pretende despi-la, para que Mary goze mais integralmente a sua passagem nos banhos. Mary tenta escapar ao pedido, mas perante a insistência das presentes vê-se forçada a "abrir a minha saia e mostrar-lhes o meu espartilho, o que as deixou muito satisfeitas porque percebi que pensaram que me encontrava tão fechada naquela máquina que não estava em meu poder abri-la, capacidade essa que atribuíram ao meu marido".[10]

Abandona o lugar com pena e termina a carta tendo plena consciência da importância do que relatara: "Estou certa de que a entretive com a descrição de uma visão como nunca terá visto na vida e de que nenhum livro de viagens a pode informar. Não é menos que a morte para um homem o ser encontrado num destes lugares".[11]

Implicitamente, reconhece que apenas existem livros de viagens escritos por homens, pelo que o facto de escrever sobre algo que está vedado ao sexo masculino lhe abre a possibilidade de ser uma das primeiras testemunhas do acontecimento, o que lhe dará importância e interesse mais do que suficientes para publicação.

No mesmo mês escreve à irmã sobre o convite para jantar que recebe da mulher do grande vizir e observa: "Preparei-me para uma diversão que nunca antes havia sido proporcionada a um cristão".[12] Mas o harém da ilustre senhora desilude-a: "Surpreendeu-me observar tão escassa pompa na sua casa, todo o mobiliário muito moderado e tirando os trajes e o número dos seus escravos nada parecia caro".[13] A visita decorre sem grandes sobressaltos, mas também sem o encantamento oriental que havia previsto.

Talvez para compensar a decepção, quando acaba o encontro, a amiga grega que a acompanha sugere-lhe uma visita à mulher do *kahya*, o número dois do vizir e um dos homens mais importantes do Império Otomano. Este segundo harém irá, agora sim, revelar-se fascinante, indo ao encontro, e superando até, o que ela espera do esplendor e voluptuosidade orientais. A mulher do *kahya*, mais nova e bela, possui aposentos deslumbrantes, "arranjados e magníficos". À entrada é recebida por dois eunucos negros que a conduzem por entre um corredor formado por jovens belíssimas, de longos cabelos até aos pés, vestidas de transparentes damascos brocados com fio de prata: "Lamentei que a decência não me permitisse deter-me para as admirar mais de perto".[14] A atmosfera é toda ela de uma sedução subtil e delicada, e Mary extasia-se perante a anfitriã: "Já vi tudo o que é considerado formosura tanto em Inglaterra como na Alemanha, mas devo admitir que nunca vi tão gloriosa beleza".[15] Não só a cara mas o todo, a proporção exata do seu corpo, o enlevo do seu sorriso e sobretudo os olhos, grandes e pretos. O fascínio é tal, que Mary a considera apta para ser rainha em qualquer corte europeia, rematando: "Para dizer numa só palavra, as nossas mais celebradas belezas inglesas desapareceriam ao lado dela".[16] Sente-se no "Paraíso de Mohamed".

É também muito interessante a carta que dirige ao poeta Alexander Pope em abril de 1717, onde fala sobre o seu conhecimento da língua otomana, demonstrando um entendimento da cultura e da poesia turcas de facto surpreendente e notável para a época. Notável, na verdade, ainda na nossa época.

Uma análise mais aprofundada revelaria que entre a Inglaterra de Mary Montagu e o Império Otomano não existem tantas diferenças nos conceitos sobre usos e costumes. Uma parte importante do interesse das cartas desta mulher, para além do seu conteúdo literário, reside no testemunho sobre a sociedade turca, que a deslumbra pela sua ordem, o que não acontecerá com viajantes posteriores que na maioria das vezes desprezam os turcos e fazem gala da sua superioridade moral, social, cultural, em suma, do seu etnocentrismo.

Mary louva a lei turca, e o que surpreende aqui não será tanto isso, mas o facto de ela conhecer o sistema legal: "Estou encantada com muitos pontos da lei turca, para nossa vergonha, seja dito, mais bem elaborada e executada que a nossa, em particular no castigo dado aos mentirosos condenados (criminosos triunfantes no nosso país, só Deus sabe)".[17]

O castigo não é particularmente agradável, os embusteiros apanhados numa mentira sofrem a pena de verem a sua testa queimada com um ferro em brasa, o que leva Montagu a concluir que, a aplicar-se em Inglaterra, esta lei faria com que muitos cavalheiros tivessem de usar as perucas até às sobrancelhas. As dissertações sobre a lei turca são interrompidas pela preparação para o nascimento da filha, que terá lugar uns dias mais tarde.

E de facto são as suas informações sobre esse mundo relativamente proibido das mulheres que constituem a atração principal dos seus escritos. Sobre a maternidade — ela que tão problemática e difícil relação terá com o seu primogénito —, considera que apesar de se sentir um pouco apreensiva com a gravidez em terra estrangeira, ainda assim ganhou muita consideração pelo seu estado. Na Turquia, pior do que ter um filho antes do casamento era casar e não ter filhos. A fertilidade das mulheres era prova de juventude, e Mary surpreende-se com a fecundidade das turcas que conhece, algumas das quais lhe dizem ter trinta filhos! Quanto mais filhos, maior o respeito, maior o estatuto.

O envolvimento com a sociedade turca leva-a a adotar o trajar das locais, que descreve profusamente e no qual se deixa retratar. Numa das cartas, de abril de 1717, fala da túnica e do véu que as mulheres usam obrigatoriamente quando saem à rua e de como isso permite, por um lado, manter o anonimato, já que não são visíveis nem a cara nem sequer o corpo; por outro, eliminar as barreiras sociais, igualando as mulheres, tal como a nudez as iguala quando estão no *hamam*.

Isto faz delas, nas palavras de Mary, "as únicas pessoas livres do império", combatendo a ideia preconcebida e veiculada por anteriores relatos de homens viajantes de que se encontravam em posição de inferioridade face aos homens e subjugadas pelos maridos. Nada mais longe da verdade, elas cometem o mesmo tipo de pecados que as cristãs, observa a nossa embaixadora, são até mais livres que as ocidentais e é quase impossível descobrir as suas faltas, já que se movem nessa espécie de anonimato protetor.

De resto, os costumes são parecidos:

> Como vês, querida irmã, os costumes da humanidade não diferem assim tão amplamente como os nossos escritores viajantes nos querem fazer crer. Talvez fosse mais interessante acrescentar alguns hábitos surpreendentes de minha invenção, mas nada me parece mais agradável do que a verdade.

É extraordinariamente importante o trabalho desta mulher, que se tornou uma verdadeira referência para as viajantes posteriores,

Paixões orientais

sobretudo no que diz respeito aos costumes do Médio Oriente. Não pode também deixar de ser dito que, apesar da objetividade com que procura observar e relatar as suas experiências, ela se move no seio da sociedade turca mais privilegiada e, embora procure muitas vezes manter o anonimato socorrendo-se precisamente do vestuário turco para não contaminar aquilo que quer testemunhar, a verdade é que aquilo que lhe é dado a ver ou que ela procura não reflete a totalidade da sociedade de Istambul, que de alguma forma Mary idealiza.

Em 1718, depois de dois anos de estada, o casal regressa ao seu país, onde Mary permanecerá até 1739, ano em que volta a sair de Inglaterra, desta vez sem o marido, que não voltará a ver, embora mantenham uma intensa e muito amigável relação epistolar até à morte deste. Podem procurar-se várias razões para a ida de Mary para a Itália — Veneza, em concreto —, como o cansaço da vida social inglesa, a necessidade de novos horizontes para esta mulher, que ama escrever e conhecer o mundo. Mas há uma razão concreta e objetiva que, se não substitui, pelo menos se sobrepõe às outras: Montagu apaixonara-se pelo conde Francesco Algarotti, intelectual italiano que havia conhecido cerca de dois anos antes. É um amor de uma mulher madura — Mary tem 50, ele é 23 anos mais novo — mas que não a impede de fugir para ir viver com ele. A relação termina após uma série de desencontros, Algarotti está na Rússia quando ela chega a Veneza e o projeto de uma vida a dois vai desaparecendo, apesar da fortíssima paixão de que Mary dá testemunho nas suas cartas ao conde.

Apesar do amor frustrado, Montagu permanece nessa cidade e nas cartas ao marido dá conta de como se "sente muito bem" em Veneza, privando com as "pessoas mais notáveis da cidade", que tudo fazem para a acolher. De Veneza, onde fica três anos, parte para viver em Avignon durante quatro, e de 1746 a 1756 escolherá o norte da Itália para residir. Voltará ainda a Veneza, onde sabe da notícia da morte do marido através de carta da filha, em janeiro de 1761. Será a filha, aliás, que a convencerá a voltar a Inglaterra, o que fará em janeiro de 1762, para morrer de cancro em agosto do mesmo ano.

Lady Hester Lucy Stanhope
1776-1839

Na vida da jovem Lady Hester Stanhope, nada fazia prever que ela um dia seria celebrizada como rainha da então distante cidade síria de Palmira. Embora acreditasse numa obscura profecia, que lhe havia sido revelada na juventude, vaticinando que seria reconhecida como rainha dos judeus, a verdade é que a inglesa Lady Hester nunca terá procurado de forma deliberada a fama ou o reconhecimento, e mesmo o poder que obteve foi utilizado para lutar pelas causas em que acreditava, mais do que na sua exaltação pessoal. Jan Morris (1926-2020) disse que foi uma das mulheres mais fantásticas da história. E, na verdade, não pode deixar de ser reconhecido que demonstrou uma coragem ímpar no desafio às convenções sociais da época.

A sua vida correu ao sabor das circunstâncias, e estas foram determinadas pelas suas paixões, ideias e convicções. Nunca escreveu um livro relatando as suas aventuras, dela só se conhecem algumas cartas, mas sabemos quase intimamente da sua vida graças a um homem que a foi acompanhando ao longo da sua atribulada existência. Curiosamente, um homem que, tendo sido o seu mais fiel e dedicado admirador, nunca manteve uma relação amorosa com ela: o médico Charles Lewis Meryon, autor de vários volumes relatando as viagens com Lady Hester e sobre quem esta exerceu sempre um enorme fascínio.

Iniciemos o relato da sua vida por uma data marcante. No início de 1806, Hester, então com trinta anos, encontra-se só, depois de ter passado os últimos anos como acompanhante do tio, o primeiro-ministro da Inglaterra, William Pitt, *the Younger*. Entre os 26 e os 30 anos Hester vive submersa na intensa animação da sociedade britânica. Uma época caracterizada pelos frequentes sobressaltos da vida política, com a recente Revolução Francesa ainda em efervescência e vozes no Parlamento britânico a clamar por reformas. Habitar no número 10 de Downing Street possibilitou a Hester o conhecimento profundo dos meandros da política britânica e permitiu que gozasse de grande popularidade, em parte pela sua própria personalidade, em parte pelos muitos que procuravam os favores do tio. A sua vida era intensa e preenchida com os inúmeros afazeres que o papel de acompanhante do primeiro-ministro inglês acarretava. O vitoriano Lytton Strachey assina uma biografia de Hester em que a descreve como "se não bela, certamente fascinante — muito alta, de tez muito clara e luminosa e olhos azul-escuros, um semblante de maravilhosa expressividade".[18]

O seu tio foi por duas vezes primeiro-ministro do país, e o facto de ser solteiro fez com que recebesse encantado a jovem sobrinha, no decurso do segundo mandato, para o assistir nas tarefas institucionais do cargo. Hester, então com 26 anos, sem mãe desde criança e com um pai, Lord Stanhope, conde de Stanhope, cuja excentricidade o ia afastando cada vez mais da sociedade, sentiu-se encantada no papel. Mas o ofício de consorte não duraria muito tempo, e esta mulher independente, de fortes convicções, mais temida que amada, assiste à morte do seu tio e protetor em 1806.

O que hoje nos parece simples, no início do século XIX era um problema complicado; uma mulher sem marido aos trinta anos tinha poucas possibilidades de vida social, caso não a experimentasse no seio da família ou possuísse os meios económicos para isso. No caso de Hester, a questão é dificultada pela escassez de recursos financeiros; vive de uma pensão que o Estado inglês lhe atribui, em deferência ao tio.

Embora o pai continue vivo, a originalidade de Lord Stanhope e o seu desapego aos bens materiais tornam impossível um regresso à casa paterna. O filho mais velho e irmão de Hester, Philip, Lord Mahon, vê-se, aliás, confrontado com o pai quando este decide vender as propriedades para se dedicar à aventura de construir um navio a vapor. Lord Stanhope autointitula-se Cidadão Stanhope, apoiante da Revolução Francesa e republicano. Na infância de Hester e já casado com a segunda mulher, Luisa Grenville, retira à família as carruagens e os cavalos, impossibilitando qualquer viagem ou deslocação. Voltará atrás nesta draconiana medida, mas às carruagens que servem a família retirará todos os brasões e sinais distintivos de nobreza.

Sem essa alternativa de regresso à morada paterna e vivendo com dois dos seus irmãos numa pequena casa em Londres, Lady Hester pondera sobre qual deverá ser o seu próximo passo. Os magros recursos de que dispõe não chegam para ter carruagem própria, o que impossibilita até a simples ação de sair à rua, já que sair desacompanhada e sem transporte próprio era malvisto para uma mulher da nobreza. Só, sem marido, sem posição ou riqueza substanciais, as perspetivas de ficar enclausurada na sociedade londrina não pareciam aliciantes.

Terá sido esta uma das razões que a levou a deixar Inglaterra? Anteriores episódios da sua vida demonstram que diante de um problema grave Hester opta por retirar-se, sair do ambiente onde se encontra. Acontecer-lhe-á isso, por exemplo, perante o seu primeiro desgosto amoroso provocado pelo pomposo Granville Leveson Gower, um *dandy* efeminado por quem Hester se apaixonará, sendo moderada e, sobretudo, apenas temporariamente correspondida pelo sedutor. Quando este percebe que a intenção dela envolve casamento, deixa clara a sua falta de interesse. O caso é tão grave e abala de tal maneira a jovem apaixonada, que o tio se envolverá, resolvendo o assunto diplomaticamente: Gower é destacado como embaixador em São Petersburgo. Os comentários da sociedade londrina multiplicam-se, desde dizer que ela se tentou suicidar até que esteve grávida de um filho seu. O facto é que Hester desaparecerá durante alguns meses para o castelo de Walmer, na costa de Kent. Da sua dor dá testemunho em correspondência trocada com o amante, na qual revela uma personalidade intensa e até inconveniente.

Cinco anos depois deste exílio na costa britânica, numa fria e chuvosa manhã de fevereiro de 1810, Lady Hester deixará novamente Londres para ir a regiões mais distantes. Abandona, assim, a sua forçada reclusão na capital inglesa, partindo para outras paragens naquilo que se tornaria uma viagem sem regresso. Acompanhavam-na o irmão James, a empregada da família Elizabeth Williams e o jovem Meryon, médico por ela contratado para a assistir na viagem e que tendo recentemente enviuvado desejava conhecer mundo e curar a dor causada pela perda da mulher. A primeira etapa da viagem leva-os a Gibraltar, de onde o irmão partiria para juntar-se às tropas britânicas que lutavam contra Napoleão e onde Hester conhece fugazmente aquele que, involuntariamente, acaba por se tornar o grande óbice ao seu regresso à terra natal, o jovem de 22 anos Michael Bruce, filho de um banqueiro escocês que se encontra a realizar o *grand tour* com uns amigos.

Nunca será demais sublinhar a importância deste encontro, até pelo que tem de incomum na época. Já vimos que era frequente os jovens de boas famílias partirem pelo continente europeu para completarem a sua formação, após o que se dedicariam a sua vida profissional na Grã-Bretanha. O que não será tão comum, e isto aplica-se também à decisão de Hester, é partir em viagem para a Europa precisamente nesta altura em que as nações se enfrentavam e lidavam com o tumulto causado por Napoleão e as suas ambições imperialistas. De facto, no início do século XIX as deslocações à Europa caem abruptamente devido às guerras napoleónicas. Só os mais destemidos e de espírito mais aventureiro, ou quem não tivesse nada a perder, se arriscariam a deambular por regiões menos seguras.

Talvez seja esse gosto pela ousadia que os atraiu. O certo é que o primeiro encontro em Gibraltar os deixa a pensar um no outro. Agora, e com o irmão ausente devido à guerra, sucedem-se os cenários de paragem do pequeno grupo liderado por Hester. É assim que reencontra o jovem Michael em Malta, destino alternativo ao da Sicília devido à situação política. O interesse inicial evolui para atração tal, que Bruce deixa os amigos com os quais faz a sua viagem iniciática para se juntar ao grupo de Hester, vindo a tornar-se pouco tempo depois no seu amante.

A ligação amorosa que estabelece com Michael e o desprezo que sente pela sociedade inglesa que tão bem conheceu quando viveu em Downing Street tornam cada vez mais difícil o regresso à pátria.

Ao longo do seu périplo, Lady Hester, como, aliás, a maioria destas viajantes, opta por não se misturar muito com a comunidade britânica expatriada. Para quê dar-se com uma sociedade da qual procurou fugir? É por isso que recusa o convite do general Oakes, governador da ilha, para que fique em sua casa. Este, contudo, não se dá por vencido e insiste para que Hester e os seus acompanhantes, pelo menos, frequentem os seus jantares.

E o jovem médico Charles Meryon, que a acompanha, vai registando o que vê, começando a desenhar os traços característicos da personalidade de Hester, como por exemplo o desprezo que sente pelas representantes do seu próprio sexo. Nunca gostou nem apreciou a companhia das mulheres. Numa carta ao irmão, de abril de 1810, Meryon dirá: "Tem o mais elevado desprezo pelo seu sexo, pelo menos naquela parte em que este se entretém com nada mais que visitas, capas e gorros e todos esses objetos frívolos".[19]

É uma mulher de extremos e frontal, razão que a leva, quando começam a chegar a Inglaterra notícias do seu romance com Michael, a escrever uma carta ao pai deste dando-lhe conhecimento da relação que mantém com o filho e tranquilizando-o quanto ao seu porvir. Hester sabe que Michael pode ambicionar um casamento melhor do que com uma mulher mais velha, sem meios e sem grande posição social. Na carta, que louva as qualidades do filho, os seus "brilhantes talentos" e mesmo a beleza do seu corpo, assegura a Crauford Bruce que não tem quaisquer planos para arruinar, subjugar ou destruir a vida do filho:

> Suponho que não se espera de um homem que seja um santo, pelo
> menos até ter casado, e se eu, na maior solenidade, declarar que nunca
> tive, e nunca terei, desejos de fazer maiores exigências ao seu filho do
> que qualquer mulher que possa ter conhecido na rua, como poderá
> ele chocar o mundo?[20]

A primeira reação do pai de Michael não será desfavorável a esta mulher que lhe fala com tal franqueza, mas os rumores que circulam, as más-línguas que lhe chegam pelo escândalo provocado por esta relação fazem-no mudar a posição inicial e instar o filho para que ponha fim ao romance, temendo que Hester não cumpra a sua promessa e exija um casamento. Michael, por seu lado, apesar de recear que o pai lhe corte o financiamento para prosseguir a sua viagem, assume a relação e chega a pedi-la em casamento. Esta recusará sempre, honrando a promessa feita a Crauford. A relação acabará por durar cerca de cinco anos, após o que Michael volta a Inglaterra para ver o pai, que aparentemente se encontra muito doente. Fiel à palavra dada, Hester nada lhe exigirá e, embora a partida de Michael para a Europa se dê sem um fim do relacionamento, a verdade é que a situação entre os dois já não voltará a ter o entusiasmo da paixão inicial. Para grande desgosto de Hester, nunca mais voltarão a ver-se.

Mas voltemos ao passado e ao início da relação. Tudo é excitante e aventureiro neste amor proibido que se liberta em terras estrangeiras. E dá um renovado fôlego a Hester para querer participar nos cenários de intriga política a que havia sido habituada pelo tio. Hester elabora um plano ambicioso que passa por ir para Constantinopla, via Grécia, tornar-se amiga do embaixador francês, obter um passaporte francês, ir a Paris, conhecer Napoleão e privar com ele, informar-se dos seus planos, voltar a Inglaterra e aí arranjar ajuda para fazer fracassar os objetivos do imperador.

Com este complô em mente, a decidida viajante põe-se em marcha, com o seu pequeno grupo, a caminho da capital do Império Otomano. Na escala, em Atenas, conhecerá Lord Byron, com o qual se relaciona socialmente. Byron encontra-se na Grécia, naquilo que será o seu *tour* mediterrânico, iniciado um ano antes. Aloja-se num mosteiro capuchinho e passa os seus dias na companhia de efebos gregos, com os quais toma longos banhos nas tépidas e azuis águas do Mediterrâneo, notando com prazer que, ao contrário dos turcos, estes jovens não conservam a roupa interior quando se banham. A conduta do poeta é motivo de escândalo entre a comunidade de expatriados, o que não impedirá Hester de o ter como convidado nos jantares que realiza durante a sua estadia em Atenas.

Entretanto, Hester e Michael passam os dias a explorar a região, enquanto esperam por um barco que os leve a Constantinopla, e Meryon entretém-se a receber pacientes ansiosos por serem tratados por um respeitável médico britânico.

As relações entre Hester e Byron não serão as melhores. O poeta acha os jantares com ela pouco agradáveis, porque nas suas conversas ela o incita à discussão, já que possui, segundo ele, *"that dangerous thing — a female wit"*.[21] A misoginia de Byron fá-lo ver as mulheres como seres desprezíveis, sentindo-se muito pouco inclinado a apreciar qualquer virtude no sexo feminino, o que o leva até a recusar a discussão com a opinativa Hester. A única característica interessante que o poeta encontra nesta sua compatriota de tão forte carácter é a sua indiferença às convenções sociais, que Byron atribui ao romance ilícito que mantém com Michael Bruce.

Não será pois de estranhar que Lady Stanhope, perante este paternalismo despectivo, encare Byron como um rapaz mimado, propenso a constantes e adolescentes mudanças de humor, desprezando até a sua muito aclamada beleza física, que vê como prova de depravação.

É possível que este quadro pouco simpático que Stanhope traça de Lord Byron não se deva apenas à sua aparente incompatibilidade social e intelectual, mas também ao facto de, a acreditar numa carta de Byron a um seu amigo, Michael Bruce se ter encantado excessivamente com o poeta e lhe ter declarado abertamente a sua amizade e carinho, naquilo que Byron entendeu como um avanço

Paixões orientais

homossexual que prontamente rejeitou. Seria Michael Bruce bissexual? É possível que não tenha conseguido resistir aos encantos de Byron, tendo-lhe até pedido que continuasse viagem com eles, proposta que aquele terá, obviamente, recusado.

O episódio não terá consequências de maior e um dia depois deste suposto avanço Michael parte com a sua amante para Constantinopla, onde chegam a alugar nos arredores da cidade, em Therapia, uma casa durante seis meses. O idílio amoroso prossegue assombrado de quando em vez pelas cartas do pai de Michael — que, embora aceitando o romance, teme que o filho cometa algum ato que o leve a comprometer o seu futuro — ou do irmão de Hester, James, que os avisa das consequências desastrosas que a relação pode ter, especialmente se algum filho for concebido, acabando por desafiar Bruce para um duelo. A resposta deste será calma, afirmando-se como homem de honra e coragem.

Para aliviar um pouco a pressão que sofrem, decidem separar-se cerca de um mês, durante o qual Michael fará uma viagem à Pérsia e Hester permanecerá em Constantinopla, observando e participando nos costumes locais, como por exemplo nas execuções públicas; em deferência para com a ilustre visitante estrangeira, as autoridades oferecem-lhe a cabeça de um paxá decapitado.

Não querendo tomar parte na vida social dos expatriados ingleses, Hester procura conhecer os autóctones, tendo como guia inesperado Meryon, que entretanto conseguira assegurar a reputação de bom médico junto das elites turcas da capital. Meryon garante a Hester o convívio com a sociedade local, e esta descobre, com prazer, que a sua condição de ocidental lhe permite gozar igualmente da companhia de homens e mulheres, não se encontrando restringida pelos rigorosos costumes orientais no que respeita a estas últimas.

Ela própria se começa a tornar anfitriã da comunidade local, começando a adotar algumas peças de roupa típica da região. Hester deixa-se gradualmente assimilar pela cultura turca, com a qual se identifica e cujo modo de vida a fascina, muito mais que a aborrecida sociedade londrina que tão bem conhece.

Quando um capitão da marinha turca a convida a visitar a frota do seu país, impondo-lhe como condição que se vista de homem, já que não poderá aparecer perante a tripulação com roupas femininas, Stanhope aceita encantada e, pela primeira vez desde que inicia viagem, atavia-se com peças de vestuário usadas pelos turcos, para grande escândalo e reprovação do embaixador britânico.

Entretanto, regressado Michael da sua viagem, mudam-se para uma cidade termal perto da capital, Brusa, já que Hester sofre de uma tosse constante. O idílio amoroso continua em crescendo, renovado pela separação recente. E Hester continua a sua adaptação à vida local, tornando-se agora frequentadora assídua do *hamam*, local que a encanta. O convívio com as mulheres fá-la exclamar em carta a um amigo: "Que belas são estas mulheres asiáticas!".[22]

Já os haréns, ao contrário da sua compatriota Montagu, causam-lhe uma impressão desfavorável, curiosamente não pelas condições de reclusão ou de submissão ao homem, mas pela maneira como estas mulheres passavam o tempo, entretendo-se umas às outras com sensuais danças orientais que Stanhope associa a lesbianidade. Realmente não a choca a eventual sexualidade explícita, mas não concebe que a paixão carnal possa ser excitada por outro ser que não um homem e repugna-a o mero facto de pensar que uma mulher pudesse sentir qualquer tipo de fulgor perante o corpo de outra mulher.

Com o verão a aproximar-se do fim e a impossibilidade de ficarem no clima húmido da capital turca, que tanto atacara os brônquios de Hester, decidem retomar o plano de ir a França para tomarem conhecimento em direto dos planos de conquista de Napoleão. Hester trava conhecimento com o jovem e inexperiente *chargé d'affaires* francês em Constantinopla, naquilo que aos olhos da lei francesa é já um ato clandestino, na medida em que cidadãos de países em guerra com a França não podem ter qualquer contacto com franceses. Após alguns encontros ilícitos e muita confabulação, o plano será gorado pelo embaixador britânico e pela ausência de resposta dos franceses ao pedido de passaportes.

Paixões orientais

O facto será, contudo, importante, porque, para além de demonstrar a têmpera agressiva e ousada de Hester, demonstra também que já por esta altura ela sabe que um regresso a Inglaterra será quase impossível. Se o plano fosse por diante, ela teria arriscado nunca mais poder entrar no seu país, risco que partilha com Michael Bruce e o seu fiel médico Meryon, de ascendência francesa.

Em vez disso seguem para sul. Alexandria, no Egito, é o destino escolhido, e o que sofrem para lá chegar mudará para sempre a vida de Hester.

Estamos a 27 de outubro de 1811, e a viagem dura há mais de ano e meio. O pequeno grupo liderado por si embarca com bom tempo e, apesar da fragilidade da embarcação, um caíque, barco típico do Bósforo especialmente leve e rápido, as condições são favoráveis aos viajantes. Depois de uma curta paragem em Rodes, seguem caminho pelo Mediterrâneo, até que uma brusca e inesperada mudança de ventos desestabiliza o curso da navegação e, pior que isso, abre um rombo no casco pelo qual começa a entrar água. Para prevenir o naufrágio, todos os homens a bordo, desde a tripulação até Meryon e Michael, tentam incansavelmente retirar a água que vai entrando.

Hester não só mantém a inteireza como ajuda os que estão a trabalhar, dando-lhes vinho e animando-os nas suas tarefas. Michael assiste emocionado e apaixonado à bravura da sua amante, de que dará testemunho ao pai. Mas os esforços são vãos, e a embarcação vai lentamente ao fundo, permitindo, ainda assim, que os 25 passageiros saltem para os salva-vidas.

Conseguem chegar a Rodes, depois de passarem uma noite numa ilha rochosa sem comida nem água. A chegada à ilha grega é o fim da aventura, mas é também o início de uma nova vida para Hester. Perdera tudo. Todos os baús de roupas, móveis, joias, todas as riquezas e pertences que trouxera da sua terra natal jaziam irrecuperáveis no fundo do mar.

É possível que nesta altura Hester tivesse apenas duas opções: a mais fácil e prática, voltar para casa, mesmo correndo o risco de o seu nome ser falado devido à ligação com Bruce; ou adaptar-se incondicional e quase irreversivelmente ao lugar onde se encontrava. Tendo perdido as suas vestimentas, como todos os do seu grupo, Hester manda fazer vestidos locais. Mas a sua irreverência leva-a a recusar as vestes femininas, já que implicavam o uso do véu, peça de roupa que Hester sempre recusará.

É por isso que se decide por umas calças largas bordadas a ouro, uma camisa de seda e algodão com uma faixa de seda e um colete de algodão. Botas turcas e cinturão, onde coloca um par de pistolas e um sabre. Uma espécie de paxá feminino. O conforto de movimentos que estas roupas lhe proporcionam, por oposição ao apertado corpete ocidental, que não voltará a usar, fá-la exclamar que se alguma vez se sentiu bem foi nesta vestimenta asiática.

A mudança no trajar traz também a assunção de uma nova identidade. Hester torna-se viajante a tempo inteiro e o seu destino, ímpar para a época, leva-a a deambular, nos meses seguintes ao naufrágio, incessantemente pelo Médio Oriente, do Egito à Terra Santa.

Encantada pela exuberância e pela ostentação que vê nalguns homens poderosos do Egito, Hester evoca a sua natural tendência para o efeito dramático e adota uma imagem com a qual pretende causar impacto. Quando vai conhecer o paxá do Egito, cuja caravana a havia deslumbrado, quer causar um impacto intenso, pois sabe que se vai encontrar com um dos homens mais poderosos do país. Não optará, contudo, por um vestido ocidental, antes se inspirando na moda tunisina para se vestir com umas largas calças de veludo púrpura ricamente bordadas a ouro, colete a condizer e dois xailes de caxemira, um que usa enrolado na cabeça como turbante e outro que ata à cintura fazendo de cinto.

Os longos cabelos são, porém, um empecilho para o turbante, pelo que, para radicalizar o efeito, Stanhope decide, à maneira do costume masculino oriental, rapar a cabeça, ficando totalmente careca. Michael acompanha-a, e juntos produzem o efeito esperado no dignitário, que, por sua vez, também procura impressioná-los, enviando cinco dos seus melhores e mais ornamentados cavalos para os ir buscar e recebendo-os num magnífico pavilhão no jardim do harém. Ostentação e luxo de ambos os lados.

Hester torna-se amiga do paxá, Mehmet Ali, o primeiro de uma longa lista de dirigentes e homens poderosos com quem se vai relacionar e privar para o resto da sua vida. Mas como não gosta particularmente do Egito e não sente desejo de se estabelecer, nem sequer temporariamente, nessa região, decide partir para a Síria e para a Terra Santa.

Em 1812, chega a Jerusalém. A escolha não é ao acaso. Recordando-se do que lhe tinha sido profetizado na juventude, Hester começa a acreditar que algum destino especial a levou a aventurar-se nestas regiões. A profecia havia-lhe sido feita em 1795 por Richard Brothers, um tenente da armada britânica que alegava ter visões e ser um mensageiro de Deus. Entre lunático e vidente, vasto foi o leque de reações dos ingleses a este desconcertante homem, que acabaria por ser preso. Entre as muitas pessoas que o quiseram conhecer encontrava-se o tio de Hester, Wiliam Pitt. Brothers pediu a Pitt para lhe mandar a sobrinha, a quem tinha de fazer uma importante revelação. O encontro entre ambos não foi imediato. Entretanto, a justiça inglesa declarou que ele era louco e internou-o num hospício. É aqui que Brothers vaticina que um dia Hester irá a Jerusalém, passará sete anos no deserto e será coroada Rainha dos Judeus. O que começa como um esoterismo ingênuo acabará por determinar algumas das ações de Stanhope no final da sua vida. Mas de momento Hester ainda se ri da predição.

Começa, entretanto, a alcançar alguma notoriedade, tanto nas regiões por onde se move, como em Inglaterra. Para além da mudança na forma de vestir, adotando o trajar masculino, monta escarranchada, o que, como vimos, representava um ato de extraordinária subversão para os hábitos ocidentais.

Continuando a alargar a sua rede de conhecimentos entre os poderosos, em Jerusalém conhece o Bey[23] dos Mamelucos, Ishmael Bey, curiosamente arqui-inimigo do paxá do Egito. Este havia ordenado o massacre dos mamelucos, do qual Ishmael será o único sobrevivente, encontrando-se sob a proteção do paxá de Acre, Suleyman Paxá, inimigo jurado de Mehmet Ali. Hester entrará em pleno nesta intrincada teia de ligações, rivalidades, inimizades, pactos e traições, tornando-se um elemento estratégico entre os membros do poder.

A viajante decide agora partir para Sídon, atualmente no Líbano. O atrativo desta região, para além da natureza menos seca e mais verdejante, prende-se com o facto de ser a terra dos drusos,[24] que desde o século XI se haviam estabelecido no Monte Líbano, comunidade que atrai o espírito curioso de Stanhope, assim como o de Meryon. Para além dos drusos, habitavam a região muçulmanos e maronitas, um grupo cristão sírio. O sistema de governação baseava-se em pequenos feudos chefiados por líderes locais, sobre os quais pairava a figura do emir Bashir Shihab, de quem Hester se torna amiga. Ao seu lado, ajudando-o a manter o poder, encontra-se o chefe da família Jumblat, de nome Bashir também, o xeque Bashir Jumblat. Hester frequenta os seus palácios, sentindo-se em simultâneo fascinada e intimidada pelas descrições de sangue e massacres que faziam parte da história da ascensão ao poder destes homens.

Entretanto, começa a planear a expedição que a consagrará para sempre nos anais das viajantes históricas, a ida a Palmira. Esta cidade síria ainda hoje exerce enorme fascínio, erguendo-se no meio do deserto, imponente nas suas ruínas greco-romanas e no apelo dos séculos de história que a precedem. Durante o século I, foi um importante entreposto comercial na rota das caravanas que atravessavam o deserto sírio, desde lugares tão remotos como a China, a Índia ou a Pérsia, para alcançarem o ansiado Mediterrâneo. Palmira, ou Tadmur no seu nome originário, tornou-se conhecida como a Noiva do Deserto. Na cidade, de hábitos islâmicos rigorosos, não era permitida a entrada de estrangeiros, e a entrada de uma mulher estrangeira era certamente considerada impensável.

Uma outra figura histórica de Palmira despertava a admiração de Hester: Zenóbia, a famosa rainha árabe que no século III liderou

Paixões orientais **135**

uma inesperada revolta contra o Império Romano, conquistando vastos territórios da Síria ao Egito, até ser derrotada e levada para Roma, onde a exibiram como prisioneira. Considerando a desigualdade de forças, os feitos de Zenóbia foram de facto impressionantes e consagraram-na como uma das mais míticas figuras da história do Médio Oriente, amazona e exímia caçadora de beleza lendária.

Mas para sustentar esta audaz e temerária expedição era necessário dinheiro, fundos que garantissem a riqueza e opulência que Hester queria ostentar e que lhe permitissem assegurar uma caravana digna da mais mirabolante imaginação oriental, rivalizando com o luxo que o poder local tão aparatosamente exibia. A pequena comitiva que a acompanhava, havia já dois anos, era financiada em larga medida pelo capital que o pai de Michael enviava ao filho, sobretudo depois das avultadas perdas do naufrágio. A pequena pensão de Stanhope não seria suficiente para o estilo de vida que alardeava em viagem.

Hester necessitava de algo mais que dinheiro: precisava de apoios, de garantir que as autoridades locais não boicotariam a sua travessia pelo deserto e a entrada em Palmira. Pede por isso apoio ao paxá de Damasco, a quem anuncia uma visita em breve. A tradicional hospitalidade oriental não se faz esperar, o convite para que o vá visitar surge de imediato, mas com uma condição: para entrar em Damasco deverá cobrir o rosto. Certamente, o paxá já teria ouvido rumores da sua natureza indomável e insubmissa. Hester chega à cidade síria a meio da tarde com uma escolta de doze homens a cavalo, outras tantas mulas com bagagem e com o rosto descoberto. Talvez pela incerteza de saber se se encontram perante um homem ou uma mulher, os habitantes saúdam-na em sinal de respeito, não ocorrendo qualquer manifestação de violência ou repúdio. O pequeno grupo aloja-se no bairro muçulmano, que Hester prefere à escolha óbvia do quarteirão cristão.

A entrevista com o paxá não corre de feição para os seus interesses, embora se tornem amigos. Aquele tentará, primeiro, dissuadi-la da viagem. Não o conseguindo, oferecer-lhe-á, a troco de dinheiro, a escolta de que necessita para se aventurar pelo deserto até Palmira. O negócio não interessa a Stanhope, cujos recursos não são abundantes.

Eis que surge a solução. De visita a Damasco encontrava-se Muhana Al Fadil, o chefe do povo Hasanah, do ramo dos Anazah, um dos maiores povos árabes da região. Muhana oferece a Hester a proteção de que esta necessita, acompanhando-a com um séquito dos seus homens. Michael, temendo pela segurança da amada, sugere que ela faça a travessia numa estrutura tipo jaula carregada por homens, que a tornaria menos vulnerável a qualquer eventual ataque. A ideia enche-a de terror, e ela recusa entrar na cidade dessa maneira. Segundo Hester, o método mais seguro seria viajar como os beduínos, no cavalo mais rápido, garantindo-lhe a fuga em caso de necessidade.

É assim que, em março de 1813, juntamente com Muhana e uma caravana de beduínos de que fazem parte 25 bravos e armados guerreiros, mais setenta membros do povo a cavalo e a camelo com provisões (comida e água, café e tabaco para cachimbo, prendas para subornar os eventuais dignitários que encontrassem pelo caminho), iniciam a travessia de cinco dias pelo deserto, que culminará com uma entrada triunfal na mítica cidade. Serão recebidos por cerca de cinquenta cavaleiros em tronco nu e desfilarão em lenta procissão pela avenida de colunas de Palmira. O povo aclama Hester. Emocionada, ela sente-se verdadeiramente uma rainha, como se cumprisse a profecia da sua juventude.

Ficam em Palmira cerca de uma semana, o suficiente, contudo, para que a notícia da impressionante aventura se propague por toda a região, chegando ecos à remota Inglaterra. Ao mesmo tempo que se reconhecia a coragem necessária para a exploração, criticavam-se os custos da mesma, que montariam a cerca de mil libras esterlinas, o equivalente a 150 mil euros, ao valor atual. O preço a pagar para ser coroada rainha do Oriente.

A fama foi tal, que os expatriados britânicos que se encontravam na região lhe pediam conselhos sobre a melhor forma de viajar por

Paixões orientais

aquelas paragens. A uma senhora que lhe pergunta o que deve levar numa travessia pelo deserto, Hester, com o seu eminente espírito prático, sugere um penico:

> Imagine, minha senhora, uma planície que parece nunca acabar e reflita sobre o que pode fazer quando viajarem oito ou nove horas juntos? Será em vão que procurará um arbusto ou uma árvore *para qualquer fim*, além do que não lhe será permitido afastar-se do grupo.[25]

Lady Stanhope vive um dos momentos culminantes da sua vida, tudo lhe corre de feição, o sucesso das suas viagens, a expedição a Palmira, o amor, o reconhecimento público. Menos de um ano depois, já em 1814, a maré da fortuna muda, e Hester assiste à partida de Michael para a Europa, enquanto ela própria adoece violentamente, vítima de uma epidemia de peste bubónica. Graças ao empenho e aos constantes desvelos de Meryon, escapa por um triz. Mas a peste vai arrasando a região de tal forma, que Bashir II lança um édito conferindo a Hester todos os poderes necessários para tomar medidas que impeçam a propagação, o que demonstra a influência e o respeito de que a inglesa goza na região.

A sua próxima proeza leva-a à procura de um tesouro perdido, supostamente escondido num templo em Ascalão — cidade costeira cinquenta quilómetros a sul de Telavive —, segundo cópia de um documento antigo, alegadamente escrito por um monge moribundo, que lhe havia chegado às mãos. Veremos que não será a única mulher viajante a quem entregam mapas com a localização de pretensos tesouros perdidos, como se o Oriente fosse terreno fértil para este exotismo de riquezas. A aventura contará com o apoio das autoridades locais e até do embaixador inglês, que ajudam a financiar a expedição. Será a primeira vez que no Império Otomano um ocidental recebe tanto poder, ordenando-se aos paxás de Acre e de Damasco, bem como ao governador da Síria, que dessem a Stanhope toda assistência que solicitasse na sua caça ao tesouro.

Mais uma vez rodeada de uma impressionante comitiva, Hester parte para Ascalão, onde se iniciam as escavações. Nenhum tesouro é encontrado, pelo menos não no sentido tradicional: não há arcas fabulosas com ouro, nem joias, nem pedras preciosas. Ao fim de vários dias de intenso trabalho, o único achado é uma colossal estátua de mármore da era romana. Descoberta impressionante e valiosa para todos os efeitos, mas não o que se esperava. Hester dá ordens para destruir o achado.

Recordemos que se vive numa época de aberta espoliação dos achados arqueológicos. Lord Elgin, embaixador junto ao Império Otomano, leva um friso e um conjunto de esculturas do Pártenon para Inglaterra; sujeitos sem escrúpulos, como o diplomata italiano Bernardino Michele Maria Drovetti, nomeado cônsul do Egito por Napoleão, também pela mesma época, saqueiam da forma mais vil e gananciosa as fabulosas antiguidades egípcias, levando-as para a Europa. É certo que em muitos casos as peças eram "compradas" às autoridades locais, mas é igualmente certo que se abusou de uma situação de dependência e de corrupção. No domínio da arqueologia, o século XIX viveu sem remorsos da usurpação mais feroz, baseada num conceito de superioridade etnocêntrica que, lamentavelmente, subsistiu também no século XX.

Hester abomina esta ausência de princípios, e recusa-se a compactuar com ela. E é por isso que prefere destruir a estátua a vê-la roubada — uma solução radical, sem dúvida, mas totalmente consentânea com a sua personalidade.

Lady Stanhope passará o resto da sua vida na região costeira onde hoje se situam a Síria e o Líbano, em Mar Elias, perto de Beirute e Balbeek, apesar das saudades que acaba por sentir e das inúmeras tentativas da família e do irmão James, com quem se reconcilia, para que volte a Inglaterra. Tenta ocasionalmente remediar as saudades pedindo a Meryon que lhe leia livros ingleses, mas recusa terminantemente voltar ou mesmo conviver com outros europeus exilados no Líbano, chegando a confessar ao médico: "Se me dessem cem mil libras ao ano para viver no meio da gente empertigada e tola que vem de Inglaterra, não seria capaz. Aqui, se me sento debaixo de uma árvore e meto conversa com um condutor de camelos, pelo menos oiço algo de bom senso".[26]

Não só não volta, como cada vez se sente mais ligada à terra adotiva, tomando parte nas suas crenças, embora nunca se tenha convertido formalmente ao islamismo, e também nas suas superstições. Quando uma égua da sua propriedade, oferecida por Ahmed Bey, dá à luz um poldro cujo dorso se assemelha a uma sela turca, Hester acredita que aquela é a égua escolhida para transportar o próximo Mahdi, uma figura messiânica do Islão. Segundo a lenda, um cavalo que nascesse albardado haveria de transportar o profeta redentor. Stanhope acredita piamente que o seu cavalo é o escolhido.

Aliando estas crenças ao seu espírito dominador e extravagante e, ainda, à sua total imersão nos costumes do território onde escolheu viver, não é de estranhar que os expatriados comecem a pensar que Hester é mentalmente instável e que o seu estado se agrava com a idade.

Ela própria reconhece que nem sempre consegue exercer domínio sobre si, confessando em carta datada de maio de 1814: "Que Deus me conceda poder morrer em posse das minhas faculdades. A que posso atribuir este meu nervosismo? É como pólvora. Se algo ateia o meu fogo rebento numa explosão e já não me sinto senhora de mim".[27]

Há investigadores que sugerem uma curiosa teoria sobre esta radicalização da natureza de Hester, mulher de personalidade a um tempo volátil e determinada. A mudança poderia ter sido causada pela datura, uma planta, ainda hoje visível nas ruínas da última casa que habitou, com propriedades alucinogénias. É bastante provável que ela conhecesse as características dessa espécie, já que ao longo da sua vida entrou em contacto com homens místicos do Oriente que utilizavam essa planta para induzir profundas experiências religiosas. E a verdade é que Hester se havia tornado numa inveterada fumadora de narguilé, desde que quase morrera da peste. É, pois, provável que entre as substâncias que aspirava no cachimbo se encontrasse esta, cujos efeitos secundários, para além da alucinação, incluíam as alterações bruscas de humor.

A sua índole torna-se mais irascível, o que faz com que frequentemente tenha de trocar de serventes, sobretudo os europeus, que não conseguem lidar com o seu temperamento arrogante e por vezes até tirânico. Mas é também essa firmeza de ânimo que a leva a ser convicta na defesa dos que procuram a sua ajuda, mesmo que isso signifique confrontar-se com antigos aliados. Quando a aliança entre os antigos sequazes, o emir Bashir Shihab e o xeque Bashir Jumblat, se quebra numa luta pelo poder e também pela defesa dos direitos dos drusos, cada vez mais oprimidos sob o jugo do emir Bashir, o pequeno território da casa de Hester, em Mar Elias, começa a ganhar fama como abrigo de refugiados de ambos os lados do conflito. Hester acaba por procurar uma casa com melhores condições para acolher as pessoas que procuram a sua ajuda, encontrando em Joun uma espécie de fortaleza onde estabelece nova residência.

No meio de tudo isto, Stanhope enfrenta enormes dificuldades económicas, endividando-se cada vez mais para conseguir albergar e alimentar os refugiados, mas jamais abdicando de fazer aquilo que considera correto, mesmo com grande prejuízo pessoal.

Em janeiro de 1825, o xeque Bashir Jumblat revolta-se contra o emir, contando com o apoio dos drusos. Hester procura manter a sua imparcialidade, dando guarida e prestando apoio humanitário aos dois lados, mas quando um servente lhe conta que a família do xeque Bashir corre o risco de ser executada porque um comando de homens do emir se desloca ao seu harém para os matar, Hester intervém e oferece-lhes refúgio. Gesto de consequências políticas desastrosas para Stanhope. Quando a revolta é esmagada pelo emir e Bashir Jumblat é decapitado, exibindo-se o seu corpo em praça pública para prevenir futuras rebeliões, a inglesa é vista como partidária dos derrotados. Facto que ela não renega, clamando que o emir, seu antigo amigo e aliado, é "um cão e um monstro".

Em 1827, o emir inicia uma campanha de terror contra Hester e a sua pequena fortaleza, apavorando os empregados e impedindo-os de se abastecerem de água. Em Joun, o único poço que serve a casa encontra-se ressequido, e pela primeira vez nesta sua longa viagem Stanhope sente que se encontra sem saída. Consegue sair do impasse graças aos bons ofícios do embaixador inglês, a quem pede ajuda.

Depois deste terrível incidente, isola-se cada vez mais e recusa--se até, com raríssimas exceções, a receber os viajantes que desejam conhecê-la. Cada vez mais só, conta apenas com o apoio de Meryon, que entretanto já havia regressado a Inglaterra mas que, ainda assim, a vem visitar com frequência. Na última visita o médico fica chocado com as condições de pobreza em que Stanhope vive. Esta ocupa os seus dias a conjeturar elaboradas ordens sobre os assuntos domésticos mais triviais. A casa encontra-se agora cheia de gatos, mais de trinta com as suas ninhadas, que passeiam livremente pela fortaleza e que Hester acolhe com o mesmo desvelo com que acolhera os refugiados.

Um a um, o corpo de serventes abandona-a. Mesmo assim consegue impressionar o poeta francês Lamartine quando este, ao se instalar com a família em Beirute, em 1832, lhe faz uma visita, ficando encantado com aquela mulher de personalidade e vida tão extraordinariamente singulares.

O fim aproxima-se, a pensão que lhe fora garantida pelo tio é cortada. Em Inglaterra, levanta-se um coro de vozes a favor e contra, desde os que dizem que ela mantém um estilo de vida extravagante e perdulário, mesmo antes do abrigo dado aos refugiados, até os que defendem a sua importância estratégica entre os povos da região e no conhecimento daquela área do globo.

Morrerá aos 63 anos, completamente só e na mais abjeta miséria. Quando o seu corpo é encontrado, a 23 de junho de 1839, já se encontra em decomposição. É enterrada pelos serviços consulares britânicos, sendo desrespeitado o seu último desejo, de que não fosse feita qualquer ligação ao seu país nem à religião cristã. O caixão é envolto com a bandeira britânica e um missionário cumpre o ritual funerário da Igreja de Inglaterra. Hester permanecerá incompreendida até ao final dos seus dias.

Os três volumes *Memoirs of Lady Hester Stanhope*, de Charles Meryon, são publicados em 1845, depois de vencida a resistência da família, seguindo-se nova trilogia um ano depois, *Travels of Lady Hester Stanhope*. Meryon consagra assim o mito de Hester e atribui-lhe para sempre um lugar na história. Hester escreverá no seu último ano de vida: "Fiz o que considerei ser o meu dever, o dever de todos em cada religião. Não tenho recriminações a fazer-me, exceto ter ido demasiado longe. Mas tal é a minha natureza, e uma natureza feliz também, que consegue ultrapassar tudo menos o insulto".[28]

Impressionante, esta mulher que James Joyce transformou em personagem de *Ulysses* e que Picasso afirmou que teria gostado de conhecer por representar o verdadeiro modelo da mulher livre.

Jane Dieulafoy
1851-1916

Lembro-me de ser ainda criança em Paris quando fui autorizado a assistir a um jantar. O meu pai, segurando-me na mão, disse-me para olhar para a pessoa que acabava de entrar na sala. Eu olhei e vi um pequeno cavalheiro grisalho, num *smoking*, com a medalha da Legião de Honra na lapela. "Esse", disse o meu pai, "é a Madame Dieulafoy".[29]

Paixões orientais **143**

A memória é contada por Vita Sackville-West (1892-1962), embora não lhe pertença; ouviu-a a um amigo quando viajou para a Pérsia em 1925, cerca de cinquenta anos depois da protagonista que agora nos ocupa.

Não é possível pensar em Jane Dieulafoy sem esboçar um sorriso, nem que seja interior. Não porque não deva ser levada a sério esta pequena francesa cuja tenacidade e resistência a levaram a cometer as façanhas mais improváveis, mas pela sua visão desassombrada da realidade, que involuntariamente caricaturava. A visão pragmática da existência, revestida de uma particular ironia e de um humor cortante, torna irresistível a sua escrita. E a sua aparência também.

Não deixa de ser encantadora a maneira como frontalmente assumiu o travestimento, tendo chegado a obter do prefeito de Paris uma autorização especial para se vestir como homem. Há qualquer coisa nesta mulher, apaixonada pela arqueologia e pela arquitetura, que a transforma em muito mais do que uma mera acompanhante do marido nas expedições pela Pérsia e pela Mesopotâmia. Vita Sackville--West elogiava assim a francesa: "Não era tanto ela que acompanhava o marido mas o marido que a acompanhava a ela".[30]

Mas talvez porque a sua figura diminuta e o seu cabelo curto como um rapazinho prestes a fazer a comunhão, numa emulação de santo António, não soubessem dar ao facto de se vestir de homem a misteriosa atração da androginia, torna-se fácil satirizar esta mulher. Pensemos, porém, no estilo *à la garçonne* que tão em voga se tornou na Europa umas décadas mais tarde e que algumas das nossas viajantes adotaram.

Dieulafoy foi uma mulher verdadeiramente fascinante. Para além dos diários da sua experiência no Irão, publicados ainda em vida na reputada revista *Le Tour du Monde*,[31] escreveu um romance histórico, *Parysatis*, que mais tarde adaptou para uma peça musical de Camille Saint-Saëns, estreada em agosto de 1902. Muito apropriadamente para uma conhecedora do Irão, a peça desfia a biografia da histórica rainha persa que dá título à obra e que permitiu ao compositor francês satisfazer o seu apetite pelos temas orientais. Conta o também compositor e amigo de Saint-Saëns, Gabriel Fauré, que no final da representação Jane subiu ao palco da arena de Béziers, onde decorria a atuação, acompanhando Saint-Saëns, para agradecer os aplausos, envergando os seus habituais calções e jaqueta curta.

Alheios ao escárnio que deles fizeram os cartunistas franceses da época — o marido, Marcel, também era ridicularizado pela forma de vestir da mulher —, este casal foi verdadeiramente precursor de um estilo de vida, não se deixando levar pelas convenções sociais da época, embora nada pareça indicar uma vida conjugal fora dos parâmetros habituais.

Reduzir Jane ao seu estilo muito particular de vestir seria, contudo, de uma profunda injustiça, que aliás não tem acontecido: as suas obras foram publicadas e lidas em França e noutros países, e ela é um dos nomes de referência na crónica das viagens no feminino. Tal foi a sua importância, que quando morreu, aos 65 anos, o *New York Times* publicou a notícia na edição de 28 de maio de 1916 considerando-a "a mulher mais notável de França e talvez de toda a Europa".

O que terá tornado extraordinária esta francesa, Jane Henriette Magre, nascida em Toulouse, em 1851, numa abastada e cultivada família de comerciantes? É possível que os oito anos passados num convento parisino, de onde sai aos dezenove para casar com Marcel Dieulafoy, lhe tenham moldado bastante o carácter. Possibilitaram, pelo menos, uma educação muitíssimo completa, em que, para além de desenho e da escultura, aprendeu várias línguas, chegando inclusivamente a ler em português.

Mas é com Marcel, engenheiro de estradas e pontes, de quem toma o apelido que a tornará conhecida, que aprende o interesse pelas viagens e a paixão pela arqueologia. E é também, de uma forma indireta, por causa dele que começa a envergar roupas masculinas. Apenas dois meses depois do seu casamento eclode a Guerra Franco-Prussiana (1870-1871), sendo Marcel recrutado para as trincheiras de Nevers. A sua jovem e recente mulher, dando prova de uma firmeza de carácter verdadeiramente ímpar, resolve acompanhá-lo, envergando o uniforme do exército do Loire. O conforto das roupas masculinas, para ela que possui um forte espírito prático, faz com que não volte a vestir-se como mulher e com que toda a sua postura se torne totalmente varonil.

De regresso a Toulouse, depois da guerra, Marcel integra o serviço municipal de monumentos históricos, trabalhando no seu restauro, o que o leva a estudar as relações e mútuas influências entre a arte ocidental e a oriental. No início da sua carreira, havia sido destacado para a Argélia, lugar onde pela primeira vez toma contacto com os estilos orientais, e começa a interessar-se pela arqueologia, ao estudar os vestígios romanos que se encontram naquele país. Convencido da forte influência das cruzadas na introdução dos princípios da arquitetura muçulmana na arquitetura da Europa medieval, e acreditando que as origens dessa arquitetura se encontravam no Império Persa sassânida, o casal Dieulafoy projeta a primeira incursão arqueológica ao Irão, para investigar *in sito* a sua teoria.

A primeira viagem à Pérsia decorre entre fevereiro de 1881 e abril de 1882. Mais de seis mil quilómetros percorridos a cavalo pela Pérsia e Mesopotâmia serão integralmente relatados nos diários de Jane, publicados periodicamente na revista *Tour du Monde* entre 1881 e 1886. Em 1887, a editora Hachette resolve publicar a narrativa da expedição no livro que titula *La Perse, la Chaldée, la Susanie* [Pérsia, Caldeia, Susânia]. Uma reedição póstuma desta obra terá lugar sob os títulos *Une amazone en Orient: du Caucase à Persepolis 1881-1882* [Uma amazona no Oriente: do Cáucaso a Persépolis 1881-1882], publicado em 1989, e *L'Orient sous le voile. De Chiraz a Bagdad 1881-1882* [O Oriente sob o véu. De Shiraz a Bagdad 1881-1882], publicado em 1990.

O estilo despretensioso mas informativo, a atenção ao detalhe quando descreve um monumento histórico, mas também o olhar sensível sobre a paisagem, a atenção às pessoas e à sua história, tudo isto atrai a atenção do público sobre a expedição dos Dieulafoy e anima-os a tentar vencer obstáculos com o fim de obter financiamento para uma segunda aventura. O objetivo será realizar escavações arqueológicas em Susa, uma das antigas capitais do Império Persa.

Se a primeira viagem se centrou essencialmente em investigar e realizar um levantamento fotográfico e pictórico dos vestígios históricos encontrados na jornada, a segunda, entre dezembro de 1884 e março de 1886 — com um interregno de meio ano em 1885, quando o xá Nasr el-Din exige a suspensão dos trabalhos devido à hostilidade da população —, centra-se na escavação arqueológica, que dará frutos importantes. Os Dieulafoy não terão sido os primeiros estrangeiros à procura do património arqueológico persa, mas foram os primeiros franceses a realizar uma expedição científica organizada.

Ainda hoje se podem admirar no Louvre o friso dos arqueiros[32] do período aqueménida, que se encontrava no palácio de Dário 1 (cerca de 510 a.C.), bem como o imponente capitel de uma coluna da sala de audiências[33] do mesmo palácio. A importância destas peças é dada pela pompa que rodeia a sua inauguração; o próprio presidente da República abre, em 1888, as duas salas do primeiro andar do Louvre consagradas aos achados do casal, recebendo Jane por esta ocasião a Cruz da Legião de Honra. O marido já havia sido nomeado cavaleiro da Legião de Honra por serviços prestados à nação.

Apesar do mérito e reconhecimento, os Dieulafoy não voltam a conseguir uma nomeação oficial para prosseguirem o seu trabalho no Irão. Aparentemente, Marcel terá entrado em conflito com as autoridades iranianas, facto que leva os franceses a nomearem, em 1897, Jacques de Morgan como delegado geral das escavações francesas naquele país.

Mas o desejo de voltar à Pérsia não esmorece, mesmo depois dos primeiros catorze meses que por lá passam, durante os quais sofrem um profundo desgaste do corpo: são atacados por violentas febres, cansaço, frio, calor extremo, passam mais de dez horas em cima de um cavalo, para além de outros desconfortos que caracterizavam as viagens em climas rigorosos e paisagens áridas, no final do século XIX. Recordemos, ainda, que a primeira viagem é feita sem apoios oficiais. Eles partem sós à descoberta.

É quase pungente ler as partes em que Jane descreve o estado de degradação física a que chega, embora o relato nunca caia na autocomiseração. O último parágrafo da narrativa sobre a primeira viagem termina muito sintomaticamente desta forma: "Paguei, pela absorção de duzentos gramas de quinina, o prazer de relatar as minhas aventuras. Eu faria de bom grado o luto pela conta do farmacêutico, mas lamentarei por muito tempo as forças que perdi e os meus olhos enfraquecidos".[34]

Jane chega literalmente extenuada ao fim da viagem, de tal maneira que no navio que a traz de volta à Europa, nos primeiros dias, nem sequer consegue percorrer o convés de uma ponta a outra, de tão enfraquecida que se encontra.

Mas estas descrições do seu sofrimento são apenas pequenos apontamentos, o mais das vezes sumariamente relatados apenas para dar conta ao leitor das razões por que ficam retidos mais do que o devido em determinado local ou por que não foram a determinado monumento ou mesquita importantes. O que verdadeiramente conta é o que vê. E Jane sabe olhar.

O seu espírito de observação, embora ocasionalmente tingido por laivos de etnocentrismo, é assaz desassombrado e particularmente agudo. Por exemplo, ao falar da máquina administrativa turca, por oposição à persa, percebe quão ineficaz é a primeira:

> Durante a minha estadia na Pérsia não deixei de resmungar contra a administração e os costumes locais, reconhecendo, ao mesmo tempo, o alto valor intelectual e sentido artístico dos iranianos [...]. A partir do dia em que pus os pés na Turquia, pareceu-me ser transportada do paraíso ao inferno.[35]

Mas entende, ainda assim, que parte da responsabilidade cabe às tentativas de ocidentalização levadas a cabo pelos europeus e pelo inquinado sistema que o imperialismo propicia. O pensamento é bastante lúcido para a época. Vejamos:

148 *Mulheres viajantes*

[…] as hábeis políticas europeias fundamentam-se na ideia de que seria suficiente impor as nossas instituições aos orientais para lhes inculcar ao mesmo tempo a nossa civilização. Já não tenho ilusões a esse respeito; as máquinas administrativas do Ocidente são demasiado complicadas para que possamos com facilidade isolar algumas peças e confiá-las a mãos inexperientes. Não será ao esforçar-se por decalcar, no todo ou em parte, os costumes europeus que as nações muçulmanas vão progredir, mas sobretudo ao seguir o espírito de aperfeiçoamento e os métodos políticos característicos das grandes nações do Oriente.[36]

É um olhar não isento de paternalismo, mas ainda assim não deixa de reconhecer o mérito da história e a experiência da tradição local como sendo superiores aos modelos impostos de fora, habitualmente pela força e sem ter em consideração os usos específicos de cada região.

Mas Jane não se inibe de destilar o seu desagrado pelos turcos e o seu império, constituindo uma ou outra parte dos seus escritos um acérrimo libelo contra os costumes otomanos. Critica sobretudo os turcos que já adotaram alguns costumes europeus e possuem ânimo reformista, é preciso ter cuidado com estes, já que têm todos os defeitos dos seus predecessores sem a sua franqueza, afirma a francesa. Identifica-os como um bando de fanáticos religiosos, e nas suas linhas percebemos as origens de parte do nosso pensamento hodierno:

Serão os primeiros a massacrar os europeus se se sentirem seguros da sua impunidade: porque se há um sentimento aceso entre os muçulmanos, e entre os turcos em particular, é o fanatismo religioso, que se reduz hoje em dia ao ódio aos cristãos. […] eles odeiam-nos porque, apesar dos preconceitos e da educação, eles reconhecem neste cristão desprezível, neste cão, filho de cão, o seu superior e o seu mestre.[37]

Segue-se por fim o elenco de todos os defeitos e vícios morais dos turcos: "À poligamia os turcos devem a degeneração da raça e a perda de toda a noção de moral pública". E a razão é, segundo a autora, porque o Corão obriga o marido a alojar cada uma das suas mulheres numa casa diferente e a tratá-las a todas por igual, o que sobrecarrega os chefes de família com despesas de habitação muito acima da sua posição social e a desbaratar a fortuna em "despesas inúteis". Assim, depois de se ter endividado até ao limite em que até "os arménios e os judeus ficam surdos aos seus apelos, o marido, sentindo-se na ruína e no limite das suas possibilidades, recorre aos *lucros*". É fácil de perceber que estes "lucros" são o fruto da corrupção e do embuste, numa espiral sucessiva de ardis em que todos se enganam uns aos outros: os funcionários enganam a população, os domésticos enganam os patrões, o negociante engana o cliente e o cliente naturalmente quer vingar-se dos que o exploram.

O catálogo dos defeitos prossegue:

> A crença na predestinação não é menos funesta nas suas consequências que a autorização concedida a um único homem para tomar várias mulheres. O fatalismo vem resgatar a incurável preguiça dos turcos sunitas e dar-lhes um pretexto para tudo deixarem colapsar. Com que fim combater um flagelo, uma epidemia? De que serviria lutar contra a desgraça? "O homem não tem o seu pássaro (o seu destino) atado à volta do pescoço?"

Até de provocarem a infertilidade da terra Jane os acusa: "Também, em todos os países onde os turcos e os árabes puseram os pés, a fertilidade da terra parece ter secado ao seu contacto".[38]

Mas seríamos injustos se deixássemos reduzir as observações da autora a estes aspectos claramente negativos e enquadráveis numa época em que não se questionava a superioridade moral, social e intelectual dos europeus. Já vimos como ela consegue expor alguns dos defeitos que provinham de sistemas estranhos impostos a civilizações com culturas alheias à ocidental. É também evidente o fascínio que sente por estas regiões, o que a leva a suportar as maiores provações para continuar viagem.

Outro aspecto que suscita alguns comentários da autora é a animosidade de algumas camadas da população em relação à sua comitiva. Regra geral são bem recebidos, com a tradicional hospitalidade muçulmana, e no relato da estadia em Bagdad e das visitas aos lugares de culto Jane não regista qualquer problema. Mas em Kâzhemeine, por exemplo, localidade que fica a meia hora da capital iraquiana e onde pretendem visitar o túmulo do imã Moussa, são rodeados por uma multidão em fúria. Por entre a turba, Jane não perde o sangue--frio nem a oportunidade de, na confusão, enquanto se tentam evadir, ver o monumento que iam visitar. "Durante a refrega não perdi o meu tempo e, deixando ao meu marido o cuidado de negociar a soco com a multidão, deitei por entre a porta que tinha ficado aberta uma olhada rápida pelo edifício."[39]

O suficiente para descrever com algum pormenor, tendo em conta as circunstâncias, o lugar histórico. Pena não termos o testemunho de Marcel sobre este incidente; embora ele não fosse dado a grandiosos heroísmos, tanto quanto nos é possível deduzir, a versão teria decerto sido diferente, quanto mais não fosse porque tiveram mesmo de livrar-se da turba a soco e pontapé.

Apesar dos apuros, a viajante é determinada, e com o tempo habitua-se às dificuldades da vida na estrada. Não só se habitua como quase se afeiçoa. Quando, em Bagdad, se aloja na residência do cônsul, queixa-se das comodidades de que usufrui e às quais se desabituara:

> As almofadas de plumas, os espessos colchões, os linhos finos e brancos já não são feitos para mim. Bato-me contra uns, asfixio-me nos outros. [...] Em resumo, passei uma noite abominável e não fosse o receio das indiscrições dos serventes, teria corrido buscar o meu desdenhado *kharte khab*. Este velho companheiro de infortúnios não dissimula aos meus ossos nenhuma das irregularidades do chão, mas estou tão habituada que, no meu regresso a França, sacrificarei à minha colcha as camas e os seus inúteis acessórios.[40]

Não sabemos se terá conservado esse espartano espírito a que a viagem a habituou durante o resto da sua vida. O facto é que, não tendo conseguido nenhuma outra comissão para o Oriente, o afoito casal intercala a sua vida em Paris com viagens a Espanha, sendo bastante provável que tenham passado por Portugal, e Marrocos, renovando o seu interesse pelo património arqueológico e histórico das regiões que visitam. De resto, a sua vida prosseguirá em Paris, frequentando os meios artísticos e literários, onde Marcel é nomeado assessor da administração dos caminhos de ferro da região de Midi.

Na Primeira Guerra Mundial, Marcel é mobilizado para o corpo de engenheiros do exército, sendo destacado para uma missão em Rabat. Militando pela integração das mulheres no exército, Jane, como habitualmente, segue-o. Em terras marroquinas, acaba por contrair uma disenteria que a vitimará fatalmente já de regresso à pátria, na sua propriedade de Langlade em Pompertuzat, Toulouse, no dia 25 de maio de 1916. Marcel sobrevive-lhe quatro anos, morrendo em 1920.

Gertrude Bell
1868-1926

"O Oriente está cheio de segredos […], e como está cheio de segredos encontra-se cheio de surpresas fascinantes."[41] A esta distância resulta tão improvável que uma jovem britânica nascida na segunda metade do século XIX, no seio de uma das mais ricas famílias inglesas (a sexta segundo o *ranking* da altura), viesse a ser íntima e confidente de xeques do deserto e uma entre os principais estrategas no mapa do Médio Oriente, que a sua vida proporciona um relato extraordinário.

Tão extraordinário que Nicole Kidman foi Gertrude Bell no filme *Rainha do deserto* (2015), de Werner Herzog; já Tilda Swinton empresta-lhe a voz no documentário *Letters from Baghdad* (2016), uma boa introdução à sua vida e pensamento, bem como ao vastíssimo material de arquivo que legou.

Vários têm sido os epítetos atribuídos a Bell, desde "rainha do deserto" e "aventureira" até "conselheira de reis", "a mulher que fez os xeques tremerem" ou "fazedora de nações". Segundo uma das suas biógrafas, os beduínos chamaram-na de "filha do deserto".[42] Admirável também é a quantidade de atividades que exerceu, sendo aqui a lista igualmente longa e incluindo profissões como poeta, tradutora, investigadora, historiadora, alpinista, fotógrafa, arqueóloga, jardineira, cartógrafa, linguista e destacada funcionária do Estado. O mais extraordinário é que não há qualquer exagero nesta listagem, já que nalgum ponto da sua vida Gertrude efetivamente foi uma destas coisas, isoladamente ou em simultâneo. E em todas elas a sua prestação foi brilhante e reconhecida.

Hoje, ela é fundamentalmente recordada pelo papel que desempenhou na criação do Estado iraquiano moderno e, desde 2003, altura em que se dá a invasão americana do Iraque, redobra-se o interesse público pela sua vida e obra. Quem se queira debruçar sobre a história deste país e compreender os sobressaltos que continuam a percorrê-lo vai dar de caras com a figura desta decidida inglesa. Entender o Iraque hoje, em pleno século XXI, passa por entender o pensamento de Gertrude Bell, formado sob a égide da rainha Vitória, num tempo em que a Grã-Bretanha ia consolidando o império colonial e o seu domínio sobre o globo, tornando-se a mais pujante e moderna potência da época.

A família de Gertrude, aliás, é o exemplo típico deste poderio. O avô paterno, Sir Isaac Lowthian Bell, representava o paradigma

Paixões orientais **153**

de sucesso da burguesia. Era dono da mais importante metalurgia inglesa, produzindo aço e suprindo o mercado inglês com um terço de todo o metal usado no país, a par do seu envolvimento na política com uma clara visão liberal. O pai, Sir Hugh Bell, foi herdeiro dessas indústrias e da vasta fortuna que geravam.

Apesar da morte prematura da mãe ao dar à luz o irmão Maurice em 1871, contava Gertrude apenas três anos, nunca a família foi omissa em cuidados e atenções a dar à criança. Mas será esta morte inesperada uma das razões que levam a consolidar a fortíssima relação de Gertrude com o pai, que a guiará em quase todas as suas ações pela vida fora.

O pai voltará a casar com Florence, que se tornará igualmente uma forte influência na vida de Gertrude. Contrariando o papel perverso atribuído às madrastas, esta será sempre extraordinariamente dedicada a Gertrude, tratando-a como uma verdadeira filha, juntamente com a família que acabará por formar com Hugh, mais um rapaz e duas raparigas.

Florence era uma mulher culta e instruída, desenvolvendo, a par das suas obrigações domésticas como esposa e mãe — que sempre considerou como as mais importantes —, um trabalho notável na escrita, com peças de teatro e ensaios, e no desenvolvimento de projetos junto dos trabalhadores da indústria do marido, com vista a melhorar as suas condições de vida e o seu bem-estar. A sua consciência social e o seu interesse pela vida doméstica da classe trabalhadora levaram-na a publicar o estudo *At the Works: A Study of a Manufacturing Town* [Trabalhando: um estudo de uma cidade industrial], publicado em 1907, e conduziram-na à realização de inúmeras atividades filantrópicas.

Gertrude, sendo a mais velha dos cinco irmãos, desde cedo colaborou nos trabalhos de Florence. Quando esta desenvolveu a investigação para a escrita de *At the Works*, Gertrude foi uma importante ajuda, visitando as casas dos operários para realizar entrevistas às mulheres. Esta experiência terá sido decisiva no seu posterior entendimento sobre as formas de governo burguesas e o papel das mulheres em Inglaterra e nas colónias.

A sua educação foi bastante excecional, numa época em que não era costume as mulheres estudarem. Circulava a teoria de que as raparigas sofreriam esgotamentos se sujeitas a uma disciplina intelectual da mesma natureza que os rapazes, e tanto Florence como Hugh comungavam desta visão. Cedo, porém, começaram a perceber que a jovem era de uma têmpera diferente, obstinada e lutadora, constituindo uma exceção à vitoriana regra da inferioridade das capacidades intelectuais femininas.

Foi essa índole inquieta que justificou a inscrição num colégio em Londres, deixando a propriedade da família em Durham County, no norte da Inglaterra. Aos dezoito anos prosseguiu os seus estudos, por insistência dos professores de história, que a consideravam brilhante e que conseguiram convencer os relutantes pais a deixá-la ir para Lady Margaret Hall, uma das duas faculdades para mulheres em Oxford.

Torna-se a primeira mulher licenciada em história contemporânea por Oxford, e em dezembro de 1888 parte para Bucareste, onde um tio diplomata a acolhe. Aí assiste a uma vida social mais aberta e cosmopolita que o fechado círculo onde se movia na Inglaterra. São quatro meses de intensa atividade social e cultural, que culminam com uma estada em Constantinopla.

De regresso a Inglaterra, prepara-se para o baile de debutante a que as raparigas de sociedade deviam assistir, com o objetivo de encontrar um pretendente adequado à sua posição. Mas como ao fim de três anos de vida social em Londres não se interessasse por ninguém, decide fazer a sua primeira viagem ao Médio Oriente. O tio diplomata encontra-se destacado na Pérsia, e Bell parte em 1892 para um país onde entra pela primeira vez em contacto com o deserto, o que constituirá uma verdadeira revelação para esta inglesa habituada ao clima frio e húmido e às paisagens verdejantes da sua Inglaterra natal.

Oh, o deserto ao redor de Teerão! Milhas e milhas de deserto sem nada, nada a crescer. [...] Nunca soubera o que o deserto era até vir aqui, é algo maravilhoso de se ver, e de repente no meio de tudo, do nada, de uma pequena fonte de água, brota um jardim. E que jardim![43]

Antes de partir, começa a aprender persa na London School of Oriental Studies. A sua preparação neste campo é notável, e a facilidade com que acumula línguas ao longo da sua vida denota um espírito estudioso e empenhado. Para além do persa, do francês, do italiano e do alemão, acabará por ser fluente em árabe, turco e hebreu. A profundidade que colocava nos assuntos em que se envolvia fica patente na sua tradução do poeta persa Hafiz, publicando em 1897 uma antologia dos seus poemas, *The Divan of Hafiz* [O divã de Hafiz], que mereceu um veemente aplauso da crítica especializada, fazendo crer que a jovem teria futuro neste ofício literário, ao qual, contudo, acabou por não se dedicar.

No Irão, Gertrude desvelará vários amores, não só ao deserto e à paisagem árida, aos jardins povoados de fontes e cursos de água, à língua e à literatura persa, mas também a um homem, de nome Henry Cadogan, secretário da embaixada britânica. As cavalgadas a dois pelo deserto ou os passeios pelos bazares que Henry lhe vai mostrando cedo se tornam parte das suas rotinas diárias, e entre ambos crescem uma admiração e um encantamento mútuos, culminando num pedido de casamento, que uma exultante Gertrude comunica ao pai por carta. Mas o jovem não agrada a Hugh Bell, que, não lhe vislumbrando um futuro promissor nem rendimentos que permitissem sustentar Gertrude convenientemente e, sobretudo, tendo sabido, por meio de investigações que mandara fazer ao perceber que a filha se estava a apaixonar, que Henry teria uma certa propensão para o jogo, envia uma carta à filha impedindo que a relação continue e mandando-a regressar de imediato.

Desolada, Gertrude aceita, sem revolta, a decisão e regressa à casa da família em Londres em Sloane Street, na esperança de que decorridos um ano ou dois Cadogan consiga provar a Hugh que é digno da sua mão. Mas o destino intromete-se, e o jovem morre, um ano mais tarde, de uma pneumonia contraída nas gélidas águas de um rio onde caíra enquanto pescava.

Para ocupar o seu tempo após o regresso da Pérsia, Florence sugere-lhe que escreva um livro sobre a sua experiência de viagem, baseando-se nas cartas que enviara para casa e no diário que mantinha. É assim que, passados dois anos, Gertrude publica anonimamente *Safar Nameh, Persian Pictures — a Book of Travel* [Safar Nameh, imagens persas — um livro de viagem], a que se segue a tradução de poemas de Hafiz.

Mas por esta altura o que interessava verdadeiramente a Bell era a viagem, e o mundo novo que ia desvendando, não apenas de paisagens e lugares, mas de pessoas, de história, de arqueologia, para além do seu próprio mundo interior:

> Pergunto-me se continuamos a ser a mesma pessoa quando o ambiente que nos rodeia, as associações, os conhecimentos que temos mudam? Aqui, esta que sou eu, que é uma jarra vazia que o que passa enche à sua vontade, encontra-se cheia de um vinho de que nunca tinha ouvido falar na Inglaterra... Que grande é o mundo, que grande e que magnífico.[44]

E Gertrude está determinada a tirar partido do encantamento que o mundo lhe oferece partindo numa viagem à volta do globo com o irmão Maurice, em dezembro de 1897, de que só regressam em junho do ano seguinte, depois de atravessarem o planeta em grande estilo a bordo do navio de Sua Majestade *City of Rio de Janeiro*. Não é aqui, ainda, que encontraremos a viajante arrojada, destemida e curiosa que procura desbravar o deserto. Por enquanto, as viagens ainda são feitas em companhia e no conforto da primeira classe. Repetirá a volta ao planeta com o meio-irmão Hugo Jr. em 1903, deslocando-se até à Índia para comemorar o esplendor do Império, a assembleia que se realizava por ocasião do anúncio de Eduardo VII como imperador. Passaram pelo Afeganistão, Burma, Singapura, China, Coreia, Japão, regressando pela América, com uma escalada pelas Montanhas Rochosas.

Entretanto Gertrude iniciara-se numa outra paixão, para a qual também revelou aptidões excepcionais: o alpinismo. E a prova de que não exageramos os seus dotes para a escalada é o cume que ostenta o seu nome nos Alpes suíços, por ter sido a primeira a alcançá-lo em 1901, o Gertrudspitze. Proeza rara, já que são quase inexistentes as montanhas com nomes de mulher. Também conseguiu a façanha de escalar o Matterhorn, em 1904, que os conhecedores reclamam como a montanha perfeita em termos de forma e localização e uma das últimas a serem conquistadas, pelo seu elevado grau de dificuldade.

Estes feitos são tanto mais dignos de admiração quanto a jovem Bell não abdicava do seu trajar de virar do século: saias até aos pés e camisas apertadas até ao pescoço, que dificultavam sobremaneira os movimentos, para não referir a ausência do moderno equipamento desportivo de que hoje dispomos. Só muito ocasionalmente, diríamos quase que apenas quando estavam em causa a sua decência, porque a roupa se podia rasgar, e a sua segurança, se dispunha a ceder e a trocar a saia por um par de calças de homem que usava por baixo da roupa. "Dei a minha saia ao Marius, tendo Mathon dito que eu não a poderia usar de todo. Ele estava certo, mas eu senti-me indecente."[45]

As viagens que lhe darão fama e onde ela adquire todo o conhecimento sobre o Médio Oriente começam em 1900. Conta 32 anos quando parte sozinha para Jerusalém, onde vivem amigos diplomatas. A par de aprender árabe, em março comanda a sua primeira expedição pelo deserto. Chegará a Petra, depois de ter percorrido a árida região, o que lhe dá a oportunidade de verificar as inúmeras incorreções dos mapas disponíveis. Ao todo, percorre cerca de 250 quilómetros a cavalo em dezoito dias. Aprenderá que a sua pele clara não suporta o sol intenso, e de futuro passará a usar, sobre o chapéu, o *kafiye*, lenço branco tradicional, proteção mais eficaz para o rosto.

Estão, também, lançadas as bases para a sua atividade cartográfica. Gertrude mapeará algumas das regiões do Médio Oriente, corrigindo muitas informações. A título anedótico, refira-se que o seu nome é citado no filme *O paciente inglês* (1997) quando alguns soldados ingleses debruçados sobre mapas perguntam se é possível passar por determinadas montanhas e um deles diz "Os mapas de Bell mostram um caminho", ao que o outro responde "Bom, esperemos que *ele* tenha razão". O destaque é meu. Que a verdade seja restituída.

Depois desta, Bell fez mais cinco viagens marcantes, que a tornaram provavelmente na maior conhecedora da região, a par de T.E. Lawrence. Assim, em 1905, partiu de novo para Jerusalém, atravessando a região montanhosa e vulcânica de Jabal al-Druze. Passou quatro meses no deserto sírio, até alcançar Damasco e Alepo, chegando depois a Constantinopla.

Novamente em 1907, passou outros quatro meses a cavalo, desde Esmirna, moderna Izmir, na costa mediterrânica da Turquia, para visitar locais arqueológicos, chegando até Binbirkilisse.

Em fevereiro de 1909, parte de Alepo, na Síria, atravessando o deserto até chegar às margens do Eufrates, por onde desce até Bagdad e prossegue para o sul, fotografando o palácio de Ukhaidir, no que se tornará um dos seus mais reconhecidos trabalhos fotográficos, bem como as ruínas da Babilónia e Ctesiphon, para subir pelas margem do rio Tigre e, após cinco meses a cavalo, chegar a Istambul.

A 9 de fevereiro de 1911 volta a partir, agora de Damasco, passando novamente por Ukhaidir, Najaf, Bagdad, até chegar a Alepo.

A última das suas grandes expedições, e uma das mais arriscadas, levá-la-á, em novembro de 1913, através do temido deserto da Arábia, o Nedj, que antes dela só a compatriota Anne Blunt havia arriscado atravessar com o marido. Consegue chegar à cidade de Ha'il como era seu objetivo e onde, devido às guerras entre líderes locais, acaba por ficar presa durante dez dias. Regressa a Bagdad e daí inicia novamente uma travessia pelo deserto sírio, até chegar a Damasco em maio de 1914, pouco antes da eclosão da Primeira Guerra Mundial.

Paixões orientais **159**

Muito haveria a dizer sobre cada uma destas expedições, pelo que resumi-las em breves parágrafos dá apenas um fraco indício da bravura e determinação desta mulher. Seria preciso deter-me em cada incursão para percebermos inteiramente as extremas dificuldades por que Bell passou.

É comum referir-se o imenso requinte de Gertrude Bell, que sempre se fazia acompanhar da melhor porcelana, mesas, toalhas, camas e até banheiras portáteis nas suas jornadas. Mas quem alguma vez tenha viajado no deserto sabe que todas as comodidades não combatem o calor, a sede e as tempestades de areia, para não referir o desconforto e a lentidão do meio de transporte.

Mas o Oriente apaixona-a. Numa carta ao pai, após a primeira expedição, a 10 de julho de 1900, confessa-lhe que, apesar da enorme vontade de regressar a casa, sente também um grande desejo de ficar: "Sabes, querido Pai, voltarei aqui em breve. Não é possível mantermo-nos afastados do Oriente quando se chegou tão longe".[46]

E longe efetivamente chegara em conhecimento. Em escassos anos, a sua forma de viajar pelo deserto, tomando contacto com as autoridades e os chefes locais, conhecendo as aldeias e os povos, ouvindo as suas revoltas e anseios, os seus temores e aspirações — que, muito provavelmente pelo facto de ser mulher, lhe confiavam com alguma facilidade —, permitiu-lhe acumular um acervo de informação precioso, designadamente quais os caminhos seguros, sob que autoridade se encontravam as diferentes regiões e, mais importante que tudo, quais populações estavam a favor dos ingleses. Relembremos que por essa altura a região era objeto da cobiça das nações ocidentais e colonialistas, divididas entre franceses e ingleses, com interesses alemães pelo meio, anunciando-se o fim dos últimos vestígios do Império Otomano, que, após a Primeira Guerra Mundial, perderia a sua jurisdição no Médio Oriente.

É assim que vemos uma Gertrude por um lado fascinada com o Médio Oriente, por outro assumindo perfeitamente o seu papel enquanto súbdita de Sua Majestade e nunca perdendo a lealdade à pátria. Numa carta à madrasta, de 3 de março de 1905, escrita em Damasco, encanta-se com o poder da religião: "Era a hora da oração da tarde. No pátio, homens de todos os géneros e estilos, desde o erudito doutor de Damasco até ao mais esfarrapado cameleiro — o Islão é a melhor república do mundo, não existem classes nem raças dentro do credo".

E mais à frente prossegue: "Sim, esta foi uma visita a Damasco que não esquecerei facilmente. Começo a vislumbrar vagamente o que significa a civilização de uma grande cidade oriental, como vivem, o que pensam, e dou-me bem com isso".[47]

Entretanto publica dois dos seus melhores livros de viagem, que ainda hoje são objeto de estudo, análise e admiração e onde relata as suas viagens pela Palestina, Síria e Mesopotâmia, concretamente as expedições de 1906 e 1909. Assim, aparecem *The Desert and the Sown* [O deserto e o semeado], publicado em 1907, e *Amurath to Amurath* [Amurath para Amurath], publicado em 1911, que a tornam famosa e reconhecida como grande viajante na Inglaterra, fama que se estenderá às regiões pelas quais viaja.

Embora os livros contenham reflexões interiores, histórias de civilizações já desaparecidas, a beleza da paisagem ou a simpatia das pessoas, a verdade é que os seus textos se vão tornando mais políticos à medida que conhece melhor a realidade que testemunha, articulando-os com as suas convicções sobre o poder colonial. Veja-se, por exemplo, a forma como justifica a dificuldade dos turcos em manterem a estabilidade na Síria: "Não acredito que nenhum governo pudesse dar satisfação universal […]. Sendo inglesa, estou persuadida de que nós somos o povo que podia ter tomado a Síria pela mão com uma probabilidade de sucesso maior do que um sultão suficientemente moderado".[48]

A ligação entre as atividades realizadas pelas mulheres na sua esfera doméstica e as atividades que desenvolveram nas colónias é uma área de estudo recente. As mulheres da burguesia mais abastada envolviam-se com frequência em trabalhos filantrópicos, no decorrer dos quais desenvolviam competências aplicáveis em áreas como a gestão doméstica — recordemos que muitas vezes se tratava de casas com largas dezenas de habitantes —, a educação dos filhos ou a gestão da comunidade local. Estas competências eram transpostas, com algum sucesso, para os espaços coloniais.

A mulher, enquanto símbolo da maternidade, educava. E os povos colonizados eram frequentemente vistos como crianças, logo, fazia sentido que assumisse no espaço colonial um papel preponderante na administração, aplicando os conhecimentos que adquirira no âmbito da vida doméstica.

> O oriental é como uma criança muito velha. Desconhece muitos ramos de conhecimento que nos habituámos a considerar de elementar necessidade. Frequentemente, mas não sempre, a sua mente não se preocupa em adquirir esses conhecimentos, e preocupa-se ainda menos com o que chamamos de utilidade prática. Ele não é prático na nossa acepção do termo, não mais do que uma criança é prática, e a sua utilidade não é a nossa. Por outro lado, a sua ação é guiada por tradições de conduta e moralidade que remontam aos princípios das civilizações, tradições essas nunca modificadas na maneira de viver a que se dedicam e da qual são originários.[49]

Bell transpôs os conhecimentos adquiridos na sua juventude para a sua experiência colonial, dando-lhes uma dimensão política, social e cultural que tornou único o seu papel no Médio Oriente. Não fora a educação liberal e burguesa recebida na sua formação e provavelmente não teria sido capaz de realizar a obra que deixou.

Ainda assim, por vezes, hesita sobre a utilidade das suas expedições, cujo resultado o poder colonial britânico aproveitará proficuamente em tempos de guerra. A dúvida instala-se-lhe sobretudo quando as condições pioram e a exaustão já não é apenas física. A 16 de fevereiro de 1914, na sua última e mais dura viagem pelo deserto, escreve no seu diário:

> Brota-me a dúvida profunda se a aventura no fim de tudo vale a pena. Não por causa do perigo, isso não me preocupa, mas… não é nada, a jornada pelo Nedj não possui qualquer vantagem prática, nem representa qualquer acréscimo de conhecimento. Aqui, quando há algo para observar, o mais certo é não o encontrares ou alcançares, porque uma tribo hostil barra o teu caminho ou porque o caminho não tem água… Receio, quando olhar para trás, vir a dizer: foi uma perda de tempo.[50]

Mas não foi, e em breve ela poderá prová-lo. Por enquanto continua a retornar a Inglaterra, que ainda é a sua base e onde descansa, está com a família e prepara futuras aventuras. Mas agora, deflagrada a Grande Guerra, irá para onde é necessária, para França trabalhar para a Cruz Vermelha no Office for the Wounded and Missing.[51] O objetivo era ajudar a dar resposta às milhares de cartas enviadas pelos familiares dos soldados em combate, procurando o paradeiro daqueles que deixavam de responder. O papel de Gertrude foi decisivo, a sua vocação organizativa conseguia atenuar o caos da guerra e acudir ao número crescente de vítimas. Tanto assim, que o próprio Gabinete de Guerra delega nesta entidade, informalmente liderada por Bell, algumas das suas competências.

Entretanto, não apenas a guerra sobressaltara a sua existência, mas também o amor. Dois anos antes havia conhecido em Londres o major Dick Doughty-Wylie, oficial do exército britânico, discreto, culto, viajado, sóbrio, bom conversador e, ao contrário da maior parte dos homens que conhece, não se deixando intimidar pelo seu modo destemido, antes achando as suas aventuras fascinantes. O que começa como um encantamento mútuo acaba por tornar-se uma paixão, nunca consumada, apesar de passarem três noites juntos em Londres, nos breves dias em que conseguem fazer coincidir os seus tempos, por entre o caos da guerra. Dick era casado e, pelo teor das cartas de Bell, é possível concluir que a estrita educação moral não lhe permitia vencer o constrangimento e entregar-se em plenitude ao homem por quem se apaixonara. Que estranhos

Paixões orientais

paradoxos nos proporciona por vezes a natureza humana: eis uma mulher que não hesita em enfrentar as mais duras dificuldades e perigos num deserto indómito, mas que perante o corpo amado não se atreve ao gesto mais profundo da entrega carnal. Numa das cartas que lhe escreve após o encontro confessa-lhe:

> Um dia tentarei explicar-te — o medo, o terror — oh, e julgaste tu que eu era corajosa. Entende-me: não é o medo das consequências — nunca pensei nisso nem por um segundo. É o medo de algo que não sei... deves saber o que é, porque te falei disso. Cada vez que surge em mim eu queria varrê-lo para o lado... Mas não te conseguia dizer, Exorciza-o. Não conseguia.[52]

E nunca terá oportunidade de o fazer, pois Dick morrerá semanas depois, na terrível batalha de Gallipoli, em abril de 1915. Mais uma vez se confirma o duro destino de Bell no que ao amor diz respeito, a morte prematura do ser amado põe um cobro abrupto à incipiente relação, tragédia que a deixa sentimentalmente devastada. As cartas que lhe escreve em cerca de ano e meio de relação revelam-nos uma mulher apaixonada, direta e frontal, o que, se não contraria, pelo menos dá um novo contorno à imagem desta mulher, de que se reconhece quase apenas o serviço público, esquecendo-se o turbilhão da sua vida privada. Dois exemplos apenas: "Preenchi todos os lugares vazios do mundo com o meu desejo por ti" ou "Não consigo dormir, não consigo dormir. É uma da manhã. Tu e tu e tu estão entre mim e tudo o resto... fora dos teus braços não existe tudo o resto".[53]

Mas não terá muito tempo para que o luto se reflita na azáfama dos seus dias. Em novembro de 1915, é chamada ao Cairo para trabalhar nos serviços britânicos de informações civis e militares. A coroa pretende tirar partido dos seus conhecimentos sobre a influência alemã na Arábia, já que o Império Otomano havia alinhado pela Alemanha.

É a única mulher ao serviço, e entre os colegas conta-se T.E. Lawrence, com quem se cruzara havia uns anos numas escavações arqueológicas.

É um Lawrence ainda totalmente incógnito que se cruza com uma Gertrude já célebre enquanto viajante e escritora, uma "dama do deserto" que conquistara o respeito e a consideração dos xeques, enquanto Lawrence ainda tentava provar o seu valor.

Uma das questões estratégicas que se colocavam era saber se os britânicos deveriam apoiar uma revolta árabe que pusesse fim ao domínio turco da região. Na altura, como agora, a região era de importância crucial para uma potência como a Grã-Bretanha; tratava-se de assegurar o petróleo e a sua distribuição, garantir o abastecimento de cereais da área do Eufrates, guardar a joia da coroa, a Índia, e, enquanto durasse a guerra, evitar a utilização pelos turcos do canal ferroviário Bagdad-Baçorá, impedindo que enviassem tropas e mantimentos para o teatro de guerra. Gertrude, fiel súbdita da coroa, procura uma espécie de compromisso: por um lado, respeitar a autodeterminação do povo árabe, por outro, servir os interesses do seu Estado. A sua perspicácia a avaliar os desenvolvimentos da situação é aguda. Num texto encontrado nos seus arquivos afirma que

> A união política é um conceito pouco familiar para uma sociedade ainda muito marcada pelas suas origens tribais e que mantém no seu seio elementos tão fortemente perturbadores provenientes da organização tribal… As condições da vida nómada não possuem qualquer analogia com as das áreas mais cultivadas, e com muita frequência os interesses diretos das tribos são incompatíveis com os das áreas mais enraizadas.[54]

O certo é que os dois funcionários mais notáveis do serviço de informações britânico no Cairo, Bell e Lawrence, partilhavam a ideia, que se ia sedimentando à medida que os acontecimentos se desenrolavam, de que era necessário apoiar a autodeterminação árabe, o que contrariava os sentimentos expansionistas da Índia britânica e do seu vice-rei, que via com bons olhos a anexação da Mesopotâmia ao seu território, substituindo o Império Otomano pelo britânico.

A situação é de feroz conflito armado com os turcos, o que levará Lawrence, em palavras impiedosamente atuais, a escrever num artigo no *Sunday Times* de 22 de agosto de 1920: "O povo da Inglaterra foi guiado na Mesopotâmia para uma armadilha da qual será difícil escapar com dignidade e honra. As coisas são bastante piores do que nos contaram, a nossa administração é mais sangrenta e ineficiente do que o público sabe".

A convite do próprio vice-rei, que impressionará com a sua "inteligência masculina", Bell visita a Índia, e o homem propõe a sua nomeação como agente de ligação entre o Cairo e Deli, tendo como base a cidade de Baçorá, onde, na confluência entre a Mesopotâmia, o Kuwait, a Arábia e a Pérsia, se travavam difíceis batalhas com o exército turco. Bell segue para Baçorá em 1916 e um ano mais tarde é nomeada *oriental secretary*. Quando os turcos são finalmente derrotados e abandonam Bagdad, vai viver para esta cidade em maio de 1917, onde permanecerá até morrer.

Bell marcou decisivamente a geografia do Médio Oriente tal como a conhecemos agora. Participou como uma das maiores especialistas sobre aquela região na Conferência de Paris de 1919, no rescaldo da Grande Guerra, bem como na Conferência do Cairo de 1921, convocada por Churchill, na altura secretário de Estado das Colónias, para decidir sobre a política britânica naquela região. É já célebre a foto em que aparece entre Churchill e Lawrence, todos montados em camelos, tendo como cenário de fundo a Esfinge.

O conhecimento daquela região leva-a a afirmar, em palavras quase premonitórias, aquando da Conferência de Paris: "Estão a fazer uma tal trapalhada no Médio Oriente, que prevejo que irá ficar muito pior do que antes da guerra — exceto a Mesopotâmia, que talvez consigamos subtrair do caos generalizado".[55]

A sua influência, persistência e visão, no que será secundada por Lawrence, levam-na a apoiar o jovem Faisal, terceiro filho do *sharif* de Meca, como figura que poderia unir a Mesopotâmia. Um líder respeitado, herói de guerra, cuja linhagem podia ser traçada até ao Profeta, e,

166   *Mulheres viajantes*

muito importante, simpatizante dos ingleses, a quem se havia aliado na revolta contra os turcos. Eis o homem que poderia liderar e unir a revolta árabe. Com o pragmatismo que o caracterizava, Churchill aceitará o caminho proposto por Bell, vendo que "o filho do *sharif*, Faisal, oferece a esperança da melhor e mais barata solução".[56]

Por esta altura Gertrude já havia publicado a sua *opus magnum*, *Review of the Civil Administration of Mesopotamia* [Revisão da administração civil da Mesopotâmia], recebida com uma aclamação entusiástica no Parlamento britânico, o que levará a também pragmática Bell a afirmar numa carta à madrasta:

> Acabo de receber a carta da Mãe a dizer que há um fandango sobre o meu relatório. A linha geral adotada pela imprensa é a de que é absolutamente notável que um cão se consiga levantar nas patas traseiras — i.e. uma mulher escrever um relatório. Espero que essa fonte de admiração se esgote e que prestem atenção ao relatório em si, vai ajudá-los a entender o que é a Mesopotâmia.[57]

A 23 de agosto de 1921, Faisal é coroado rei do Iraque perante uma assistência de quinhentos convidados. Gertrude tornara-se, entretanto, uma das suas conselheiras mais fiéis, bem como amiga íntima e aliada. "Saftwa Pasha pediu-me que aparecesse no palácio tantas vezes quantas fosse possível, já que era evidente ser eu a única pessoa que realmente amava o Rei ou a quem o Rei realmente amava."[58]

Entretanto, o trabalho — que a mantivera imparável e incansável nos últimos anos — começa a diminuir: "A política está a desaparecer (tal como é suposto) para dar lugar às grandes questões administrativas, nas quais não tenho interesse e nas quais não sou boa".[59]

Continuando a viver em Bagdad e a trabalhar de perto com o rei, é nomeada diretora de antiguidades, com o fim de preservar o vasto e rico património arqueológico mesopotâmico. Voltando à sua paixão pela arqueologia, Bell redigirá uma lei de antiguidades radicalmente inovadora para a época, considerando que os objetos escavados deveriam permanecer no Iraque. Recorde-se que por volta dos anos 1920 o habitual era partilhar metade dos espólios encontrados, reclamados pelos arqueólogos europeus e americanos.

Em 1926, Gertrude era uma personalidade admirada e reconhecida, confidente e consultora de reis, presidentes e dirigentes mundiais. Vita Sackville-West recordá-la-á com admiração depois de a visitar na sua casa de Bagdad nesse ano, encontrando-a na azáfama do seu último projeto: o Museu do Iraque, que abrirá a primeira sala a 14 de junho. Um mês mais tarde Gertrude é encontrada morta na cama, dois dias antes de completar 58 anos. Na mesa de cabeceira, uma embalagem vazia de comprimidos para dormir. Embora a causa da morte tenha sido, segundo o relatório médico, de envenenamento por Dial, nunca ficou claro se a ingestão dos comprimidos foi acidental ou propositada, se realmente Gertrude achara que tinha chegado ao fim da linha.

Na última carta que escreve a Florence, em 26 de maio de 1926, afirma: "Não vejo com clareza o que vou fazer, mas é claro que não posso ficar aqui para sempre". Teria medo do regresso, ela que embarcara nessa viagem sem fim?

O espólio deixado por Bell é vastíssimo, para cima de 1600 cartas, cinco livros de viagem, uma tradução de poesia, diários, relatórios e cerca de sete mil fotografias, já que procurou documentar e registar em película tudo o que via nas suas viagens, em especial o património arqueológico.

O seu legado é valioso, e ainda assim pouco reconhecido. Numa exposição realizada na National Portait Gallery de Londres, em 2004, *Off the Beaten Track — Three Centuries of Women Travellers* [Para além dos roteiros conhecidos — Três séculos de mulheres viajantes], junto ao seu retrato lia-se: "Apesar das suas próprias realizações, opôs-se ativamente ao direito de voto das mulheres britânicas". Mas não é justo reduzir a sua vida a esta questão, e devemos evitar estabelecer juízos de valor sobre o passado à luz da mentalidade atual. É um facto que Bell foi secretária fundadora, em 1908, da *Women's National Anti-Suffrage League* [Liga Nacional das Antissufragistas].

Era um debate aceso à época e Gertrude, tal como os pais, adotou a posição conservadora e maioritária, pois achava que as mulheres não estariam ainda aptas a exercer esse direito. Esta atitude paternalista não será consentânea com a própria experiência de Bell, que foi sempre uma mulher independente, opinativa e de fortes convicções. E o certo é que ao longo da sua vida, talvez por influência de Florence, sempre defendeu os direitos das mulheres, como mais tarde evidenciou ao propor a educação das jovens mulheres iraquianas e ao fundar a primeira escola feminina em Bagdad, ou angariando fundos para um hospital de mulheres.

É evidente que nos últimos anos Bell não dedicou particular atenção ao sufragismo, fruto de um certo desinteresse que a questão lhe terá merecido e da dedicação a todas as outras atividades pelas quais se destacou e que a transformaram numa das mais admiráveis pessoas do século xx.

Freya Stark
1893-1993

"Uma tia imaginativa que pelo meu nono aniversário me enviou uma cópia das *Mil e uma noites* foi, creio, a origem do problema",[60] prefacia Freya Stark num dos seus primeiros livros de viagem, em 1934. O "problema" — que identifica como tendo começado em 1902, aos nove anos — é a atracção pelo Médio Oriente e nasce do amor à literatura.

Freya encarna na perfeição o perfil de escritora viajante, na medida em que escreveu tanto quanto viajou, deixando-nos uma vasta obra: cerca de trinta livros publicados, incluindo relatos de viagem, dissertações filosóficas, ensaios e quatro volumes autobiográficos. Entre-se em qualquer livraria especializada em literatura de viagens de Londres ou Nova Iorque e, se há títulos que com toda a certeza se encontrarão na estante dedicada ao Médio Oriente, serão os desta afoita inglesa. Primeiras edições. Tem, igualmente, quatro livros publicados em português, a maioria deles edições raras, já só existentes em alfarrabistas,[61] exceção feita para *O Vale dos Assassinos e outras viagens na Pérsia*, que teve uma nova edição em 2017 pela Relógio D'Água.

Foi considerada pelo londrino *The Times* "a última das viajantes românticas", numa altura em que a viagem começava a perder o seu cunho exploratório, pois havia sido desbravada a maioria dos horizontes mais remotos. Ainda assim conseguiu mapear zonas que permaneciam inexploradas na região de Alamut, Cordilheira de Elburz, a norte do Irão, o que lhe deu fama e reconhecimento como exploradora.

O escritor Lawrence Durrel louvou-a como "poeta da viagem" e "uma das mais notáveis mulheres da nossa era".[62] Num artigo do *The New York Times* de 10 de outubro de 1999, a propósito de uma nova biografia, ela é vista como dominante, vulnerável, imaginativa, sedutora, manipuladora e sensual. Adjectivos controversos que, paradoxalmente, a tornam uma figura ainda mais atractiva e fascinante.[63]

Considerada, frequentemente, como a herdeira de Gertrude Bell, já que, não raro, atravessam as mesmas paragens e se cruzam com as mesmas pessoas, distancia-se desta na maneira de se deslocar, viajando só, sem as condições, os guias e os serventes da sua predecessora. Nunca se terão conhecido, pois Bell morre um ano antes de Stark se iniciar nas suas jornadas. E se aquela foi a rainha do deserto, esta preferirá sempre as paragens montanhosas e as pessoas que as habitam, chegando a afirmar que "realmente o mundo pertence aos homens das montanhas".[64]

Não sendo propriamente exploradora, geógrafa ou arqueóloga, soube observar como poucos os lugares por onde viajou, conseguindo fazer uma síntese entre a paisagem, as cidades e, sobretudo, as pessoas, das quais sempre se sentiu próxima, abominando o estilo britânico de permanecer afastada e num plano superior em relação às populações. Esforçar-se-á, referindo-se aos árabes, por "suavizar estas feridas do seu amor-próprio". E prossegue: "Senti, como já muitas vezes antes entrevira, que uma boa tática para manter a harmonia e conquistar a amizade dos beduínos era arrancar em torno da sua fogueira quando o trabalho acaba e se inicia uma conversação".

Esta prática, pouco ortodoxa, fá-la dizer: "Nunca tive sensaborias com os meus árabes, nos quais só encontrei amizade e desejo de me serem prestáveis em tudo, e atribuo-o a compartilhar das refeições com eles e a não ter criados".[65]

É ela quem dirá:

> Para viajar adequadamente temos de ignorar os contratempos externos e rendermo-nos totalmente à experiência. Temos de nos misturar com o que nos rodeia e aceitar o que venha. Desta maneira tornamo-nos parte da terra e é nessa altura que surge a recompensa.[66]

Confessará no prefácio ao *Vale dos Assassinos* que viaja por divertimento. Possui uma forma mais moderna de encarar a viagem, mas Stark não deixará, ainda assim e tal como Bell, de ser uma súbdita da coroa de Sua Majestade — que a nomeará *Dame* em 1972 —, não pondo em causa o império, mas dando dele uma visão e projetando-o num futuro de uma forma e com métodos bastante inovadores para a época. A isso voltaremos.

Muito cedo Freya conheceu mundo, desde logo porque nasceu em Paris de progenitores, primos entre si, que estudavam arte: o pai, Robert Stark, era pintor e escultor inglês, e a mãe, Flora, era também pintora, de ascendência anglo-italiana, nascida na Toscânia. Depois de treze anos juntos, nasce Freya, em 1893, e um ano mais tarde a irmã Vera. Vão viver para o sul de Inglaterra, que Flora mal suporta, mas com frequentes escapadas a Londres e a Génova, onde se encontra a avó materna.

Aos oito anos dá-se a ruptura, e Flora leva as duas filhas para Asolo, em Itália, belíssima paragem no sopé das montanhas dolomitas, vindo a envolver-se, pelo menos como sócia, num negócio de tapetes de um tal conde Mario di Roascio, que anos mais tarde casará com a filha mais nova Vera, não sem antes ter feito a corte a Freya, cuja atitude forte e rebelde faz frente aos avanços do italiano.

Entretanto, a jovem vai-se cultivando, frequenta com a irmã o convento das irmãs do Sacré Coeur, para aprender francês e bordado e, paralelamente, vai desenvolvendo o seu gosto pela literatura, o que a leva a aprender latim. Lê Platão e Darwin, Dumas e Milton, num ecletismo literário que a faz sonhar com outros mundos.

Aos treze anos ocorre o acidente que a marcará para o resto da vida. Na visita à nova fábrica de Mario, os longos cabelos de Freya ficam presos numa máquina industrial arrastando-a pelo ar. Quando a libertam, traz a metade direita do couro cabeludo e parte da orelha arrancados. São necessários longos meses de recuperação até voltar a ter uma vida normal, mas a partir de agora passará a usar o cabelo caído sobre o lado direito da cara, bem como chapéus que lhe permitam ocultar a orelha. Não há uma única foto de Freya, depois desta fatídica data, em que se veja o lado direito do seu rosto.

Embora o acidente a tenha deixado mais vulnerável, sobretudo no que diz respeito ao impacto visual que teme causar nos outros, a verdade é que também a fortalece, tornando-a resiliente para futuras adversidades que no plano da saúde sempre sofrerá nas viagens. A separação dos pais, o abominado conde italiano e o seu domínio sobre a mãe, a distância do pai, que acabará por emigrar para o Canadá, e o acidente são experiências que lhe conferem uma natureza que vence obstáculos e procura novos desafios. Para ela, aqueles que sofreram na vida são mais complacentes, não tanto pelo que conhecem do sofrimento mas pelo que sabem da felicidade.

Irá completar a sua educação em Londres, estudando história, e quando eclode a Primeira Guerra Mundial voluntaria-se como enfermeira numa clínica em Bolonha, onde conhece o bacteriologista Guido Rueta, por quem se apaixona e de quem fica noiva, para cinco meses depois Guido romper o seu compromisso sem qualquer explicação. De regresso a Inglaterra, devastada pelo amor perdido, vai trabalhar para o Censor's Office [Gabinete de Censura], lendo cartas em francês, alemão e italiano, o que lhe dá um excelente treino na deteção de espiões. Recorde-se que durante a guerra foi graças a este serviço que todos exceto um dos espiões ao serviço dos alemães foram detectados. A aprendizagem no Gabinete desenvolveu-lhe essa espécie de sexto sentido tão necessário para destrinçar aquilo que o outro quer realmente dizer, o que se tornará essencial no seu trabalho de propaganda, anos mais tarde.

Depois da guerra, dedica-se durante algum tempo ao alpinismo e, tal como Bell, escala o Matterhorn. Mas no início dos anos 1920, o seu estado de saúde é já débil, situação de que nunca se libertará. Desta feita uma úlcera gástrica requer uma operação cirúrgica para a salvar.

De regresso a Itália, decide por esta altura aprender árabe. Mais tarde, numa entrevista, dirá: "Adorava línguas e adorava viajar".[67] Mas também afirmará que a escolha do árabe e mais tarde do persa, ambos dominados com fluência, se deveu a razões bem mais pragmáticas, designadamente ao facto de, em jeito de antevisão, perceber que as coisas mais interessantes a acontecer no mundo iriam suceder na região do petróleo.

Em 1926, a irmã Vera morre de septicemia. Anos mais tarde, num dos volumes autobiográficos, Freya escreverá que a perda de Guido e de Vera tinham sido os maiores desgostos da sua vida.

Sem nada — exceto a mãe, com quem sempre tivera uma relação difícil — que a prendesse determinantemente à Europa e com um golpe de sorte numa arriscada e avultada operação na bolsa, Stark

Paixões orientais

empreende, no dia 18 de novembro de 1927, uma viagem que a levará no *ss Abazia* de Veneza a Beirute.

Instala-se em Brumana, nos arredores de Beirute, estabelecendo uma rotina que inclui a intensificação da aprendizagem do árabe, longos passeios para conhecer a região e a escrita de cartas relatando as suas aventuras. Os textos desta sua primeira experiência no Oriente só serão publicados muitos anos mais tarde, em 1942, no livro *Letters from Syria* [Cartas da Síria]. Para além da experiência em Beirute, irá para Damasco, onde se apaixona pelo deserto: "Nunca imaginei que a minha primeira visão do deserto chegasse com esse choque de beleza e me subjugasse tão subitamente".[68]

Numa das primeiras cartas que escreve de Brumana pressagia:

> O Oriente agarra-nos com firmeza. O que é não o saberei dizer. Não é beleza, não é poesia, nenhuma das coisas habituais. Este lugar é como um grande cenário com todos os detalhes negligenciados [...]. Sinto que quero passar anos nesta região, não exatamente aqui, mas ainda mais para o interior, onde espero ir logo que domine suficientemente o árabe de que necessito para uma conversa.[69]

Em 1929, chega a Bagdad, apenas dois dias após a morte de Gertrude Bell, onde a presença desta, a que os árabes apelidam carinhosamente de *Um el-Muimin* [mãe dos fiéis], ainda se faz sentir. Mas, em contraste com Bell, o espírito dissidente de Stark fá-la alugar a casa de um sapateiro num dos bairros populares da cidade, em vez de se instalar junto da colónia inglesa, para grande escândalo desta.

Da cidade, fará incursões no deserto, passará noites em acampamentos a convite de xeques, conviverá com as mulheres dos haréns e manterá um comportamento que, se não a exclui totalmente do convívio com os britânicos, a torna alvo de sérias críticas, pois consideram impensável estar de boas relações com eles e com os nativos em simultâneo.

Apesar das explorações que empreende, do que observa e escreve, e da sua radical independência, que a leva a fazer aquilo que quer e não o que esperam dela, Freya, aos 36 anos, sente o peso da solidão. Numa carta dirigida à mãe, confessa: "Estou muito deprimida esta noite — sentindo-me tão velha, como se toda a minha vida fosse uma perda e já fosse muito tarde para fazer algo. [...] Estar na meia-idade sem nenhum encanto ou beleza particulares é um assunto triste".[70]

Talvez seja essa carência que a leva a apaixonar-se, curiosamente, pelo homem que sucedeu a Gertrude Bell como conselheiro político em Bagdad, o capitão Vyvyan Holt, experiente arabista, pelo qual sentirá durante sete anos, como admite mais tarde, um amor não correspondido. Mas se do ponto de vista sentimental a relação não produzirá os efeitos desejados, do ponto de vista da viajante-exploradora será muito proveitosa.

É Holt quem lhe fala do misterioso castelo dos assassinos no norte da Pérsia. O nome transporta-nos para o final do século XI e para o grão-mestre Hassan Sabah (c. 1040-1124), líder da mítica seita dos Assassinos. Hassan Sabah pretendia impor uma nova corrente do ismaelismo, ramo do islamismo xiita, usando para isso um método simultaneamente barato e eficaz: assassínios seletivos de vítimas escolhidas entre figuras do sunismo ou qualquer voz que ousasse pôr em causa os seus princípios. Desde estudiosos a políticos, toda a ameaça à ideologia de Hassan Sabah era silenciada pela subtileza de um punhal traiçoeiro. O método era muito eficaz e ainda hoje é um mistério perceber como conseguiram chegar a algumas das suas muito protegidas vítimas.

É corrente ler-se a afirmação que a etimologia da palavra assassinos deriva de *hashashin*, aquele que toma haxixe, droga supostamente usada pelos seguidores de Sabah para lhes induzir um estado de submissão e obediência que lhes permitisse levar a cabo, sem hesitar, o assassínio da vítima escolhida. Não parece existir qualquer fundamentação histórica para esta teoria, exceto a sua particular natureza romântica e arrebatada. O escritor Amin Malouf por exemplo, no seu romance *Samarcanda*, afirma que a palavra vem de *asasiyun*, aquele que é fiel a *Asas*, ou à fundação da fé.

Este misto entre fantasia e realidade estimulou Freya a explorar aquela região e a encontrar o castelo do temido Hassan. Assim, entre 1930 e 1932, tendo como base Bagdad, Freya fará várias expedições pela Pérsia, entre as quais se conta a sua jornada ao Vale dos Assassinos. E será realmente exploradora, pois graças a ela a região começa a fazer parte dos mapas. "Há muito que lá queria ir. Mas existiam obstáculos. Um deles é que não o conseguia encontrar no meu mapa. Existia o distrito de Alamut, mas não a povoação de Alamut, nem sequer existe essa povoação, como descobri quando cheguei ao vale."[71]

Era preciso coragem para, sem qualquer tipo de preparação específica, sem instrumentos auxiliares e deslocando-se a cavalo ou mula, se aventurar por paragens desconhecidas, inóspitas e muitas vezes hostis aos estrangeiros.

Baseando-se no método de aproximação ao local utilizado nas suas viagens, Stark vai mapeando a região de Alamut de um modo bastante artesanal.

> À noite, nas aldeias, mostrava o meu mapa aos homens acocorados à volta do samovar e explicava-lhes como se ia gradualmente construindo graças aos relatos dos viajantes [...], pelo que dar um nome errado equivalia a enganar voluntariamente um estranho que perguntasse o caminho. Isto eles perceberam e tornaram-se cuidadosos em me contar o que eu queria.[72]

O Vale dos Assassinos e outras viagens na Pérsia, publicado em 1934, torna-se um clássico instantâneo, lançando Stark para a categoria de viajante e exploradora e alimentando um público fiel que ao longo dos anos seguirá as suas aventuras pelo mundo.

As "outras viagens" a que alude o título do livro são as das aventuras em que a autora se envolveu por conta da sua curiosidade e também de certa falta de escrúpulos. Decorria um jantar em Bagdad quando alguém lhe perguntou se queria fazer uma caça ao tesouro, ao que ela respondeu sem hesitar: "Adoraria". Apesar da sua temerária resposta, sabe bem que os tesouros se tornaram na grande ilusão dos exploradores: "Ninguém viaja no Próximo Oriente, sobretudo desde o reflorescimento da arqueologia, sem ouvir a cada passo falar de tesouros enterrados". Mas o misto de curiosidade, audácia, ganância e avidez fá-la acreditar que pode ser a primeira pessoa a encontrar um saque valioso e que, para ela, o conto se revelará verdadeiro.

E assim parte Freya em busca do tesouro, fazendo-se valer de todos os truques possíveis para alcançar os seus propósitos, e relatando-os com humor e ironia. Quando, por exemplo, chegam à fronteira iraniana e um polícia lhe pergunta para onde vão, Freya fita-o apenas com "uma inexpressiva imbecilidade que a ele lhe pareceu perfeitamente natural". Com efeito, "o grande e quase único conforto de se ser mulher é a possibilidade de nos fingirmos mais estúpidas do que realmente somos, sem que ninguém fique surpreendido".[73] Afirmação a todos os títulos impensável nos dias de hoje, mas quiçá ainda válida em alguns subconscientes menos atentos. Politicamente muito incorreta, mas não por isso menos cínica ou divertida.

Freya conta inúmeros episódios deste tipo, sempre em tom de autocomplacente ironia, como quando enceta conversa com um homem sagrado, um dervixe, que se cruza no seu caminho. Colocando-se no lugar reservado ao seu género, isto é, longe do homem para não perturbar a sua meditação, é este quem se lhe dirige e lhe diz que viaja para ver, ao que ela responde: "'Todos viajamos', comentei, 'apesar de permanecermos em casa'. Esta contribuição filosófica foi recebida com um murmúrio de aprovação e eu fui aceite como alguém com quem uma conversa racional não era impossível".[74]

Ou mesmo na divertida parte em que tenta chegar à gruta onde se encontra o suposto tesouro, mas ao mesmo tempo tem de distrair os guardas que a acompanham. É uma espécie de jogo do gato e do rato em que, num clima da maior cordialidade, as autoridades insistem em atribuir-lhe uma escolta — supostamente com o fim de a proteger, como era comum fazer aos estrangeiros, mas realmente por medo de que estivessem lá para saquear tesouros arqueológicos —, e ela a ter de aceitar, dizendo que efetivamente só lá se encontrava para fazer turismo. O plano envolve cansar os acompanhantes, fazê-los andar a pé, enquanto ela vai montada, dar-lhes comida e bebida abundantemente até que, sonolentos, a deixem passear sozinha. É bem-sucedida nessa manobra de distracção, mas a gruta a que acede não alberga, pelo menos de forma visível, qualquer tesouro. "O crime, pensei, não é divertido. [...] Só um fanático pode ser um criminoso feliz [...] Decidi de futuro não voltar a incomodar tesouros escondidos."[75]

Mas nem sempre o crime é depreciado. No meio das suas aventuras persas faz uma incursão pela arqueologia, procurando os túmulos da Idade do Bronze na região do Lorestão. Oferece recompensas aos aldeões que lhe consigam encontrar algo interessante, e até considera persuadir o chefe da polícia a ajudá-la no saque de uma ou duas sepulturas. Ciente da ilegalidade dos seus atos, Stark age em consonância com a sua época, durante a qual abundavam relatos de viajantes descrevendo saques arqueológicos sem qualquer noção de transgressão. Porém, nos anos 1930 as coisas começam a mudar — vimo-lo com a lei de antiguidades propugnada por Gertrude Bell —, e quem saqueia sabe que infringe as regras. Fazendo jus ao seu espírito prático e pouco escrupuloso, Stark justifica-se:

Sabia que o que estava a fazer ia diretamente contra a lei: mas havia circunstâncias atenuantes. Num país em que a polícia não consegue manter vigilância, o saque verifica-se a toda a hora. Quando as expedições organizadas se prepararem para vir, já muito pouco restará por descobrir. Senti que se justificava descobrir o maior número de coisas possível enquanto estivesse no local.[76]

No final, só consegue uma caveira de valor relativo, que acaba por oferecer ao museu de Bagdad e com a qual deambula pelo Irão, qual Hamlet cómico-feminino.

Esta forma despiciente e desempoeirada de olhar as coisas prende--se com o facto de Freya não sentir verdadeira paixão pela arqueologia. Chega mesmo a afirmar que odeia a arqueologia porque esta implicava perder a alma de viajante para as estatísticas. Já nuns avançados 84 anos, afirmará: "Nunca me considerei arqueóloga. Não tenho de todo a faceta científica necessária. Se de algo gosto é de história, gosto mais da mudança das raças do que de encontrar objetos".[77]

Mas essa vontade de conhecer lugares e pessoas não esmorece, mesmo perante as maiores adversidades, entre as quais se conta um quase permanente estado latente de doença. Conheceu-as todas, as enfermidades que atacam os que se aventuram por paragens exóticas e outras que lhe foram sobrevindo. O catálogo é extenso, da malária ao dengue, passando pela disenteria crónica, sarampo e um coração não particularmente resistente. "Já lá vão catorze anos em que tudo o que faço vem acompanhado de uma sensação de fadiga, e sem que alguma vez tenha começado uma expedição sem me questionar se era suficientemente forte para a empreender."[78]

A próxima expedição tem como meta Shabwa, importante entreposto de caravanas em épocas idas e antiga capital do reino de Hadramaut, região atualmente localizada no Iémen, nunca antes — e estamos agora em 1935 — visitada por europeus. Freya ambicionava ser a primeira, mesmo que isso implicasse ir para um lugar cuja povoação mais próxima ficava a sete dias a cavalo, por um árduo e longo caminho desértico sem qualquer poço de água a suavizar a trajetória. Mais uma vez, as complicações de saúde obrigam-na não só a interromper a expedição, como a ser literalmente resgatada do meio do deserto por quatro bombardeiros da RAF (Royal Air Force) em exercícios na região. Mais um dia e poderia ter morrido. Não alcança Shabwa e fica desconsolada ao saber que um jovem explorador alemão é, na mesma altura, o primeiro a chegar à cidade. Ainda assim, conseguirá relatar a aventura no livro *As portas do sul da Arábia*, em que se lamenta: "Eu, de cama, via desmoronar-se sem remédio a minha viagem, como castelos de cartas em minha

Paixões orientais **179**

volta, e senti-me envergonhada de fazer caso de que outros, antes de mim, chegassem à minha cidade — porque esta coisa de ser o primeiro não é realmente uma paixão que nos honre".[79]

A região resiste-lhe. Tentará pouco depois uma expedição arqueológica, com o apoio da Royal Geographical Society e de duas outras reputadas viajantes, a arqueóloga Gertrude Caton-Thompson (1888-1985) e a geóloga Elinor Gardner (1892-1980), ambas com conhecimentos científicos mais profundos do que Stark. Um fracasso, apesar de terem começado a escavar em Hureidha, no Hadramaut. É nesta altura que Stark descobre a sua antipatia pela arqueologia, ao ver as suas colegas subordinarem os interesses da viagem à enumeração de peças. Isso, para além de um conflito de liderança entre Freya e Gertrude, leva-a a seguir outro caminho. Ainda assim, mais um livro sai do prelo em 1940 relatando a malfadada odisseia arqueológica e lançando algumas farpas contra Thompson, desta vez em *Winter in Arabia* [Inverno na Arábia].

Já em 1939, em vésperas da Segunda Guerra Mundial, voltará ao Irão e à prezada região do Alamut para um último olhar aos seus castelos. Durante a guerra, Stark é contratada pelo Ministério da Informação como perita na Arábia do Sul. E é aqui que se revela o seu talento exemplar para a propaganda, ou persuasão, como ela prefere chamar-lhe. É requisitada por Stewart Perowne, oficial de informação na cidade portuária de Aden, no Iémen, na altura sob domínio britânico, para onde vai no início da guerra. Face à influência italiana e alemã no Iémen, Stark sugere a utilização de filmes de propaganda, propondo o seu visionamento nos haréns, para onde se desloca munida de um projetor portátil e uma série de filmes britânicos de carácter militar, dos quais o favorito das senhoras era *Ordinary Life in Edinburgh* [Vida cotidiana em Edimburgo]. O objetivo consistia em contrariar a influência italiana e alemã, ao mesmo tempo que se insinuava a inglesa: "A ideia é sentar-nos lá, visitar os haréns, corrigir os boatos e mudar a atmosfera o máximo possível do ponto de vista da insignificância feminina, o que tem as suas compensações".[80]

Esta extraordinária interpretação do poder da mulher, precisamente através do reconhecimento da sua irrelevância política, é uma ideia recorrente em Stark.

Em 1940, depois da campanha de projeção caseira de filmes no Iémen, obtém transferência para o Cairo, muito a contragosto de Stewart Perowne. E é da varanda da sua casa nas margens do Nilo que idealiza a nova campanha contra a influência crescente da colónia italiana, simpatizante do fascismo, na capital egípcia. Começa então a teorizar sobre o conceito de propaganda, termo que considerava não ser adequado aos tempos de guerra, pois parecia sugerir que a adesão à causa resultaria de uma espécie de lavagem cerebral, através da sugestão de palavras e de ações. Segundo Stark, o que fazia falta era algo mais envolvente e sincero, algo que aproximasse, e isso só era possível através da persuasão: conhecer os futuros amigos em vez de converter os inimigos.

É assim que nasce *The Brotherwood of Freedom* [A Irmandade da Liberdade], uma rede de pequenas células onde as pessoas se encontravam para discutir assuntos da atualidade em contexto pró-britânico e pró-aliados. Todos eram admitidos, egípcios e estrangeiros, e a rede — que chegou a contar com seis mil membros — estendeu-se de tal forma que passados dois meses Stark foi convidada para uma conferência na Universidade de Azhar, bastião do poder muçulmano. "É muito provável que esta troca feliz de amizade e serviços seja a nova e única forma possível de 'Império'",[81] escreveu. É uma ideia revolucionária de governação que Stark, na sua aparente simplicidade, propõe *avant la lettre*. Em rigor, Stark aconselha o império a mudar. Pretendia implementar uma política de "serviço desinteressado", cuja premissa era servir, mais do que governar, sem medo de perder o poder. Segundo Stark, os ingleses eram "uma raça dominante" e, como tal, continuariam a dominar pela mera força dos acontecimentos. No fundo, tratava-se de reinventar o Império Britânico (que em breve entraria em declínio), substituindo as suas estruturas coloniais de poder por formas de domínio invisíveis e subtis.

Paixões orientais 181

A autora desenvolve consistentemente estas ideias desde os anos 1930, com eco em livros como *East is West* [O Oriente é o Ocidente], publicado em 1945, e *Dust in the Lion's Paw* [Poeira na pata do leão], publicado em 1961. Mas, apesar das suas ideias radicalmente inovadoras sobre a maneira de gerir o poder colonial, as noções de império ou de raça, em substância, nunca são postas em causa. A este propósito, vale a pena evocar a analogia que a autora utiliza para comparar o Oriente com o Ocidente: ao observar que a sua empregada passa a maior parte do tempo a ler poesia, em vez de tratar da lida da casa, conclui que ela simboliza "o Oriente e o Ocidente debaixo do mesmo teto. O Oriente não faz grande coisa… o Ocidente, ativamente a construir, tem os seus olhos rigidamente fixados no futuro".[82]

Com a noção de ter cumprido uma missão depois do sucesso da Irmandade, Freya troca o Cairo por Bagdad, onde vai trabalhar como *attaché* da embaixada e volta a reencontrar Stewart Perowne. Corre o ano de 1942, sombrio por causa da notícia da morte da mãe, em Itália, mas Freya também fica exultante com o sucesso de *Letters from Syria* e a atribuição da Medalha de Fundador pela Royal Geographical Society, cujos ilustres membros destacam que o "sucesso se deve à sua coragem, determinação e, acima de tudo, ao seu dom para fazer amigos de todos os tipos e condições".[83] Será talvez esta capacidade de aproximação ao outro que levará Freya à missão seguinte, de todas a mais polémica que empreendeu.

O objetivo da Grã-Bretanha no Médio Oriente, no decorrer da Segunda Guerra Mundial, era garantir a influência na região, para o que necessitava do apoio do mundo árabe. Vimos, aliás, os trabalhos de propaganda/persuasão de Stark nesse sentido. Como tal, a ideia de disponibilizar a Palestina como refúgio seguro para os judeus europeus em fuga ao regime nazi não era a medida adequada a esta *realpolitik* britânica. A necessidade de melhorar as relações anglo-árabes levou até à assinatura do *Palestine White Paper* [Livro branco da Palestina], que previa: "a admissão, a partir de abril (1939), de um total de 75 mil imigrantes no decurso dos próximos cinco anos… Após esse período de cinco anos não será permitida a imigração judia, a menos que os árabes da Palestina se encontrem preparados para a aceitar".[84]

Para além de outras considerações que tecia sobre o direito a adquirir propriedade por parte dos judeus, fortemente restringido, o favor ia claramente para os árabes. Obviamente, o documento gerou forte contestação entre a comunidade judia, que, especialmente nos Estados Unidos, objetava às restrições da imigração judaica para a Palestina, uma vez que condenariam milhares de judeus a morrerem às mãos da Alemanha nazi.

É assim que o Foreign Office e o Indian Office decidem enviar, depois de terem considerado vários nomes possíveis que não recolheram unanimidade, a pessoa considerada mais consensual para encetar uma campanha de defesa da política britânica na Palestina e do *White Paper*: Freya Stark.

A sua missão fá-la desembarcar em Nova Iorque em novembro de 1943, para seguir o seu *tour* durante seis meses pelos estados do Centro--Oeste e da Califórnia, uma incursão pelo Canadá, seguindo-se Boston e Washington, para regressar novamente a Nova Iorque.

O trabalho de propaganda assentou em três abordagens. Primeiro, cativar judeus antissionistas: "A melhor abordagem é enfraquecer os sionistas atraindo outros judeus".[85] Segundo, organizar conferências para o grande público, método de que Freya não gostava particularmente, por achá-lo pouco eficiente. Terceiro — e era este o seu método preferido —, estabelecer contactos pessoais e sociais com figuras-chave para a causa: "A propaganda através de conferências, num país em que a imprensa se encontra maioritariamente sob influência judia [...], deveria ser tão intangível quanto possível, para não se tornar um alvo. Parece-me que uma digressão de conversas privadas com pessoas influentes é bastante mais útil".[86]

Apesar da hostilidade com que por vezes foi recebida — "Que terrível e duro trabalho! Sinto-me como um cristão desarmado na arena sem qualquer método para lidar com os leões."—,[87] a viagem foi considerada um sucesso, e as autoridades americanas, segundo

Paixões orientais **183**

alguns membros do Foreign Office, começaram a equacionar a questão árabe. Não há dúvida de que as suas conferências foram seguidas pela imprensa americana através de publicações de relevo, como a revista *Newsweek*.

Esta atividade de Stark levou a que a acusassem de antissemitismo. Na sua correspondência, e até numa carta não publicada que enviou ao *New York Times*, a autora procurou estabelecer que "não [era] de modo algum antissemita" e que a sua rejeição do sionismo era de natureza política, dado o seu conhecimento da questão árabe. No entanto, alguns escritos mais privados revelam uma embirração com os judeus: "Os problemas de Israel [...] mostram que os judeus têm especial talento para se tornarem impopulares entre os povos junto dos quais se estabelecem — tudo tendo começado com aquele detestável Jacob".[88] Ou, numa carta ao pai de 14 de junho de 1931: "Não penso que ninguém senão um judeu possa realmente gostar de um judeu".[89] Ou ainda, numa carta à mãe de 9 de setembro de 1944:

Realmente, não consigo vislumbrar outra maneira de lidar com a questão sionista exceto através de um massacre de vez em quando. Que podemos nós fazer? Isto é provocado pelo último impiedoso tostão que eles espremem de ti... o mundo escolheu massacrá-los a intervalos, e de quem é a culpa?[90]

É possível que durante a sua longa vida Stark tenha mudado de opinião, mas disso não resta testemunho.

Reconhecido o seu trabalho, vai para a Índia no outono de 1944 a convite da vice-rainha, para colaborar no recém-formado Women's Voluntary Service [Comité de Serviços Voluntários das Mulheres], tarefa que não a motiva em particular, porque se sente atirada para "os braços da filantropia", que abominava. Mesmo assim, cumpre o que lhe é pedido.

Terminada a guerra, no contexto da qual alcançou ainda maior notoriedade e reconhecimento públicos, Freya sente-se desconcertada,

184   *Mulheres viajantes*

sem saber o que fazer. Decide voltar para Asolo, em Itália, onde é
encarada como espia. Mas como continua a trabalhar para o Ministério da Informação é-lhe confiada a tarefa de estabelecer pequenos
centros de documentação com literatura inglesa para melhorar as
relações anglo-italianas, tão deterioradas pela guerra.

Aos 54 anos aceita a proposta de casamento do antigo chefe, Stewart
Perowne, que acompanha para Barbados e, mais tarde, para Bengasi,
na Líbia. Apesar de permanecerem amigos, separam-se em 1947.

Freya passará o resto da sua vida a escrever, viajando ocasionalmente já bem depois dos oitenta anos. Terá oportunidade de
visitar o Afeganistão, tema do seu último livro de viagens publicado em 1970, *The Minaret of Djam: An Excursion in Afghanistan*
[O minarete de Djam: uma excursão no Afeganistão]. Fará ainda
uma viagem a cavalo pelo Nepal e navegará o Eufrates numa canoa.
Morre em Asolo aos cem anos.

Restam-nos os milhares de palavras que escreveu e que deixam
transparecer a sua genuína alma de viajante:

> Este é o grande momento, quando vês, mesmo que distante, o obje-
> tivo da tua errância. A coisa que viveu na tua imaginação, de repente,
> forma parte do mundo tangível. Não importa quantas cordilheiras,
> rios, caminhos abrasadores e poeirentos se situam entre os dois: é teu
> para sempre.[91]

Outras mulheres no Médio Oriente

O Médio Oriente é desde há séculos terra fértil em peregrinações, desejos e mitos. Porque foram tantas as mulheres viajantes a
deslocarem-se a estas ricas e deslumbrantes paragens, tive de deixar muitas de lado. Vale a pena terminar com algumas breves notas
sobre a vida singular de algumas outras personagens.

Jane Digby (1807-1881), uma inglesa de notável beleza, percorreu o século XIX entre um casamento falhado — que motivou o circunspecto *Times* londrino a noticiar, pela primeira vez na sua história, um divórcio na primeira página —, uma extraordinária sucessão de amantes, desde reis e príncipes a líderes revolucionários, e dois casamentos e respetivos divórcios. Foi ela quem inspirou a personagem de Lady Arabella Dudley, de Honoré de Balzac, que a conheceu e com quem se diz ter mantido um romance, embora não existam disso evidências históricas.

Viveu em França, Alemanha, Itália e Grécia, até que, aos 46 anos, iniciou uma viagem à Síria para visitar Palmira, tentando esquecer o último amor falhado com um general albanês e acabando por conhecer o grande e derradeiro amor da sua vida, o xeque Abdul Medjuel el Mezrab, vinte anos mais novo e com quem casou e viveu um verdadeiro conto de fadas durante 28 anos, até à sua morte.

Foi um amor romântico em todos os seus detalhes. Viviam meio ano em Damasco e os outros seis meses deambulavam como nómadas pelo deserto sírio, dormindo nas negras tendas árabes de pele de cabra.

Regressou apenas uma vez à Inglaterra, para descobrir que a sua existência era demasiado escandalosa para os rígidos padrões vitorianos da época. Com efeito, se já havia sido difícil para os compatriotas aceitarem os três casamentos de Jane, bem como o seu rol de amantes, era totalmente impensável aprovarem uma mulher que vivia no deserto, em tendas e, imagine-se!, com um árabe.

Morreu feliz, com Mezrab a seu lado, aos 74 anos, em agosto de 1881. Encontra-se enterrada no cemitério protestante da capital síria.

Em Damasco, Digby privou com muitos dos viajantes que para lá eram atraídos, como Lady Anne Blunt e o seu marido Wilfred Scawen Blunt, o primeiro casal estrangeiro a atravessar o deserto da Arábia. Lady Anne, embora tenha protagonizado esta extraordinária aventura e tenha sido uma profunda conhecedora da Arábia, tornou-se essencialmente conhecida pela sua paixão por cavalos, tendo contribuído para a criação de cavalos árabes na Inglaterra. Os seus diários serviram-lhe de base para escrever vários livros sobre as suas viagens, como *Bedouin Tribes of the Euphrates* [Povos beduínos do Eufrates], publicado em 1879, e *A Pilgrimage to Nejd* [Uma peregrinação a Nedj], publicado em 1881. Depois de se separar do marido, Lady Anne viveu a maior parte do tempo no Egito.

Jane Digby também foi amiga íntima do casal Burton, Richard e Isabel (1831-1896), que viveu em Damasco depois de viajar extensivamente pela Síria e Palestina. Das obras de Isabel, esta católica inglesa descendente do barão Arundell de Wardour, já tive oportunidade de citar algumas passagens. Foi uma grande viajante, mas viveu sempre à sombra do marido, e sempre se contentou com um papel secundário face ao seu brilhantismo. É quase lendária a nota que ele lhe envia quando é chamado de Damasco para uma missão: "Chamado de volta; paga, embala e segue".

À morte do marido, Isabel preocupou-se em divulgar o seu trabalho e a sua obra, não lhe sendo no entanto perdoado o facto, que ela própria divulgou, de ter queimado alguns manuscritos, designadamente a tradução do *Jardim perfumado*, obra clássica que entre outros assuntos fala da pederastia. Em sua defesa, Isabel alegou que o fez porque sabia que de mil homens que os lessem apenas quinze o fariam respeitando o espírito científico com que haviam sido escritos, os restantes apenas se interessariam por depravação.

Isabel Burton deixou, também ela, obra, entre livros sobre as suas viagens, como *The Inner Life of Syria, Palestine and the Holy Land*, publicado em 1875, e dois volumes autobiográficos.

A escritora Vita Sackville-West (1892-1962) foi outra das mulheres que se deixaram encantar pelo Médio Oriente. Embora não possa ser considerada uma grande exploradora, uma vez que a viagem nunca foi uma constante na sua vida, escreveu um pequeno livro — *Passenger to Teheran* [Passageira para Teerão], publicado em 1925,

Paixões orientais **187**

já antes citado — sobre a viagem que a leva para junto do marido, o diplomata Harold Nicholson, destacado na capital do Irão.

Vita tornou-se mais conhecida pela vida escandalosa que levou. Mantendo uma relação bastante aberta com o marido — ele próprio homossexual —, viveu sucessivos romances com mulheres. Por diversas ocasiões, atravessou o canal da Mancha em escapadas românticas com as suas amantes, como em 1908, ano em que parte com Violet Trefusis para Pisa, Milão e Florença.

Sackville-West inspira a Virginia Woolf o devaneio histórico *Orlando*, uma aventura biográfica iniciada em 1500, na qual o protagonista começa sendo homem e se transforma em mulher. O livro, referido por vezes como a mais longa e encantadora carta de amor da literatura, baseia-se também na frustração de Vita pelo facto de, sendo mulher, não poder herdar a mansão da família, que tanto amava, em Kent.

A referência a Vita é obrigatória não apenas pelo livro que publicou, mas também pelo testemunho dos seus encontros com algumas das viajantes com quem se cruzou, e que já tive oportunidade de citar.

Mas se há viajante que mereça, de pleno direito, um lugar no panteão de escritoras e exploradoras, essa mulher é Rosita Forbes (1893-1967), uma autêntica celebridade da época, que conjugou a paixão pela aventura, a exploração e a escrita com uma intensa vida social.

Notabilizou-se pela expedição ao oásis de Kufara, na Líbia, zona que se havia tornado no centro espiritual da Ordem Senussi, um movimento político-religioso fundado no início do século XIX que procurava combater o enfraquecimento político e espiritual do Islão. A região era de difícil acesso, não só por se encontrar no meio do Saara, mas por estar rodeada em três dos seus lados por depressões que dificultam a chegada. Sobre esta aventura, escreveu o sucesso editorial *The Secret of the Sahara: Kufara* [O segredo do Saara: Kufara], publicado em 1921, para sempre envolto em polémica, pois ainda hoje se discute se o seu companheiro, o egípcio Ahmed Mohamed Bey Hassanein, era o verdadeiro mentor e líder da expedição, ou se, na verdade, como a própria Forbes reclama, a ela coube o papel principal de organização e comando. Seja como for, a proeza foi extraordinária e exigiu enorme coragem e capacidade física.

Tentou, sem sucesso, ser a primeira ocidental a fazer uma peregrinação a Meca, disfarçada de peregrina egípcia — o que significa que dominava bem o árabe —, mas acabou por ser traída pela sua elevada estatura e compleição clara. Andou pelas montanhas de Marrocos, para escrever a biografia de El Raisuni, um rebelde conhecido como o Sultão das Montanhas. Aventurou-se pela Abissínia, os Balcãs e as ex-repúblicas da Ásia Central, tendo sobre todas as suas jornadas escrito livros plenos de acção e aventura.

Escreveu para o *Daily Telegraph* e o *Sunday Times*, e na sua atividade como jornalista chegou a entrevistar alguns dos homens mais poderosos do seu tempo, como Hitler ou Kemal Ataturk, fundador da moderna Turquia.

Morreu aos 77 anos, injustamente mergulhada num relativo esquecimento, sobretudo se comparada com algumas das suas "companheiras de profissão".

Outro nome mais ou menos obscuro neste panteão de aventureiras viajantes é o da francesa Marga d'Andurain (1893-1948), cuja vida deu mesmo um romance, pela mão da espanhola Cristina Morató.[92] Segundo consta, a família de Marga terá mandado exorcizá-la na catedral de Bayonne, onde nascera, para a distanciar do seu espírito díscolo e revoltoso. Consta que foi expulsa de todos os colégios de freiras onde a família insistiu em inscrevê-la entre os cinco e os quinze anos.

Casa aos dezessete anos com o primo Pierre d'Andurain, com quem parte para o Cairo para gerir um salão de beleza frequentado pelas mulheres dos oficiais e da alta burguesia egípcia. Chegam a levantar-se suspeitas sobre se esse negócio não seria uma fachada para o trabalho de espionagem que ela desempenharia ao serviço dos britânicos, fama provavelmente resultante do romance que manteve com o chefe do serviço de informações da Grã-Bretanha no Egito.

É com ele que vai a Palmira, apaixonando-se a tal ponto pela cidade, que decide comprar o único hotel aí existente, um velho edifício em ruínas, e transformá-lo no agora mítico Hotel Zenóbia, por onde passaram nomes como Agatha Christie ou Annemarie Schwarzenbach. Ainda hoje há em Palmira quem se lembre da elegante e insurrecta condessa Marga, que frequentava os beduínos e aspirava a tornar-se uma moderna Zenóbia. Adotando o título de condessa, dirige o hotel no início dos anos 1930, até que decide fazer uma peregrinação a Meca. Para o efeito, divorcia-se do marido, com quem não era particularmente feliz, e casa com um humilde cameleiro beduíno de nome Soleiman el Dekmari. A história acaba mal, num daqueles eventos trágicos que irão repetir-se na sua vida.

Já perto da cidade sagrada, é detida e mantida em cativeiro no harém do vice-governador, enquanto aguarda que o marido termine a sua peregrinação, mas o inesperado acontece, e Soleiman morre em circunstâncias inexplicáveis, sendo Marga acusada de planear o seu assassínio. A estada no harém — que apesar de tudo fora agradável, com sessões de valsa e *charleston* para ensinar as outras mulheres — acaba por se tornar um pesadelo na cadeia de Jeddah, pendendo sobre ela a sentença de morte por lapidação. A diplomacia do cônsul francês obtém-lhe a clemência.

Regressa a Paris durante uns anos para tentar provar a sua inocência, mas o chamamento da aventura é maior. Regressa à Síria, voltando a casar com Pierre a pedido do filho de ambos, Jacques. A felicidade é de curta duração, Pierre é assassinado nas traseiras do Zenóbia e, mais uma vez, as suspeitas caem sobre Marga. Desencantada com o lugar, decide abandonar definitivamente a Síria em 1937.

Durante a guerra vive em Paris com o filho, que se torna herói da Resistência. Marga subsiste traficando ópio e, quando a guerra acaba, vai com Jacques para Nice, onde é novamente detida, desta feita acusada do assassínio do sobrinho Raymond Clérisse d'Alaincourt. Mas sem provas não há acusação, e Marga parte novamente para a sua vida de aventuras infames.

É esta a mulher ávida que pede ao filho para matar a sangue-
-frio uma idosa, apenas para lhe roubar o dinheiro. Ainda segundo
Jacques, foi agente tripla e vendeu indistintamente informações a
franceses, britânicos e alemães.

O seu temperamento rebelde, a elegância agreste e a rude beleza
que transparecem nas fotos, aliados a uma vida que supera a ficção,
fazem de Marga uma figura excepcional no panteão das viajantes.
Chegou mesmo a ser conhecida como a "Mata-Hari do deserto" ou
a "Condessa dos vinte crimes".

A última aventura, em 1948, custa-lhe a vida: durante uma viagem de tráfico de ouro é atirada pela borda do seu veleiro ao largo
de Tânger. O corpo nunca será recuperado. Segundo o filho, Marga
foi assassinada por um antigo espião nazi que lhe queria roubar o
barco, mas o mistério permanece. Certo é que morreu como tinha
vivido, perigosamente, à margem da lei, sem escrúpulos. Quaisquer
que fossem as suas motivações, Marga amou genuinamente a Síria
e a cidade de Palmira, e o seu espírito ousado levou-a a procurar
sempre novas paragens.

No coração das trevas

Se o Médio Oriente foi o território do exótico, África terá sido o do interdito e do desconhecido. Porque a sul do Saara havia uma vastidão de terra por explorar. E povos, paisagens, animais, um conjunto novo de símbolos para decifrar. Uma geografia acidentada e por vezes difícil de vencer, aliada a um solo fértil e imenso, tornou este continente um lugar ideal para exploradores que viam na sua fecundidade uma promessa de riqueza. Ouro, marfim e café, para além do lucrativo comércio de escravizados, faziam com que a aventura africana, embora arriscada, fosse suficientemente aliciante para temerários sem grandes escrúpulos.

O continente africano foi desde muito cedo cobiçado, estando os portugueses à cabeça deste afã de conquista desde o século XV. O século XIX trouxe uma nova vaga de colonização, em que as potências europeias queriam garantir a sua esfera de influência em África, atraindo os seus súbditos para estas terras numa lógica de ocupação que garantia o controlo efetivo do território. O desejo por terras africanas dará origem à Conferência de Berlim, realizada em 1884-85 pelos países colonizadores, com o intuito de estabelecer regras de ocupação, o que resultou numa divisão administrativa sem qualquer contemplação pela história e pelos povos africanos.

Aos comerciantes ávidos de enriquecer somavam-se os exploradores, que em nome da ciência buscavam desvendar segredos sobre a geografia mais íntima e desconhecida do continente, desde os que incessantemente procuraram a nascente do Nilo, até aos que quiseram explorar lagos e montanhas e descobrir novas espécies de plantas. África era o continente virgem onde se podia ambicionar ser o primeiro a empreender um projeto científico ou a fazer uma descoberta surpreendente, mesmo sem grande formação prévia.

Existiam ainda os missionários, que procuravam converter o negro, considerado incivilizado e primitivo, à religião cristã. As crenças africanas, aliás, nem eram classificadas na categoria de religião, mas desvalorizadas como simples manifestações de fetichismo por parte de sociedades pouco evoluídas e primitivas.

De todas estas categorias, uma das mais comuns no que concerne às mulheres é a das que acompanham os maridos, seja num contexto colonial ou de missão. São inúmeras as viajantes que, depois de casarem com missionários, enfrentam as maiores adversidades em nome da fé. É o caso de Mary Livingstone (1821-1862), Moffat de solteira, que em 1845 casa com o mítico explorador David Livingstone, depois de este iniciar a sua missão na cidade de Kuruman (região norte da África do Sul), precisamente a cidade natal de Mary.

Mary conhecia as agruras do clima africano demasiado bem, pois nascera e crescera naquele continente, sendo a primeira de dez filhos de um reputado missionário escocês que pregava entre o povo Bechuana. A sua vida foi assaz difícil, e com abundantes exemplos de provações, como quando seguiu o marido nas suas expedições ao lago Ngami (Botswana), durante as quais tiveram de atravessar o tremendo deserto do Kalahari, ou nas suas jornadas ao portentoso rio Zambeze, de onde teve de regressar por se encontrar grávida. De permeio, deu à luz por duas vezes em viagens com o marido, tendo este realizado as funções de parteiro, dada a sua formação em medicina.

No total, o casal terá seis filhos, que Mary cria muitas vezes no meio da selva completamente só, enquanto o marido tarda em alguma expedição. Mesmo assim, entre todos os perigos, prefere a terra africana à ancestral Inglaterra, para onde leva as crianças durante alguns anos. Regressa à sua amada África natal, onde morrerá aos 41 anos, vítima da malária, como o marido anos mais tarde, numa das expedições ao Zambeze.

No coração das trevas

Outra extraordinária mulher que seguiu o marido para África foi Florence Baker (1841-1916), cujo tão britânico nome não revela a procedência eslava nem o lugar onde conheceu o explorador Samuel Baker. Não se sabe muito das suas origens, apenas que foi comprada num mercado de escravizados por aquele que se tornaria seu amante e depois marido. Acontece que — como num enredo exótico de filme de aventuras da época dourada do cinema — Samuel acompanhava o marajá Dalip Singh numa viagem de caça pela Europa central quando quis o acaso que os seus olhos se fixassem na bela jovem de dezessete anos que estava à venda num mercado de escravizados e já destinada ao harém de um paxá otomano. Contrariando os seus princípios sobre o tráfico de seres humanos — Baker foi um acérrimo defensor do abolicionismo —, decidiu comprar Florence, de origem possivelmente austro-húngara, mais especificamente da Transilvânia, hoje situada na Roménia. Com toda a probabilidade, terá sido a sua condição de órfã — aliada aos infortúnios decorrentes das revoluções que trespassaram violentamente a Europa em 1848 — que a conduziu às tenebrosas mãos de um comerciante arménio de escravizados.

Resgatada por Samuel, casará com ele anos mais tarde, e nunca mais se separarão. O casamento escandaloso e a união de facto que o precedeu imprimem sobre Baker uma mácula indelével na sua reputação, levando a virtuosa rainha Vitória a recusar qualquer encontro com o notável explorador. Mas estas adversidades não impediram Florence de seguir Samuel por todas as suas aventuras africanas, como a da incontornável procura da nascente do Nilo. Como ele, tornou-se uma intrépida exploradora, excelente caçadora e exímia amazona, fosse no dorso de um cavalo, de um camelo ou de uma mula. Muitas vezes, ataviada com calças e roupas masculinas, era tomada como filho do explorador.

Samuel fala de Florence nos seus livros sobre as viagens africanas, mas a própria Florence escreve cartas e mantém um diário, que será descoberto e publicado[1] postumamente, revelando esta extraordinária mulher, que não se limitou a ficar à sombra do companheiro.

Se Florence foi um exemplo singular na categoria — sempre as classificações simplificativas — "mulher de missionário", houve também "exploradoras" com pleno direito ao qualificativo, como a "rainha branca do Kilimanjaro", de seu nome May French Sheldon (1847-1936), uma abastada americana que resolve um dia partir para África. Depois de uma vida privilegiada na sua cidade natal de Pittsburgh, onde estuda arte, muda-se para Londres, fundando com o dinheiro da família uma editora. Sheldon será também conhecida por ter traduzido *Salammbô*, de Flaubert. Casa com um banqueiro americano sediado em Londres. À parte o interesse de May pela etnologia, nada no seu percurso faria prever a sua radical mudança de horizontes, para onde parte só e totalmente desaconselhada pelos amigos. Talvez um destes, o explorador Henry Morton Stanley, fosse em parte responsável pelo impulso de May. Impulso preparado, apesar de tudo, e que lhe levou oito anos de estudo para entender o sistema colonial vigente, pois Sheldon — que à semelhança de muitas outras mulheres viajava com uma perspetiva política — pretendia alterar o sistema de império, que acusava de abusivo para com os colonizados.

É ela que escreve:

> Conclusão: valeu a pena, se a minha empresa puder servir de instrumento para implementar métodos mais humanos e pacíficos entre os pretensos colonizadores, e banir para sempre a atitude militar dos estrangeiros, quando se intrometem entre os Arcádios da África Oriental. No devido tempo, penso voltar e empenhar os meus esforços na criação de um método de colonização dotado de "senso comum" e fundamentar os princípios para os quais muitos exploradores olham de soslaio e criticam como demasiado utópicos para a África.[2]

Acaba por fazer três expedições, sempre contornando as maiores dificuldades e até a oposição das autoridades locais britânicas, que lhe recusam qualquer ajuda quando desembarca no porto de Mombaça,

No coração das trevas

no Quénia. Mulher de recursos, a vontade não lhe desfalece e elide a questão na ilha de Zanzibar, Tanzânia, conseguindo convencer o sultão local da seriedade e determinação da sua expedição. Explorando as regiões do Quénia e da Tanzânia, atribui-se a si própria a descoberta do lago Chala. Num périplo que a levará ao Kilimanjaro, toma contacto com cerca de 35 grupos étnicos, entre os quais reparte as prendas que leva, incluindo milhares de anéis com o seu nome gravado no interior. A aventura dura alguns meses, não isentos de acidentes, o mais aparatoso dos quais terá sido a queda do seu palanquim num desnível de mais de seis metros, provocando-lhe múltiplas lesões.

O seu livro *Sultan to Sultan: the Narrative of A Woman's Adventures Among Masai and Other Tribes of East Africa* [Sultão para Sultão: a narrativa das aventuras de uma mulher entre Masai e outros povos da África Oriental], publicado em 1892, torna-se um sucesso imediato, garantindo-lhe o acesso à Royal Geographic Society. Voltará a África em 1903, onde se aventura pelo Congo Belga, atual República Democrática do Congo, e em 1905 visita a nação independente da Libéria.

Honra seja concedida ao defeito da teimosia, que no seu caso provou ser de grande utilidade: "Nunca tinha sido feito, nunca sequer sugerido, portanto, deve estar além dos limites convencionais do exequível e, acima de tudo, terem acenado na minha cara o arrogante édito de que se encontrava fora dos limites das legítimas províncias de uma mulher, determinou-me a realizar a empresa".[3]

Outra grande aventureira por África, nessa zona de transição da África árabe para a negra, foi a francesa Odette du Puigaudeau (1894-1991). Ainda hoje é visível a sua influência no país que mais acarinhou, a Mauritânia. As bibliotecas possuem todos os seus livros e qualquer jovem mauritano saberá quem foi esta mulher, que com a sua companheira, Marion Senones, parte para o Saara Ocidental em 1933, estudar os costumes e usos do povo mauritano. O primeiro livro que escreve sobre a Mauritânia — *Pieds nus à travers la Mauritanie* [Descalça pela Mauritânia], publicado em 1936 — torna-se um caso de sucesso.

Andaram pelo deserto em caravana durante quase um ano, percorrendo milhares de quilómetros. A silenciosa Marion, companheira sentimental, deixa um espólio de desenhos sobre o deserto e os seus habitantes. Quanto a Odette, acusada por alguns de tirania, escreveu uma obra considerável, com detalhes etnográficos dos povos com quem entrou em contacto, para além de alguns desenhos também. Terá sido uma personagem polémica, mas também uma notável estudiosa dos povos do deserto, por quem nutriu verdadeira paixão. Dizia ter ido conhecê-los descalça e de mãos vazias, tendo deles recebido muito mais do que poderia dar.

Morre em Marrocos, reconhecida como etnóloga de grande importância tanto no norte de África como em França.

Mary Kingsley
1862-1900

De todas as mulheres que fui conhecendo durante a investigação para este livro, devo confessar que Mary Kingsley é uma das minhas prediletas. Pela quantidade de análises, biografias, artigos e teses a seu respeito, é sem dúvida uma das mais estudadas no domínio da literatura feminina de viagem. Seja pelo seu determinado

No coração das trevas 197

inconformismo encerrado numa capa de irrepreensível vitoriana, pelo seu tonitruante humor ou pela sua decidida coragem, Mary deixou-nos um dos mais divertidos livros de viagem de sempre, sobre uma das mais surpreendentes aventuras no continente africano.

Comecemos pelos necessários dados biográficos. A história de Mary Henrietta Kingsley começa por forjar-se na biblioteca do pai, médico de profissão e grande viajante. A sua infância na cidade de Londres, onde nasce em 1862, é passada com a mãe e o irmão mais novo, numa espécie de reclusão voluntária na casa e no jardim familiares, como ela mesma confessará, sem grande interesse pelo mundo que corria fora desse resguardado espaço doméstico. A família resignava-se a assistir às frequentes partidas do pai, que conhecia o mundo na qualidade de médico pessoal de homens endinheirados.

Mas a literatura, tão frequente detonante da viagem, ajudava a criar um mundo paralelo, com o qual a jovem compensava a educação que não recebia. Foi, como a maioria das mulheres com afã de conhecimento da época, uma autodidata, aprendendo árabe, mergulhando na antropologia e deliciando-se com as ciências naturais. Aristóteles era uma referência, assim como a *História Natural* de Plínio, o Velho.

A sua primeira viagem, aos 25 anos, levou-a ao País de Gales, mas a estada durou apenas dois dias, já que teve de regressar de urgência para cuidar da mãe, cuja saúde piorava. Com o pai ausente e o irmão Charles na universidade, cabia a Mary o papel de zeladora da casa, bem como de enfermeira da mãe. Por isso, apesar de não ter constituído família própria, Mary via-se impossibilitada de empreender qualquer saída que implicasse uma longa temporada fora do lar. Mas no início de 1892 quis um ardiloso destino que tanto o pai como a mãe morressem, com apenas dois meses de diferença, libertando-a dolorosamente do compromisso filial e levando-a a empreender uma viagem às Canárias, onde entra em contacto com a rota de comerciantes da África Ocidental.

De regresso a Londres, onde vive com o irmão, decide partir para mais longe: "Foi em 1893 que, pela primeira vez na minha vida, encontrando-me na posse de cinco ou seis meses não fortemente preenchidos [...], me coloquei a questão de que fazer com eles".[4]

O que noutras mulheres teria redundado em atividades filantrópicas ou de cariz religioso, para Kingsley culmina na necessidade de viajar.

E a jornada leva-a para uma das regiões mais inóspitas da África Ocidental, na área hoje correspondente à Guiné Equatorial, ao Gabão e ao Congo, chegando mesmo a território angolano. Faz duas jornadas por essas paragens, a primeira de agosto de 1893 a janeiro de 1894 e a segunda, que dura quase um ano, entre dezembro de 1894 e novembro de 1895. Parte da sua expedição é passada a subir o rio Ogooué, no Gabão, e culmina na ascensão do Monte Camarões, um dos maiores vulcões africanos, com quatro mil metros de altitude.

Estas duas intensas viagens levam à publicação de dois livros: *Travels in West Africa* [Viagens pela África Ocidental], publicado em 1897, que se tornou um rápido sucesso junto do público, proporcionando--lhe fama imediata; e *West African Studies* [Estudos da África Ocidental], publicado em 1899. O primeiro é uma divertida crónica das suas expedições, enquanto o segundo tem um carácter mais reflexivo, expondo as ideias de Kingsley acerca da questão colonial, apenas dez anos depois da partilha de África na Conferência de Berlim. O seu pensamento era bastante controverso para a época, mas o facto de ser mulher permitia-lhe de alguma maneira maior liberdade de expressão, uma vez que as suas palavras não teriam o mesmo impacto que as de um qualquer reconhecido explorador britânico. Como a própria Mary afirma em carta a um amigo: "Os homens serão sempre iguais a si próprios. Um francês não escutará um inglês sobre como gerir as suas colónias, mas não se importará se for uma mulher a fazê-lo".[5]

Ainda assim, as suas opiniões eram tidas em consideração, e passou parte da sua vida a dar conferências sobre alternativas de colonialismo viáveis para as regiões que havia percorrido. Refira-se, a título de curiosidade, que considerava a colonização francesa na África Ocidental bem superior à britânica.

Apesar de todas as suas façanhas, Mary era sempre autoapologética, declarando que a pouca instrução e os débeis conhecimentos científicos limitavam as suas capacidades. "O que este livro precisa não é de um simples prefácio mas de um pedido de desculpas muito brilhante e convincente",[6] escreverá ela. Em carta a um amigo, reflete sobre este problema, e compara o dinheiro investido na educação do seu irmão e na dela: duzentas libras gastas no irmão contra umas meras lições de alemão para ela.

Mas a ausência de formação mínima, para não falar na científica, não a impediu de escrever *Travels in West Africa*, que num tom ao mesmo tempo heroico e autodepreciativo descreve as suas viagens africanas. É como se a mesma crónica fosse narrada por duas vozes, o que será uma constante na sua obra. A dualidade da escrita de Mary e a forma de descrever as suas assombrosas aventuras, ora realçando a coragem, ora desprezando-a como se de um feito trivial se tratasse, também se refletem na forma como vive o binómio feminino/masculino, com bastante troça face aos estereótipos sobre os sexos.

Não deixa de haver certo encanto no facto de as mulheres, julgando-se sempre incompetentes e inferiores aos homens, sem acesso a uma educação formal digna desse nome, conseguirem cumprir com excelência os fins a que se propunham, por mais excessivos ou inesperados que fossem.

Mary partiu sem apoios, e a sua capacidade financeira não lhe permitia organizar expedições em grande escala. Assim, viajava essencialmente sozinha e custeava as despesas do itinerário negociando produtos com os nativos que, simultaneamente, a iam acompanhando. Este método permitiu-lhe não só ter uma visão próxima das populações, como forjar conclusões muito específicas relativamente às falhas do sistema colonial britânico. Embora não pusesse em causa o império, Kingsley questionava a sua forma de organização e achava que um melhor domínio se estabeleceria através de relações comerciais com os povos colonizados, numa espécie de exploração comercial sem dominação. Foi uma crítica feroz dos funcionários do império, que acusava de não conhecerem os indígenas, bem como dos missionários, com quem se incompatibilizou, acusando-os de prestarem ensinamentos inúteis aos nativos e de se oporem absurdamente à comercialização de bebidas alcoólicas.

É ao falar sobre os missionários que Mary aborda questões tabu para uma senhora, como a poligamia. Sabendo dos preconceitos dos brancos sobre o assunto, Kingsley tem a frontalidade de afirmar que o costume não representa um mal e que não deveria ser erradicado da sociedade, por se tratar de uma prática arreigada e pelo facto de uma mulher africana não conseguir fazer todo o trabalho doméstico sozinha. Para além disso, defende, a africana não se importa que o marido tenha casos com outras mulheres, desde que não ofereça às outras mais prendas do que a ela própria.

O seu pensamento relativamente ao sistema que a coroa britânica implementa na África Ocidental encontra-se expresso no capítulo XIV de *West African Studies*:

> Tenho tentado afirmar que o sistema Colonial da Coroa não é o indicado para governar a África Ocidental e tenho atribuído a sua maligna influência ao facto de ser um sistema que expressa prioritariamente a opinião de funcionários bem-intencionados, mas mal-informados, em Inglaterra, em vez de ser, em consonância com a típica instituição inglesa, representativo dos interesses das pessoas que são governadas e daqueles que têm a maior participação nos países controlados — as classes dos comerciantes e industriais de Inglaterra.[7]

Mas uma das características mais dominantes nos escritos de Kingsley é o humor, com destaque para a autoironia sobre as suas aventuras. Assim, se por um lado se considera digna herdeira de uma estirpe de viajantes que inclui nomes como Richard Burton ou Paul Du Chaillu, por outro, renega esse estatuto de explorador encartado, aventureiro, até ao limite. É celebérrima a tirada sobre os benefícios de uma saia de tecido forte. Quando tomba numa armadilha de caçadores, caindo para dentro de um poço forrado de lanças pontiagudas do qual sai ilesa, não resiste a afirmar: "É nestas alturas que nos damos conta da bênção de uma saia bem grossa. Tivesse eu prestado atenção aos conselhos de muitos na Inglaterra [...] e tivesse adotado roupas masculinas, teria sido trespassada até ao osso e estaria arrumada para sempre".[8]

Com efeito, nunca abdicará da sua indumentária tradicionalmente feminina e europeia, pois considera que não se pode andar em África com roupa que se teria vergonha de usar em casa. No meio da selva africana, segue caminho como se em Piccadilly.

O que mais espanta nesta pulcra teimosia de vestuário é o facto de Mary ter enveredado pelas profundezas do território, em pântanos e lodaçais onde se enfiava vestida. Uma das razões que a levaram a partir, depois de passar quinze anos a ler sobre o continente, foi a vontade de "partir para a parte de África mais fora de moda, para descobrir como era realmente o lugar e também para descobrir qual dos meus autores favoritos tinha estado a mentir mais".[9]

Mary tinha também ambições científicas, como estudar os peixes dos pântanos ou observar as tradições fetichistas dos nativos — "*fish and fetish*" eram portanto os seus objetivos. Só que o facto de ser mulher fazia-a desconsiderar o seu próprio trabalho: "Uma grande mulher, tanto do ponto de vista mental como físico, pode ultrapassar um homem banal, mas nenhuma mulher poderá alguma vez igualar um grande homem".[10]

Apesar da modéstia, o certo é que Kingsley conseguiu voltar da sua expedição com 65 espécies de peixes, 18 de répteis, descobrindo ainda três novas espécies de peixes que levam o seu nome.

Para além disso, Kingsley tornou-se grande conhecedora dos Fan, povo nativo da Guiné Equatorial e dos Camarões que se distinguia pela sua hostilidade aos estrangeiros, designadamente através das nada hospitaleiras práticas canibais. E aqui a nossa heroína entra noutro tema tabu: o canibalismo. Na sua descrição, quando percebe que se encontra numa palhota cedida pelos seus anfitriões repleta de restos humanos, desdramatiza e quase ridiculiza o absurdo e o perigo da situação. Ao ser acordada, apesar do cansaço, por um forte cheiro de "origem orgânica", percebe que o mesmo provém de uns sacos que se encontram pendurados nas paredes, quando pega num e o abre encontra

> uma mão humana, três dedos grandes de pés, duas orelhas e outras porções do corpo humano. A mão estava ainda fresca, as outras partes estavam assim-assim, um pouco murchas. [...] Mais tarde soube que os Fan comem os seus camaradas de tribos amigas, no entanto gostam de conservar parte deles como lembrança. Este tocante traço no seu carácter [...] embora honre a sua reputação, dadas as circunstâncias, é ainda assim uma prática desagradável, quando penduram os restos mortais nos quartos que uma pessoa ocupa, especialmente se o luto na família do nosso anfitrião é recente.[11]

Apesar do tom jocoso, ou talvez por causa dele, é indiscutível a admiração que nutre pelos Fan:

> Uma espécie de amizade logo se estabeleceu entre os Fan e eu. Cada um de nós reconheceu no outro que pertencíamos à mesma fração da raça humana com quem é melhor beber que lutar. Sabíamos que nos poderíamos matar um ao outro se nos provocássemos e assim tínhamos especial cuidado para que não houvesse qualquer provocação.[12]

Corajosas palavras para quem se encontra sozinha no meio de uma aldeia de reconhecidos canibais. Esta espécie de camaradagem, tipicamente varonil, embora revestida de uma dose de humor irónico, coloca Kingsley na posição de um típico herói masculino.

O papel ambíguo é conscientemente adotado pela viajante, pois em certas partes do texto assume-se como homem. Este equívoco de género é ponderado, numa carta ao editor; Kingsley pede-lhe que o seu nome não apareça no livro, mas a ter de aparecer que seja apenas M.H. Kingsley: "Não interessa ao público em geral quem eu sou desde que lhes conte a verdade o melhor que posso".[13] Nos seus escritos referir-se-á a si própria no masculino, afirmando não ser um homem de comércio nem um homem de família. Mesmo o tom com que fala das mulheres nativas africanas é bastante varonil:

> As senhoras "nanny po" são comemoradas pela sua beleza ao longo da Costa Oeste, e muito justamente. Elas não são, no entanto, como elas próprias pensam, as mulheres mais bonitas desta parte do mundo. Pelo menos não para mim. Prefiro uma elmina ou uma igalwa ou uma m'pongwe, ou... — mas é melhor parar e admitir que as minhas preferências se tornaram bastante dispersas entre as senhoras negras da Costa Oeste, e mal me lembro de uma adorável criatura cujos olhos meigos, cujas formas perfeitas e sedutoras e irrepreensíveis maneiras me cativaram e já começo a pensar noutra.[14]

Apesar disso, aborrece-se com o facto de as línguas africanas com que contacta não possuírem a distinção de género: "Sou totalmente uma mulher em aparência e no entanto estou constantemente a ser referida como 'Sir'".[15]

É masculina e autoritária na forma habitual de enumerar as categorias de povos, unificando as características de cada etnia, numa estratégia tipicamente imperialista de exercício do poder e subjugação. Apesar disso, mais uma contradição, Kingsley também é capaz, num discurso atípico da literatura de viagens em contexto colonial, de não considerar os negros como um bando de selvagens, e procura identificar e autonomizar os indivíduos, nomeando-os e apresentando-os individualmente. E até se consegue irmanar com eles. Em carta a uma amiga declara: "Nós, os africanos, não estamos adaptados à sociedade conveniente".[16]

Mas estas percepções não a excluem do espírito e pensamento da época, e Kingsley oferece-nos a sua particular visão das raças:

Reconheço aberta e honestamente que detesto tocar nesta questão das raças. Em primeiro lugar, a Ciência ainda não chegou a conclusões finais, por outro lado, trata-se de um daqueles assuntos de enorme magnitude sobre os quais não tenho opinião, apenas sentimentos, e estes são de uma natureza, fui informada por seres superiores, indigna de crédito, não servindo nem para um homem das cavernas do paleolítico. Os meus sentimentos classificam os habitantes do mundo em ingleses, referindo-me aos teutões na sua generalidade, estrangeiros e negros. Os negros subdivididos em duas classes, negros ingleses e negros estrangeiros. Os negros ingleses são os africanos. Os negros estrangeiros são os indianos, os chineses e o resto.[17]

Ou ainda: "Reconheço que olho para o africano e para todas as raças de cor como inferiores — no tipo, não no grau — às raças brancas, embora reconheça que é pouco científico amontoar todos os africanos assim juntos e fazer uma generalização, porque as diferenças entre as várias tribos é enorme".[18]

Isso não a impede, claro, de amar profundamente África e de se sentir mais em casa nesse continente do que em Londres. Mesmo assim, regressa sempre das suas viagens e, já com um estatuto de celebridade, percorre o país dando testemunho das suas descobertas, o que lhe granjeia ainda mais popularidade, mas também críticas por parte de quem põe em causa a veracidade das maravilhas que afirma ter presenciado. O *Times* londrino garante que Kingsley decidiu não relatar qualquer história sobre gorilas, por receio de que julgassem tratar-se de uma invenção, o que sobremaneira a irritou.

O estilo das conferências habitualmente aposta num tom humorístico, como nesta preleção que dá numa escola feminina:

No coração das trevas 205

Posso assegurar a todas as mulheres solteiras que aqui se encontram presentes e que se sintam inclinadas a estudar a África que serão perpetuamente assediadas por questões do tipo "Onde está o seu marido?" e "Não tem um?" [...] Aconselho-as a não dizerem que não têm um, eu já o fiz e só posso afirmar que dá origem a questões ainda mais espantosas. Acho mais aconselhável dizer que se está à procura dele e a tentar localizá-lo na direção em que se deseja prosseguir viagem; isto motiva solidariedade e compreensão.[19]

Mas o apelo do continente negro é de tal maneira forte, que Kingsley voltará uma derradeira vez, agora como voluntária para tratar dos feridos da Segunda Guerra Bóer (1899-1902), travada na África do Sul. É durante esta missão radicalmente diferente e trágica que conhece o escritor Rudyard Kipling, de quem se torna amiga.

O ambiente é medonho, e Mary assiste com horror à morte diária de dezenas de homens nas enfermarias. Uma epidemia de febre tifoide causa inúmeras vítimas, mesmo entre os não combatentes. Será o caso de Mary, que morre no dia 3 de junho de 1900, aos 37 anos. A seu pedido, morre sem companhia no leito de morte. É-lhe prestada homenagem num funeral com honras militares e navais, e cumpre-se a sua última vontade: o caixão é atirado ao mar. Reza a história que o caixão não afundava, continuando teimosamente a flutuar entre as ondas, numa dança cómico-macabra, e que foi necessário atar-lhe um peso para que finalmente submergisse nas profundezas do oceano.

Ficamos com as suas palavras:

O fascínio da África Ocidental é doloroso: dá-nos prazer quando estamos lá, mas quando se regressa a casa oferece-nos dor por nos convidar a voltar. [...] deseja voltar-se à Costa que nos chama, dizendo, como o Africano diz à alma que parte do amigo moribundo, "Volta, volta, esta é a tua casa".[20]

Karen Blixen
1885-1962

Esta é a história de uma viagem que dura dezessete anos e que só termina porque a terra que acolheu Karen Blixen não foi benfazeja o suficiente para que lá permanecesse. Caso contrário, Blixen teria morrido em África, enterrada nas montanhas Ngongo, que todos os dias contemplava ao pôr do sol, da fazenda M'Bogani situada no seu sopé.

Karen Blixen teve uma fazenda em África, e o livro que nos deixou sobre os anos passados no Quénia explorando uma plantação de café narra a sua história em tom nostálgico, fazendo de *África minha* (1937) um clássico, na melhor tradição dos contadores de histórias em que a geografia africana é pródiga.

Foi Blixen uma viajante no sentido mais estrito do termo? Em rigor, possivelmente não, sobretudo se a compararmos com qualquer uma das mulheres cuja vida se tem desfiado nestas páginas. Mas se entendermos a viagem como um devir, um permanente estado de assombração e de descoberta de um lugar que não é originariamente o nosso, um saber tocar o outro, comunicar com o outro, compreendê-lo na sua natureza mais pessoal, entender as diferenças e os desencontros, então estaremos perante uma consumada viajante, que não hesitou em partir para um distante e pouco explorado país africano. "Quando cheguei a África, não havia automóveis no país e íamos até Nairobi a cavalo ou numa carroça puxada por seis mulas…"[21]

Blixen chega a África em 1914, estava a Primeira Grande Guerra prestes a rebentar, depois de uma juventude passada no seu país natal, a Dinamarca. De família da alta burguesia, leva uma vida desafogada e tranquila. É do pai, Wilhelm Dinesen, militar, político e escritor, que herda um talento natural para a arte de contar histórias. Mas a infância feliz é abalada quando, por razões desconhecidas, Wilhelm se enforca, deixando à mulher, Ingeborg, a responsabilidade de criar cinco filhos. A pequena Karen tem apenas dez anos na altura do trágico acontecimento.

As primeiras inclinações artísticas de Karen dirigem-se para as artes plásticas, chegando a frequentar academias de arte não só na Dinamarca, mas também em Inglaterra, Suíça, Itália e França. Sonha com um futuro na pintura, mas aos 22 anos estreia-se no mundo literário, sob o pseudónimo de Osceola, com o conto "Eneboerne" [Os eremitas], publicado num jornal literário dinamarquês. O pseudónimo, que faz referência a um chefe guerreiro nativo norte-americano, poderá ser um tributo ao pai, que na sua juventude passou uma temporada nos Estados Unidos com os indígenas nativos do Wisconsin. Entretanto, outros contos vão sendo editados em diversas publicações dinamarquesas, mas a relativa indiferença do público desencoraja a jovem Blixen de prosseguir as suas atividades literárias.

Talvez seja esse desencanto que a leva a mergulhar numa intensa vida social junto das classes aristocráticas, por quem nutre certo fascínio, e onde conhece o primeiro homem por quem se apaixona irremediável e desconsoladamente, já que não será correspondida: o barão Hans Blixen-Finecke, seu primo em segundo grau e irmão gémeo do seu futuro marido, o barão Bror Blixen-Finecke.

Apesar de não nutrir por Bror a paixão amorosa que Hans lhe inspira, o jovem fascina-a com o seu espírito inquieto e aventureiro, um carácter temerário que o leva à então nascente colónia do

Quénia, na África Oriental. Bror encontra na família de Karen o financiamento necessário para começar a vida em África. Não será um casamento apaixonado aquele que ocorre no dia 14 de janeiro de 1914, no porto de Mombaça, Quénia, no mesmo dia em que Karen pisa pela vez primeira solo africano, mas haverá, no início, respeito, amizade e talvez mesmo um sentimento de genuíno afeto por parte da agora baronesa Karen von Blixen.

A terra africana seduz a dinamarquesa de imediato, mas os primeiros tempos não são fáceis. Logo após o casamento, é-lhe diagnosticada sífilis, uma doença venérea então muito comum, transmitida com toda a probabilidade pelo marido. Será, aliás, a cura para esta doença, com comprimidos de mercúrio e arsénico, que lhe debilitará a saúde para sempre e que explica a figura debilitada, de extrema magreza, de Karen, muito difundida em fotografias de quando era já uma escritora famosa.

Para além da imensa natureza que descreve logo no primeiro parágrafo e que desperta o seu amor por África, Blixen fala também da cidade, Nairobi, lugar animado que testemunhava a pujança do império colonial britânico e onde circulavam milhares de aventureiros em busca de fortuna naquele país:

> Fosse como fosse, Nairobi era uma cidade; ali podia-se comprar coisas, saber as notícias, almoçar ou jantar nos hotéis e dançar no Clube. E era um lugar cheio de vida, em movimento como água corrente e a crescer como uma jovem criatura, modificando-se de ano para ano ou enquanto se estava longe num safari.[22]

Oito meses depois de chegar ao Quénia, eclode a Grande Guerra, e o casal vê-se alvo de suspeitas de simpatias pró-alemãs, totalmente infundadas, pois Bror oferece-se como voluntário junto das tropas britânicas e Karen passará três meses a levar carros de bois com munições e provisões para a frente, visto não haver um homem branco que o fizesse.

Em 1915, não melhorando o seu estado físico, Karen é obrigada a regressar à Dinamarca, onde permanecerá hospitalizada três meses. É nesta altura que escreve o poema "Ex Africa", em que evoca nostalgicamente a paisagem africana, num prenúncio do intenso amor que dedicará a essa terra.

No verão de 1916, Bror vai à Dinamarca para regressar com a mulher em novembro e tomar a seu cargo uma nova quinta, maior que a primeira, situada nos arredores de Nairobi. Rapidamente Karen se apercebe da inépcia do marido para gerir o negócio, já de si arriscado. Sem consultar a família da mulher, que os financiava, Bror decide que o café lhes proporcionará um futuro melhor do que o gado.

Para além de não saber gerir as questões monetárias da fazenda, nem os seus aspectos administrativos e funcionais, Bror é essencialmente um *bon vivant* cujos prazeres principais são as mulheres e a caça. Consta que Hemingway se terá inspirado nele para a personagem do caçador Robert Wilson no conto "The Short Happy Life of Francis Macomber" [A vida breve e feliz de Francis Macomber]. Passa longas temporadas fora da fazenda e acaba por se dedicar em exclusivo à caça e aos safaris. Em 1925, depois de anos de um casamento falhado, o casal divorcia-se, contra a vontade de Karen, que se vê só, a braços com um negócio difícil e perante uma colónia inglesa avessa a empreendedoras solitárias, sobretudo depois de Bror casar de novo em 1928, fazendo-a perder o estatuto de baronesa.

É a esta segunda fazenda, que persiste no negócio do café, que Blixen se refere no parágrafo inicial do seu livro:

Tive uma fazenda em África, no sopé das montanhas Ngongo. O Equador passa a 160 quilómetros a norte desta região e a fazenda ficava a uma altitude de mais de dois mil metros. Durante o dia sentíamo-nos mais perto do sol, mas as madrugadas e os fins de tarde eram límpidos e tranquilos e as noites, frias.

A situação geográfica e a altitude combinavam-se para criar uma paisagem inigualável. A terra não era farta nem luxuriante, era África destilada por dois mil metros de altitude, a essência forte e depurada de um continente.[23]

Um tom intensamente poético percorre o livro, que procura evitar os estereótipos e preconceitos tão comuns na época colonial sobre a suposta inferioridade dos povos colonizados. E avança num registo lírico e nostálgico, por vezes doméstico, sobre as vicissitudes de uma fazendeira branca a explorar uma plantação de café em África. Não condenando de maneira direta o sistema colonial, a baronesa admite:

> É mais do que a terra que se tira às pessoas quando se toma o seu país natal. É também o seu passado, as suas raízes, a sua identidade. Tirar-lhes as coisas que estavam acostumadas a ver e que esperam continuar a ver é o mesmo que tirar-lhes os olhos. Isto aplica-se num grau mais elevado aos povos primitivos do que aos civilizados.[24]

Karen organiza uma escola para o pessoal da fazenda. Embora tenha um professor nativo para os ensinar, vai buscar os mestres-escola às missões:

> As três estiveram representadas — houve professores da Igreja Católica-Romana, da Igreja da Inglaterra e da Igreja da Escócia. Isto porque a educação dos Nativos se processa rigorosamente em termos religiosos; tanto quanto me é dado saber, não há outros livros traduzidos em Suaíli para além da Bíblia e dos livros dos hinos. Durante os anos que passei em África pensei em traduzir as fábulas de Esopo para as dar a ler aos Indígenas, mas nunca dispus de tempo para levar para a frente o projeto.[25]

Assim se perpetuava, em consonância com o seu tempo, o sistema de aculturação dos nativos aos modos de vida, de pensamento e às religiões do colonizador.

No coração das trevas **211**

Mas ao mesmo tempo Karen sabe olhar para eles como indivíduos, e oferece-nos uma galeria de personagens absolutamente inesquecíveis, desde o pequeno Kamante, filho de colonos kikuyus, que conhece em criança e que acaba por se tornar chefe dos cozinheiros, até Lulu, uma jovem antílope fêmea que passa a viver na fazenda. Nativos, brancos, animais, a própria natureza cambiante, todos ajudam a formar um conjunto indelével de retratos vivos dos seres que formaram a sua vida no Quénia. "Quanto a mim, desde as primeiras semanas que passei em África, senti uma grande afeição pelos nativos. Tratava-se de um sentimento muito forte que abarcava todas as idades e ambos os sexos. A descoberta das raças negras representou um magnífico alargamento de todo o meu mundo."[26]

Inolvidável é também Farah Aden, o criado somali de Karen que sempre a acompanhou em África: "Farah mantinha-se de pé, muito direito, com o seu turbante vermelho e azul, o negro colete árabe bordado e a túnica de seda árabe, pensativo, a figura mais elegante que é possível imaginar".[27]

Dele dirá que nenhum amigo, irmão ou amante teria feito por ela o que Farah fez.

E claro, o incontornável Denys Finch-Hatton, grande amor da vida da baronesa. Mas desengane-se quem pensa encontrar no livro o mesmo fulgor arrebatado e sentimental do filme que Sydney Pollack levou ao grande ecrã em 1985, com o marcante par romântico Meryl Streep e Robert Redford. Blixen refere-se a Denys com a mesma ternura e proximidade com que fala do amigo Berkeley Cole, não deixando transparecer de uma forma óbvia a relação sentimental que os unia, embora revele que o inglês não tinha outro lar em África que não fosse a fazenda. Mas em várias partes do relato emparelha os amigos:

> Havia uma coisa curiosa acerca de Berkeley e de Denys [...], era o facto de serem exilados. Não fora uma sociedade nem qualquer lugar do mundo a enviá-los para o degredo, mas o tempo, pois não pertenciam

ao século em que viviam. Nenhum outro país a não ser a Inglaterra os poderia ter produzido, mas eram exemplos de atavismo e o seu país era uma Inglaterra de tempos remotos, um mundo que já não existia. Na época presente não tinham pátria, haviam andado à deriva por aqui e por ali e, no decurso do tempo, tinham vindo dar à fazenda.[28]

Mas se o livro não o revela, as cartas que dirige à família na Dinamarca e em especial ao irmão Thomas são bastante eloquentes: "Acredito que para todo o sempre e a eternidade estou ligada a Denys, a adorar o chão que ele pisa, a ser feliz para além de qualquer palavra quando ele está aqui, e sofrer inúmeras vezes mais do que a morte quando ele parte…".[29]

Pela correspondência que se conserva é também possível concluir que Blixen ficou grávida de Denys em 1926, mas ele não quis assumir a responsabilidade e Karen não teve a criança: "Ele nunca fazia senão o que desejava fazer e nunca houve falsidade nos seus lábios".[30]

Foi um amor feliz, submetido às constantes idas e vindas de Denys, que passava grande parte da sua vida de caçador em safaris, longe de Nairobi. Karen conta-nos o que aprendeu com ele — latim, a Bíblia e os poetas gregos — e de quando Denys lhe ofereceu um gramofone, instrumento que rejuvenesceu a fazenda:

> Por vezes Denys chegava inesperadamente a minha casa, enquanto eu me encontrava no cafezal ou no milheiral, trazendo-me novos discos: punha o gramofone a funcionar e, quando eu regressava a cavalo, ao pôr do sol, a melodia vogando ao meu encontro no ar fresco e límpido do entardecer anunciava-me a sua presença, como se ele se estivesse a rir para mim como tantas vezes fazia. Os nativos gostavam do gramofone e costumavam sentar-se à roda da casa para o ouvir.[31]

O tom sentimental da escrita deixa entrever, em certas passagens, um desfasamento entre o que é narrado e o que foi efetivamente vivido, até porque o livro é escrito quando a autora já se encontra

No coração das trevas

na Europa. A modulação nostálgica oferece uma perspetiva mais emotiva e em certos casos mesmo romanceada.

Em jeito de evocação paradisíaca, Karen recorda os leões que encontram num passeio, não os da caçada, que o amante mata, mas os que os acompanham, numa espécie de harmonia única em que os animais perdem a natureza ameaçadora e se tornam criaturas dóceis: "Quando Denys e eu íamos dar um passeio a cavalo apareciam sempre leões das planícies, como se estivessem à nossa espera, e dávamos com eles a saborear um repasto ou víamo-los atravessar o leito seco de um rio".[32]

Em certos casos, é até possível fazer a comparação entre o que a baronesa regista na correspondência enviada à família e o mesmo episódio contado no livro. A 3 de janeiro de 1928, por exemplo, relata um episódio de uma caçada em que, na carta, Denys mata dois leões machos. A mesma história em *África minha* é uma encenação trágica, na qual Denys mata uma leoa que se encontra a comer a carcaça de uma girafa, e, um pouco mais tarde, Karen dispara sobre um leão que se debruça sobre a mesma carcaça de girafa ao lado da leoa morta.

> Fiquei parada, no meio da erva, ofegante, excitada com a plenipotência que um tiro nos confere, pelo facto de atuar à distância. […] O que tinha perante mim era o quinto ato de uma tragédia clássica. Agora estavam todos mortos. A girafa parecia terrivelmente grande, austera, com as quatro pernas e o pescoço comprido muito rígidos e a barriga aberta pelos leões. A leoa, deitada sobre as costas, ostentava um esgar altivo, parecendo a *femme fatale* da tragédia. O leão não se encontrava longe; como era possível o destino dela não o ter informado do que lhe iria acontecer?[33]

Quando chega ao Quénia, a baronesa Blixen é uma caçadora ávida, e deleita-se na subjugação dos animais que percorrem as vastas planícies africanas. Numa carta ao irmão, confessa como esse cerimonial da perseguição ao animal selvagem a extasia. Mas à medida que a sua experiência se adensa, Karen parece perder o gosto pela caçada:

Ali nas montanhas havia Búfalos. Quando eu era muito jovem — quando pensava que não podia viver sem ter abatido um espécime de cada tipo de caça existente em África — matei um búfalo neste mesmo lugar. Mais tarde, quando já não me agradava tanto disparar quanto observar os animais selvagens, voltei para os observar.[34]

Mas o verdadeiro êxtase foi-lhe proporcionado pelo amante: "A Denys Finch-Hatton devo aquele que foi, segundo creio, o maior e mais deslumbrante prazer que me foi dado experimentar durante a minha vida na fazenda: em sua companhia sobrevoei África".[35]

Em páginas de inesquecível beleza e deslumbre, descreve as planícies, os lagos, os flamingos, os búfalos nas colinas, o grupo de guerreiros masai que surge do nada quando aterram na margem de um lago para almoçar. Ou, mais perto da fazenda, as montanhas Ngongo no esplendor da sua beleza quando vistas de cima ao pôr do sol, os seus quatro picos nus, as águias que ali habitavam. E mesmo o pasmo que causam aos nativos vê-los partir naquele estranho objeto que se eleva nos céus.

Para Karen, era o paraíso que se lhe oferecia:

> Outras vezes, pode-se voar suficientemente baixo para ver os animais nas planícies e para partilharmos dos sentimentos que Deus deve ter experimentado no momento em que acabou de os criar, antes de ter mandado Adão dar-lhes nomes. […] Cada vez que subi num aeroplano e, ao olhar para baixo, me apercebi de que estava liberta do solo, tive a consciência de uma grande e nova descoberta e pensei: "Estou a ver. Era esta a ideia. Agora compreendo tudo".[36]

Apesar desta descrição da Arcádia, a vida na fazenda era difícil, e Karen dá nota disso na última parte do livro, onde com algum detalhe explica as razões por que o cultivo de café falhou, como a excessiva altitude, os anos de seca e a baixa dos preços devido à guerra. Pressionada pelos maus resultados e pelos familiares, que,

No coração das trevas

na Dinamarca, tinham ações do negócio, vê-se obrigada a vender a fazenda em 1931, depois de ter supervisionado a última colheita e garantido o direito dos nativos a continuarem juntos numa parcela de terra expressamente concedida para eles, não sem intermináveis deambulações junto das autoridades coloniais para que lhe deferissem o pedido. Chegar a essa resolução foi das decisões mais difíceis que teve de tomar na vida:

> Durante essa época, uma coisa curiosa foi o facto de eu nunca ter acreditado que teria de abandonar a fazenda e deixar a África [...] nada se encontrava mais afastado dos meus pensamentos e eu continuava a acreditar que os meus ossos ficariam depositados em solo africano.[37]

Em maio desse mesmo ano, Finch-Hatton morre num acidente de aviação. Embora a relação houvesse esfriado — Denys não só recusava compromissos como terá mantido uma ligação com Beryl Markham (1902-1986), uma jovem inglesa que acabaria por se notabilizar como aviadora, sendo a primeira mulher a atravessar o oceano Atlântico, em avião e em solitário, de este a oeste —, Karen e Denys mantinham uma união forte e inquebrável.

O *annus horribilis* de 1931 culmina com o embarque de Blixen no porto de Mombaça, rumo a Marselha, onde a espera o irmão Thomas para atravessarem juntos a Europa até à Dinamarca. Aos 46 anos, só e arruinada, Karen volta para a casa materna em Rungstedlund, 25 quilómetros a norte de Copenhaga.

Terá sido a sua viagem mais difícil: "Não era eu que me ia embora, não tinha poder suficiente para deixar África, era o país que, lenta e gravemente, se afastava de mim, como o mar na maré baixa".[38]

Blixen perdia África, mas o mundo ganhava uma escritora. Nesse ano trabalhou incessantemente no livro *Sete contos góticos*,[39] que escreve em inglês e que é publicado em 1934, com enorme sucesso nos Estados Unidos, sob o pseudónimo Isak Dinesen. O pseudónimo, como ela própria explica, deve-se à passagem do Antigo Testamento em que se anuncia a Sara, mulher de Abraão e de idade avançada, o nascimento do filho Isac.

Em 1937 e após um ano de trabalho coligindo e ordenando as suas memórias africanas, publica *África minha* em Inglaterra, e no ano seguinte a obra alcança sucesso também nos Estados Unidos.

O reconhecimento mundial que obtém com este título faz com que um jornal dinamarquês, o *Politiken*, a convide a escrever quatro artigos a partir de três cidades europeias diferentes: Londres, Paris e Berlim. A guerra, porém, interrompe abruptamente o projeto, e Karen passa apenas um mês em Berlim, no ano de 1940. Os artigos, que refletem sobre a Alemanha nazi, serão publicados depois da guerra sob o título *Letters from a Land at War* [Cartas de um país em guerra], em 1948.

Autora reconhecida, Karen continuará a escrever pelo resto da vida, chegando a ser mencionada para o Nobel da Literatura. Viverá sempre na Dinamarca, com algumas viagens relacionadas com a sua vida de escritora, nomeadamente o *tour* pelos Estados Unidos aos 74 anos, já com a saúde muito debilitada. Morre em 1962 na casa de família, em Rungstedlund.

Da sua obra fizeram-se adaptações para cinema e televisão. Para além do incontornável filme de Pollack, não se pode deixar de mencionar o pequeno prodígio que é o conto "A festa de Babete", que inspirou o filme homónimo ao realizador dinamarquês Gabriel Axel.

Karen não voltará a África, o seu paraíso que havia perdido:

Se eu conheço uma canção de África — pensava eu —, da Girafa e da Lua Nova africana deitada de costas, das sementeiras nos campos e dos rostos suados dos trabalhadores nos cafezais, África conhecerá uma canção a meu respeito? O ar sobre a planície vibrará com qualquer cor que eu tivesse vestido, as crianças inventarão um jogo em que surja o meu nome, a lua cheia desenhará uma sombra no cascalho do caminho que se pareça comigo, ou as águias de Ngongo procurar-me-ão?[40]

À volta do mundo

Não fosse o risco de cometer severas injustiças eu diria que as viajantes que circum-navegaram o mundo são as que encarnam a viagem na sua forma mais pura. Foram guiadas pelo movimento e pela ânsia de partir. Não importava o destino? Sim, importa sempre. E o destino é sempre indiferente, continuamente se viaja com os olhos postos em Ítaca, para permanentemente se descobrir que a verdadeira viagem aconteceu enquanto lá se tentava chegar.

As mulheres deste capítulo não apressaram a viagem, mas realizaram muitas ao longo da vida, contornaram um mundo largo, sempre à procura do próximo passo. O viajante não necessita de um fim, de um objetivo, e às vezes nem sequer de um destino. Precisa apenas de um caminho. E elas fizeram o seu caminho. Ou deixaram-se envolver por ele. Como em todas os capítulos deste livro, abundam aqui os exemplos de mulheres que, de uma forma ou outra, cruzaram longitudes à partida intransponíveis.

Não sei até que ponto alguma vez a inglesa Maria Graham (1784-1842), também conhecida por Maria Dundas — nome de solteira —, Maria Callcott ou Lady Callcott — apelido que adotou no seu segundo casamento —, alguma vez pensou que poderia tornar-se precetora de uma futura rainha portuguesa na corte brasileira, mas quis o acaso que assim acontecesse.

Não é que lhe fosse estranha a viagem, tendo um pai oficial da marinha britânica que a levou na juventude para a Índia. É aí que conhece e casa com o oficial da marinha, o escocês Thomas Graham, mas não será uma esposa convencional. A paixão de Maria pela cultura e pela escrita leva-a a passar para o papel as suas deambulações, *Journal of a Residence in India* [Diário de uma

218   *Mulheres viajantes*

residência na Índia], publicado em 1813, e *Letters on India* [Cartas sobre a Índia], publicado em 1814, que descrevem a experiência da sua vida naquele subcontinente.

De regresso a Londres, já casada, enquanto o marido se ausenta em serviço, emprega o seu tempo escrevendo, fazendo traduções e editando livros. Passa três meses em Itália, estada que dá origem a um novo livro, sobre o pintor francês Nicolas Poussin. As suas atividades não eram, como se compreende, as mais comuns entre as jovens esposas de oficiais da marinha.

Mas a grande, e também terrível, aventura dá-se quando embarca com Thomas, numa missão de que este fora incumbido, em direção ao Chile. Um destino insensível dita a morte do marido a bordo, vítima de febres, em abril de 1822, e Maria vê-se só, sem família ou amigos e longe de casa. O mais natural seria regressar, e de facto várias foram as propostas, quando arribaram a Valparaíso, dos oficiais das marinhas residentes, britânica, chilena e americana, para a levar de volta a casa. Maria declina todas as ofertas e decide ficar em terras chilenas durante um ano, vivendo entre os autóctones num país que recentemente proclamara a sua independência, sem procurar qualquer amparo da comunidade inglesa local. Da experiência nasce mais um livro, *Journal of a Residence in Chile in the Year 1822* [Diário de uma residência no Chile no ano de 1822], publicado em 1824.

É quando regressa do Chile que passa pelo Brasil, sendo apresentada ao imperador d. Pedro I, um ano depois de a colónia ter declarado a sua independência de Portugal. Fica na altura decidido que Maria regressaria ao Brasil para ser precetora da princesa d. Maria da Glória, e assim sucede, embora por um escasso mês, já que a inglesa cairá vítima das intrigas palacianas. Ainda assim, torna-se amiga da imperatriz, unindo-as um interesse pelo conhecimento científico pouco comum à época. Da experiência resultará novo livro, *Diário de uma viagem ao Brasil e de uma estada nesse país: durante parte dos anos de 1821, 1822 e 1823*, bem como o interessante *Escorço biográfico de d. Pedro I*. A obra de Graham oferece um conjunto importante de informações históricas, feitas por uma mulher com uma agudeza de visão e objetividade que a tornam incontornável.

Volta a Inglaterra, onde conhece o segundo marido, o pintor Augustus Callcott, no círculo artístico que frequentava, casando-se aos 48 anos. Com ele fará várias viagens pela Europa e pelo Médio Oriente. Continuará a escrever, mas problemas de saúde impedem-na de viajar a partir de 1831, vindo a morrer onze anos depois.

Para além dos livros, Maria ficou também conhecida por ter descrito um dos piores terremotos que abalaram o Chile em 1822, resultando, anos mais tarde, numa acesa polémica na Sociedade Geológica de Londres. O seu relato tornou-se objeto de discussão por parte de correntes de pensamento rivais em relação ao papel dos abalos sísmicos na formação das montanhas. Ridicularizada pelo presidente da Sociedade, soube vir a público defender o que vira, sendo apoiada por ninguém menos que Charles Darwin.

E por falar em mulheres que percorreram o mundo, seria injusto não mencionar uma que deu a volta ao mundo, literalmente..., em 72 dias, seis horas, onze minutos e catorze segundos, chegando mesmo assim com dois dias de atraso em relação ao previsto. Falo de Nellie Bly (1864-1922), cuja proeza foi alcançada entre novembro de 1889 e janeiro de 1890. E se tão minuciosamente foi cronometrada é porque Nellie pretendeu tornar real aquilo que até aí não passara da ficção de Júlio Verne. Embalada pelo gosto de aventura da *A volta ao mundo em 80 dias*, Bly, uma jornalista ao serviço do jornal *New York World*, pretende emular a façanha de Phileas Fogg e propõe ao editor a aventura.

Assim, parte com pouquíssima bagagem no paquete *Augusta Victoria* rumo à Europa, para dar início ao seu périplo de cerca de 40 mil quilómetros. Para aumentar o interesse, o jornal propunha um passatempo aos leitores, em que lhes pedia que estimassem a data de chegada de Nellie ao minuto. Paralelamente, o jornal nova-iorquino *Cosmopolitan* envia a sua jornalista recém-contratada Elizabeth Bisland na mesma missão, para que chegasse antes de Bly.

Ao contrário desta, Bisland parte no sentido este-oeste, mas acaba por chegar a Nova Iorque cinco dias depois de Bly. As duas concluíram a volta ao mundo antes dos oitenta dias.

À semelhança do fictício Fogg, ambas utilizam o caminho de ferro e os navios transatlânticos como meio de transporte, cruzando-se em Hong Kong, onde Elizabeth consegue chegar primeiro. Bly faz a sua primeira escala em Inglaterra e logo a seguir em França, onde se encontra com Júlio Verne. Segue para o porto de Brindisi, na costa adriática, em direção ao canal de Suez, Sri Lanka, Singapura, Hong Kong e Japão, para regressar pela costa leste dos Estados Unidos e de comboio até Nova Iorque. A jornada transforma-se no livro *Volta ao mundo em 72 dias*, publicado em 1890.

Bly foi uma mulher obstinada e incrivelmente corajosa, sendo também reconhecida pela série de reportagens em que denunciou as condições infra-humanas de um asilo psiquiátrico em Nova Iorque (o Blackwell's Island Insane Asylum), onde se fez passar por doente, o que deu origem ao livro *Dez dias num hospício*, publicado em 1887.

É fácil perceber que estas mulheres não receavam o desconhecido. A suíça Ella Maillart (1903-1997) afirmava que aquele que teme o desconhecido não pode viajar, pois o caminho é sempre rumo a esse desconhecido, que acaba por se ir revelando.

Maillart sabia bem o que dizia, pois a sua existência foi uma permanente incógnita, uma procura do que queria realmente ser. A genebrina fez de tudo um pouco: marinheira, datilógrafa, modelo para o escultor Raymond Delamere, atriz e dupla de cinema em filmes produzidos nos estúdios UFA, em Berlim. Saltou de atividade em atividade, sendo que apenas duas coisas verdadeiramente a apaixonavam: os desportos e a viagem. E nestas duas práticas distinguiu-se com mérito, foi membro das equipas de hóquei, esqui e vela da Suíça, representou o seu país em provas internacionais e chegou aos Jogos Olímpicos de 1924, sendo a única mulher em vela solo entre os representantes de mais dezessete nações, com um honroso nono lugar. Tão distinto título desportivo parecia indicar uma carreira nessa área, mas não foi o que aconteceu.

Acabou por fazer da viagem a sua vida, e é considerada uma das pioneiras no que diz respeito à síntese entre a representação da viagem como um ato que se pratica e, em simultâneo, algo que nos transforma interiormente.

Conseguiu tornar-se viajante profissional, se é que a categoria existe ou existiu, ganhando a vida graças aos inúmeros livros que escreveu relatando as suas aventuras, ela que sempre achou que não sabia escrever e que falhava quando queria descrever algo de verdadeiramente importante. A realidade era sempre elusiva para Maillart. Dir-se-ia que não sabia tanto descrevê-la como vivê-la intensamente, sempre no limite das suas capacidades.

É curioso comparar o relato de Maillart com o de Annemarie Schwarzenbach, a atormentada viandante de que voltarei a falar, sobre a viagem em que as duas atravessam de carro a Europa, rumo ao Afeganistão, no início da Segunda Guerra Mundial, uma ocasião rara de confrontar duas narrativas sobre a mesma experiência.[1] O texto de Maillart, apesar da espiritualidade que a autora procura e que a levará a permanecer na Índia numa descoberta interior, é mais pragmático e descritivo, por oposição às deambulações metafísicas de Annemarie, que, perdida nos meandros do seu próprio ser, regressa à Europa em guerra.

A sucessão de viagens de Ella Maillart começa com a ideia de escrever artigos sobre o cinema e os jovens russos, de que sairá o na altura polémico *Parmi la Jeunesse russe* [No seio da juventude russa], publicado em 1932. O dinheiro das vendas permite-lhe novas aventuras: vai até às repúblicas soviéticas da Ásia Central e consegue a proeza de atravessar o deserto chinês de Takla Makan, desta feita com Peter Flemming, jornalista inglês, irmão do célebre autor dos livros de James Bond, Ian Flemming. Mas Maillart foi, na maioria das vezes, como as grandes, uma viajante a solo. Atravessou o mundo sempre à procura do risco, da incerteza. Foi das primeiras mulheres ocidentais a chegar ao Nepal. Retirou-se para um lugar idílico nos Alpes suíços, continuando a escrever e, de vez em quando, a acompanhar grupos em viagem. Já depois de completar oitenta anos, ainda viajou até ao Pacífico Sul e ao Nepal, naquela que seria a sua última grande aventura. Deixou-nos um riquíssimo espólio fotográfico e fílmico dos lugares por onde passou.

Não podendo fugir a estes nomes incontornáveis que acabo de mencionar, há três mulheres que merecem um destaque especial.

Jeanne Baret
1740-1807

Vejamos a incrível e mirabolante história da francesa Jeanne Baret, natural da região da Borgonha. Filha de camponeses humildes, ainda hoje nos assombra a forma como trocou o seu provável destino pelas viagens de circum-navegação da Terra.

Apesar da sua condição feminina e da sua origem humilde e rural, Jeanne teve alguma instrução. É possível que tenha sido educada pela mãe, de origem huguenote, o grupo minoritário de protestantes franceses, que cultivavam mais as letras do que os católicos. É também possível que houvesse um capelão atento ou um nobre com inclinações didáticas por detrás da sua literacia. Por outro lado, Jeanne vivia num ambiente agrícola, e o pai ter-lhe-á dado os conhecimentos sobre plantas necessários para que se tornasse especialista no ramo. O fenómeno não seria totalmente incomum, visto existirem mulheres que, trabalhando no campo, forneciam aos botânicos e aos biólogos as plantas de que estes careciam para as suas experiências e práticas.

Terá sido assim que Jeanne conheceu o homem que mudou a sua vida, Philibert Commerçon, um naturalista e botânico francês que a determinada altura empregou Jeanne na sua casa. Quando a mulher de Commerçon morre, depois de dar à luz, Jeanne torna-se amante, se não o era já antes, do senhor da casa, de quem engravida em 1764. Como não houvesse da parte deste qualquer intenção de a desposar, abandona a criança num orfanato, e os dois amantes vão viver para a capital francesa, onde se dedicam ao estudo das plantas, dissecando os exemplares exóticos que Commerçon recebia do Jardin du Roi e onde Jeanne terá adquirido sólidos conhecimentos práticos e teóricos de botânica e outras ciências, chegando mesmo a familiarizar-se com a classificação de Lineu.

Em Paris, Commerçon é convidado a integrar a expedição francesa comandada pelo explorador Louis Antoine de Bougainville e que visava recuperar algum do prestígio franco, abalado pela Guerra dos Sete Anos, na sequência da qual a França cedera a maior parte das suas colónias no Canadá aos britânicos. O primeiro desígnio da expedição era portanto estabelecer novas colónias, mas participavam igualmente naturalistas, geógrafos e biólogos, cuja missão seria recolher material científico no âmbito das suas especialidades.

O convite era uma enorme honra para Commerçon, e constituía uma oportunidade única para recolher espécimes de fauna e flora que poderiam enriquecer e dar prestígio à sua pátria e bom nome ao seu saber científico. Como botânico residente, era-lhe permitido levar um assistente, mas quem melhor que a sua amante Jeanne para desempenhar o papel? Havia apenas um senão: a lei francesa não permitia mulheres a bordo dos navios da marinha oficial.

Jeanne embarca na expedição como assistente do seu amante assumindo a identidade de um homem, Jean. Nunca saberemos se o fez por amor a Philibert, por desejo de conhecimento científico, por vontade de aventura, por querer conhecer o mundo ou por um pouco de todas estas. O facto é que embarcam no *Étoile*, um dos dois navios que compunham a expedição, comandado por François Chenard de la Giraudais. Perante a quantidade de material que o botânico levava, o comandante, gentilmente, cedeu-lhe o seu camarote, mais espaçoso e com casa de banho, o que lhes permitia gozarem de maior privacidade.

Possivelmente para ilibar Commerçon de qualquer problema caso a trama fosse descoberta, Jeanne, ou melhor, Jean, só se apresentou uns dias antes do início da travessia, que se deu em dezembro de 1766, aparentando não conhecer Commerçon.

O plano de viagem previa a circum-navegação da Terra durante três anos, começando em direção ao sul, rumo ao Brasil e à Argentina. O que efetivamente aconteceu na viagem é incerto. Existem várias fontes escritas, como o diário mantido pelo comandante Bougainville, o do próprio Commerçon, em parceria com o colega Pierre Duclos-Guyot, o de um passageiro pagante — o príncipe Nassau-Siegen — e, por último, o do médico de bordo, François Vivès. Mas as suas histórias não coincidem totalmente e apresentam muitas lacunas.

Desde cedo Baret foi olhada com suspeita, não apenas pelo seu natural ar efeminado, a sua pele macia ou por nunca se despir em público junto dos outros homens, como também por um detalhe tão simples, mas tão óbvio, o de nunca ter sido vista a "aliviar-se", como os restantes marinheiros, através dos buracos da proa do navio.

Precisamente, o diário de Bougainville refere: "A sua forma, voz, queixo sem barba e o escrupuloso cuidado em não mudar de roupa ou efetuar as naturais descargas na presença de alguém, para além de outros sinais, tinham originado e mantido as suspeitas".[2]

O par dava nas vistas, passavam muito tempo no camarote, o que se podia justificar pelo facto de Commerçon sofrer de enjoos e, para além disso, ter uma úlcera numa perna que teimava em não sarar e gangrenava, requisitando a ajuda do assistente. Mas o facto de partilharem o camarote à noite ia contra o regulamento; o pessoal de serviço dormia numa zona comum, pelo que o comandante ordenou a Jeanne que se juntasse à restante tripulação, o que a levou a tomar precauções e a dormir sempre com uma arma carregada na mão. O clima hostil adensou-se de tal forma, que Jeanne "confessou" ao comandante que na verdade era um eunuco, outrora encarregue do harém de um sultão no Império Otomano, e rogou-lhe que a deixasse voltar a dormir no camarote do mestre, ao que La Giraudais, eventualmente temendo algum distúrbio que não pudesse controlar, aquiesceu. Também por essa altura terá Bougainville colocado Commerçon sob prisão por trazer uma mulher a bordo, tendo, no entanto, a efabulação do eunuco serenado os ânimos momentaneamente.

Depois de uma curta paragem em Montevideo, Uruguai, cinco meses depois de terem zarpado de França, a primeira paragem mais prolongada foi no Rio de Janeiro, local perigoso à época, onde o capelão do *Étoile* foi assassinado. Isso não impediu Baret de se adentrar incansavelmente pela vegetação mais impenetrável, subir montes e ladeiras, escorregar por perigosas ravinas em busca de espécimes para o seu mestre e senhor, que ficara confinado ao navio por causa da perna. A determinação no trabalho de pesquisa, sem receio do esforço físico, fez com que Commerçon apodasse Jeanne de "besta de carga". E de facto não era desprezível o peso do equipamento onde se guardavam as amostras, a que acrescia o almoço para o dia.

Foi precisamente no Brasil que um espécime até então desconhecido chamou a atenção do olhar aplicado de Baret, não tanto pelas suas chamativas folhas, mas pela natureza das suas vagens, que achou semelhantes a algumas conhecidas em França. A descoberta foi, claro, atribuída a Commerçon, que, procurando cair nas boas graças do chefe da expedição, batizou a descoberta como *Bougainvillea brasiliensis*. E assim chegaram até nós as esplêndidas buganvílias.

A viagem prosseguia, e as dificuldades de Jeanne eram maiores do que em terra, porque apesar do menor esforço físico, era aqui muito mais observada. As suspeitas avolumavam-se, mas ninguém ousava acusar frontalmente o par. Até que chegaram ao Taiti, onde a verdade foi revelada da maneira mais extraordinária. Ao desembarcar, os nativos apontam-na como mulher. A explicação para esta imediata perspicácia é simples: na cultura taitiana, os homens adotam ocasionalmente o papel de mulheres e cumprem as tradicionais obrigações destas; o fenómeno designa-se *mahu* e alude a um terceiro sexo. Os taitianos identificaram Jeanne Baret como *mahu*.

Segundo o diário de Bougainville, perante esta exposição, Baret confessa-lhe em lágrimas que efetivamente é uma mulher, que tinha enganado Commerçon, oferecendo-se para servi-lo já disfarçada de homem, que fora forçada àquela atitude por ser órfã e não possuir meios de subsistência e por ter sentido grande curiosidade ao saber da expedição. Sobre o episódio no Taiti, os restantes diários nada mencionam, nem mesmo o de Commerçon.

Estamos em abril de 1768 quando a expedição abandona o Taiti. As condições de navegação agravam-se substancialmente. Durante três meses, o *Étoile* e o navio principal, o *Boudeuse*, não encontram um porto conveniente. A alimentação escasseia, não conseguem pescar suficiente peixe e alimentam-se dos ratos a bordo; o escorbuto propaga-se, a água rareia. Finalmente, chegam a um porto da Papua--Nova Guiné, onde Baret executa novamente trabalho de campo.

O regresso ao navio continua a ser um pesadelo, desta vez com dimensões trágicas. Exasperados pelas condições de navegação e excitados com a história do marinheiro eunuco, mulher ou algo indefinido que desafia as suas lógicas, alguns homens a bordo decidem comprovar por eles mesmos o sexo do ser que os atormenta. Conseguindo furtar a arma com que Jeanne anda sempre para sua proteção, a desenfreada turba viola-a e vilmente comprova o verdadeiro sexo do assistente de Commerçon.

O médico de bordo, François Vivès, relata o episódio e diz que ao menos uma vantagem a jovem conquistou: não ter de continuar a esconder-se e a fingir ser aquilo que não era. Apesar da atrocidade dos acontecimentos, o facto é que, com o calor, a humidade e o suor, as ligaduras com que Jeanne atava diariamente o peito lhe provocavam terríveis e dolorosos eczemas. Como não nos deixou o seu testemunho, nunca saberemos se o inferno que viveu foi compensado pela beleza das terras que visitou e pela oportunidade científica de que gozou.

Sabemos, isso sim, que uma vez mais a tripulação passa fome, e que Baret se refugia no camarote, de onde raras vezes sai, agora que não existem dúvidas quanto ao seu sexo. Talvez por não quererem causar problemas ao comandante ou porque a vida a bordo era de tal maneira intolerável que punha em risco as suas próprias vidas, sendo que Baret estava de novo grávida de um filho que também abandonou ao cuidado do proprietário de uma plantação, o casal fica na Ilha Maurício, por onde a expedição passa em novembro de 1768 e onde o governador francês é amigo de Commerçon e lhes oferece guarida. Isto significa que Baret não completa nessa altura a circum-navegação da Terra.

Pela primeira vez desde que se conhecem, Baret e Commerçon vivem como casal em Maurício e na vizinha ilha de Madagáscar, onde passam uma temporada colhendo novos espécimes de estudo. Mas a bonança não será longa, e o biólogo morre em 1773.

Só e sem dinheiro, Baret vê-se forçada a trabalhar como taberneira em Port Louis, capital de Maurício, mantendo a sua atividade de especialista em plantas. O que acontece a seguir também nunca saberemos se foi fruto da necessidade ou do enamoramento: Jeanne volta a casar-se, agora com um marinheiro francês de passagem pela ilha e de regresso à pátria, Dubernat. Casam-se em maio de 1774, e Jeanne regressa a casa, completando, cinco anos depois de partir, a circum-navegação da Terra. Passará à história por ser a primeira mulher a fazê-lo. Chega a França no final de 1774, sem qualquer reconhecimento público, ao contrário do que fora prestado aos seus companheiros de agruras. O casal vai viver para Saint-Aulaye com certo desafogo económico, graças à herança de Commerçon, que Baret pode finalmente reclamar.

228 *Mulheres viajantes*

Ainda assim, Baret, contra todas as expectativas, acabará por ter algum reconhecimento em vida, quando o Ministério da Marinha, legitimando o importante papel por ela desempenhado na expedição, lhe atribui uma pensão anual em 1785. O fundamento é assim dado:

> Jeanne Barré, por meio de um disfarce, circum-navegou o globo num dos navios comandados pelo senhor de Bougainville. Ela dedicou-se em especial a ajudar o senhor Commerçon, médico e botânico, partilhando corajosamente com este sábio todos os trabalhos e perigos. A sua conduta foi exemplar, e o senhor Bougainville a ela se refere com o devido crédito...[3]

O seu feito continua a ser dos mais extraordinários na longa mas ainda desconhecida lista de aparentes mudanças de género. Um confuso Bougainville escrevia no seu diário:

> Mas como era possível descobrir a mulher no infatigável Baret, que já era um botânico experiente e tinha seguido o seu mestre em todos os passeios botânicos, no meio da neve e das montanhas geladas do Estreito de Magalhães, e mesmo nessas perturbadoras expedições tinha carregado mantimentos, armas e ervas, com tanta coragem e força, que o naturalista a havia apelidado de sua besta de carga?[4]

E sobre a viagem diz: "Será a primeira mulher que alguma vez a realizou e devo fazer-lhe a justiça de afirmar que sempre se portou a bordo com a mais escrupulosa das modéstias".[5]

O seu reconhecimento, embora pouco mediático, chegou aos dias de hoje, quando o biólogo americano Eric Tepe, percebendo a injustiça de não haver uma única espécie que evocasse o nome de alguém que tanto contribuíra e se sacrificara em nome da ciência, nomeou uma planta recentemente descoberta na América do Sul como *Solanum baretiæ*. Em contrapartida, existem setenta espécies biológicas com o nome *commersonii*.

Ida Laura Pfeiffer
1797-1858

Foi uma mulher extraordinária, mas certamente não a mais afável, graciosa ou divertida no universo das viajantes femininas. É comum julgá-la numa perspetiva pouco simpática, talvez porque os seus escritos aparecem carregados em impiedosas descrições muito pouco amáveis para os objetos em análise, sejam eles povos, pessoas, cidades, meios de transporte ou paisagens. Tendo vivido numa altura em que o conceito nem sequer existia, Ida Pfeiffer nunca poderá ser acusada de politicamente correta. Ela foi crua, direta e objetiva no relato das suas múltiplas jornadas. Foi também um sucesso de vendas, entusiasmando os seus compatriotas austríacos e outros europeus, já que os seus livros foram traduzidos para diversas línguas.

Como ela própria reconhece quando a qualificam de turista encartada,

> tenho pouco engenho e careço do sentido do humor necessário para que os meus escritos sejam divertidos, por outro lado também não possuo os conhecimentos para julgar o que vivi com sabedoria. O único dom que me pode ser atribuído é o de narrar com simplicidade os diferentes cenários de que fiz parte e os diferentes objetos que contemplei.[6]

Com efeito, se de alguma coisa pode ser acusada é de ser excessivamente pragmática. Não será exagerado afirmar que, se podemos encontrar uma fonte remota para os atuais guias de viagem que aconselham o viajante sem recursos, será nos escritos desta severa e muito pouco abonada austríaca que por duas vezes deu a volta ao mundo. E fê-lo sem meios, sem conhecimentos, sem companhia. Em suma, uma verdadeira viajante e uma aventureira corajosa. Embora não seja a mais entusiasmante leitura, os seus textos são fundamentais não só para perceber o que significava para uma mulher sozinha viajar naquela época, mas também para obter uma fotografia exata dos lugares por onde passou.

A biografia de Ida Pfeiffer inicia-se no virar do século XVIII para o XIX, numa Viena rendida ao triunfo imperialista de Napoleão, que, em 1809, a conquistara. Cedo se percebeu o carácter indómito da pequena, que virou as costas ao imperador triunfante quando este passava revista aos soldados, desfilando em glória pela sua cidade. Sempre defendeu os oprimidos, possuindo um forte sentido de justiça.

Foi a terceira filha e única rapariga de uma família de seis irmãos, e a sua infância decorreu num ambiente masculino; sendo encorajada pelo pai a adotar comportamentos à época mais apropriados para os mancebos. Trocava as bonecas por uma espada, o recato da casa pelo desporto. Vestia-se como os irmãos e era mais um no meio deles. Essa infância idílica durou até à morte do pai, um comerciante vienense abastado, quando ela tinha dez anos. A mãe, mais tradicional, obrigou-a ao trajar feminino e a aprender piano, o que originou desentendimentos entre as duas.

Aos treze anos, um tutor assume a sua educação, iniciando-a nas práticas da costura e da cozinha e procurando moldá-la às exigências da época. Ida admirava o tutor: "A ele devo o entendimento dos deveres e da verdadeira posição do meu sexo; e foi ele que me transformou de uma brincalhona irrequieta numa rapariga modesta e tranquila".[7]

A tranquilidade durou até aos 45 anos, altura em que Ida se sentiu livre para satisfazer o sonho da sua vida: conhecer outros lugares, ver o que tinha lido nos livros. Mas até esse momento, viveu a vida típica de uma burguesa vienense do século XIX, embora um pouco azarada. Vários foram os contratempos, desde o amor, contrariado pela mãe, entre ela e o precetor, até um casamento forçado com o dr. Pfeiffer, um reputado advogado 24 anos mais velho do que ela. Casaram-se em 1820, tiveram dois filhos e a vida não correu com o desafogo económico que a posição do marido parecia indicar de princípio. Homem íntegro, o dr. Pfeiffer viu-se envolto numa teia de interesses que não conseguiu controlar, perdendo a posição ao denunciar um caso de corrupção. Os inimigos que granjeou impediram-no de sustentar a família e Ida viu-se obrigada a dar aulas de música e desenho. Mesmo assim, como relata na sua biografia, muitas vezes passaram fome, sem saberem onde passariam a noite seguinte. A mãe, falecida em 1837, deixa-lhe uma pequena herança que lhes permite fazer face às despesas mais prementes.

E assim, um dia: "Quando a educação dos meus filhos estava terminada e eu vivia num tranquilo descanso, os sonhos e aspirações da minha juventude voltaram a acordar. Imaginava usos e costumes estranhos de regiões distantes, onde um novo céu me cobriria e um novo chão me sustentaria".[8]

Esse dia chega a 22 de março de 1842. Com os filhos criados e viúva há quatro anos, considera que é tempo de cumprir o seu sonho e fazer-se à estrada. Ou melhor, ao rio, num barco a vapor que desce o Danúbio e a leva ao Mar Negro, a Constantinopla e daí à Terra Prometida, Jerusalém. Muitas são as cidades que visita nesta sua primeira viagem, que faz quase sem recursos e sempre procurando o transporte e o alojamento mais baratos. Passa pelo Egito e regressa a Viena via Itália, chegando à sua terra em dezembro de 1842. Sobre a aventura publica um livro em 1846, em alemão e que pouco tempo depois, em 1853, é publicado em inglês, com o título *Visit to the Holy Land, Egypt and Italy* [Visita à Terra Santa, ao Egito e à Itália].

O sucesso e as receitas do livro permitiram-lhe custear a segunda aventura, desta feita à Islândia, entre abril e outubro de 1845. A estada forneceu-lhe material para uma segunda narrativa, intitulada *Visit to Iceland and the Scandinavian North* [Visita à Islândia e ao norte da Escandinávia], publicada em 1853. A razão da visita, explica-a no primeiro parágrafo: desde jovem que se sentia atraída por esse país do Norte onde a natureza era única. Aí, o seu pragmatismo levou-a a recolher animais invertebrados e espécimes de plantas que vendeu aos museus. Chegou à ilha no dia 16 de maio, depois de uma travessia em que sofreu bastante de enjoos. Não ficou com grande impressão dos islandeses, que achou egoístas e interesseiros, só mostrando preocupação pelos turistas com dinheiro, o que não era manifestamente o seu caso.

Com o traquejo dado por estas duas viagens, Ida pensou fazer--se novamente ao caminho, mas agora com uma ambição maior: dar a volta ao mundo. No dia 1º de maio de 1846, a nossa heroica dona de casa lança-se pelo Atlântico rumo ao Rio de Janeiro. A fa-çanha levá-la-á a atravessar o cabo Horn, passar pelo Chile, Taiti, Macau, Hong Kong, Cantão, Singapura, Ceilão (atual Sri Lanka), Índia, Irão, Iraque, Arménia, Geórgia, Turquia e Grécia, até final-mente chegar a Viena, no dia 4 de novembro de 1848. Do feito, é publicado novo relato em 1850, *A Woman's Journey round the World* [A viagem de uma mulher ao redor do mundo].

O livro é pormenorizado nas suas descrições, e quem quisesse se-guir idêntico itinerário encontraria nele o melhor guia, com o trans-porte ideal, os alojamentos mais adequados e tudo sempre aos preços mais baixos. Ida era sem dúvida uma viajante *low cost*, mesmo depois de a sua reputação a ter tornado conhecida em "todos os países civilizados".

Segundo seu relato, a travessia do Atlântico é sóbria, mas in-tensa, sobretudo quando descreve a passagem pela linha do equa-dor e a entrada no hemisfério Sul. Um assomo de ironia perpassa essas linhas, já que, à época, a transição de hemisfério era vulgar-mente associada a terríveis torturas e sofrimentos para os viajantes:

"Senti-me tristemente defraudada. Todos continuávamos saudáveis, nem um único marinheiro se afogou por fadiga, o barco não ardeu e as provisões não se estragaram: continuavam a ser intragáveis".[9]

O Rio de Janeiro — sua primeira paragem — é descrito como uma cidade suja, de população pouco agradável: "[...] a cidade oferece poucas praças, ruas ou edifícios que possam ser atrativos ao visitante, mas as pessoas são deveras chocantes — quase todos negros e negras, com nariz feio e achatado, lábios grossos e o cabelo curto e desleixado".[10]

Este é o estilo de Ida, seco, direto, crítico, amargo. Apesar da repulsa que demonstra ao refletir sobre o outro, num pensamento racista moldado à sua época, os seus escritos revelam também uma atitude de preocupação, embora paternalista, para com o mais fraco e contra as injustiças. É avessa à escravidão a que assiste no Brasil, apesar de, incoerentemente, lhe reconhecer algumas vantagens sobre sociedades em que esta já fora abolida:

Sou completamente contra a escravidão e acolheria com uma alegria imensa a sua abolição, mas insisto em que os escravos negros gozam, sob a protecção da lei, de melhor sorte que os camponeses livres do Egito ou que muitos desses europeus que gemem ainda sob as leis feudais.[11]

Fica chocada com a extrema miséria do interior do Brasil, quando visita um grupo de indígenas, os quais

me pareceram ainda mais feios que os negros. São de compleição ligeiramente bronzeada, aspecto atrofiado, corpulentos e de estatura média. [...] Para dar um toque final a todos estes encantos, apercebemo-nos no seu rosto de um peculiar ar de estupidez que se deve especialmente a andarem sempre de boca aberta.[12]

Ainda assim, tem realmente espírito de viajante, esta mulher que não hesita em partilhar cama e mesa com os "selvagens", a quem reconhece uma grande hospitalidade, agindo como se tudo fosse normal. Depois de ir com eles caçar macacos e papagaios para o jantar:

> Atirei a minha capa ao chão, coloquei um tronco de madeira como almofada e sentei-me neste esplêndido divã improvisado. Entretanto, os meus anfitriões preparavam o macaco e os papagaios [...] Tinha uma fome de lobo, já que não comia nada desde a manhã. Lancei--me rapidamente sobre o macaco assado e pareceu-me absolutamente delicioso. A carne do papagaio não era tão tenra nem tão saborosa.[13]

Ida é uma forte crítica dos missionários, que acusa de batizarem os indígenas só para aumentarem as estatísticas dos cristãos, mas sem investirem realmente na formação religiosa das pessoas.

Insiste sempre que apenas descreve o que vê e critica os "viajantes que exageram tudo em demasia. Por um lado, tendem a descrever coisas que jamais chegam a ver com os próprios olhos e que só conhecem de ter ouvido falar; e, por outro, embelezam aquilo que efetivamente viram com grandes doses de imaginação".[14]

É de estrita moralidade e com frequência se escandaliza com as danças populares, como no Chile, mas a sua indignação atinge o limite no Taiti, cujo povo é para ela o exemplo máximo da degradação devido à "vida imoral e depravada":

> Sendo como sou uma mulher de idade avançada, sinto-me com direito a opinar sobre a situação que acabo de descrever e, para ser franca, tenho de dizer que apesar de ter viajado e visto muito, jamais havia presenciado cenas públicas de tal depravação.[15]

A viagem prossegue rumo à China, com paragem em Macau e a oportunidade, muito passageira, de falar dos portugueses e de Camões. A viagem pela China, com passagem por Hong Kong e Cantão, é perturbada pelos receios de uma revolução, que as notícias davam como iminente e na qual pereceriam todos os europeus. Nada que detenha a austríaca; achando os chineses muito cobardes, não lhes reconhece capacidade para cumprirem as suas ameaças. Mais um objeto do seu desprezo: "Nunca na minha vida conheci uma raça tão cobarde, falsa e ao mesmo tempo cruel. Prova disto é que um dos seus grandes passatempos consiste em torturar animais".[16]

Tudo isto não a impede, naturalmente, de apreciar a beleza dos lugares, de se deleitar com as paisagens e a arquitetura e até com as pessoas, quando conseguem transpor o seu exigente e moralista crivo. É uma observadora atentíssima, que se prepara antecipadamente, estudando em pormenor os destinos, pelo que nada fica por ver.

O seu apurado sentido de justiça leva-a também a criticar os europeus: "Os chamados bárbaros e pagãos têm muito boas razões para nos odiar. Os europeus nunca oferecem recompensas onde vão, mas unicamente ordens e mandatos, e as suas normas são geralmente muito mais opressivas que as dos próprios nativos".[17]

Pelas mesmas razões, afirmará mais tarde, já quando se encontra na Índia, que o carácter dos indianos e dos muçulmanos piora consideravelmente quanto mais se misturam com os europeus.

Mas reconhece a enorme generosidade e hospitalidade dos indianos e fala de como dorme entre eles nos caravançarais, com as classes mais baixas e pobres, e de como sempre foi bem recebida e bem tratada. A forma como critica a colonização é bem própria do seu tempo: "Oxalá os europeus soubessem o fácil que é conquistar estas criaturas com um pouco de atenção e boa-fé! Mas infelizmente eles continuarão governando-os pela força e tratando-os com negligência e severidade".[18]

O seu estatuto de viajante encartada dá-lhe segurança para corrigir outros viajantes e o que deles leu, como é o caso do *Livro de bolso sobre viagens*, de Zimmerman, que cita com frequência. A ideia é ter sempre um olhar de certa forma inaugural: "Como o leitor já pôde comprovar, eu examino minuciosamente todos os factos e depois formo a minha opinião, baseada na minha própria experiência e sem me deixar levar pelo que foi dito ou escrito".[19]

É realmente uma extraordinária viajante, e não receia dormir no lugar mais inóspito ou deslocar-se do modo mais árduo. O facto de possuir um orçamento diminuto, o que terá levado alguém a apelidá--la de primeira mochileira da história, obriga-a igualmente a procurar as alternativas de transporte mais baratas, nem sempre rápidas ou confortáveis. De Bombaim a Baçorá, por exemplo, vai no convés de um navio, rodeada de gente e com temperaturas a rondar os quarenta graus. A viagem dura dezoito dias, só troca de roupa uma vez e não se pode lavar — o que a leva a falar da inevitável acumulação de germes e a ansiar por um prolongado banho. Noutros trajetos, chega a passar onze horas a cavalo, ao longo de quinze dias seguidos.

Também não se apoquenta com a comida:

> [...] quando viajo tenho o costume de prescindir de tudo o que seja supérfluo. Se vou a lugares onde sei que encontrarei gente, não levo nada, porque posso comer o que eles tiverem; se não gosto da comida, é sinal de que não tenho apetite, e então jejuo até sentir tanta fome que tudo me pareça aceitável.[20]

Creio que nem os mochileiros atuais são capazes de semelhante abnegação.

Para se deslocar do Iraque até à Pérsia, vai numa caravana de camelos, às vezes correndo perigo de vida. Não desiste, embora o receio a faça enviar para casa o diário, de modo que, caso a roubassem ou assassinassem, ao menos os seus escritos chegariam às mãos do filho. O perigo era tal, que quando finalmente chega a Tabriz o cônsul inglês a quem se dirige não dá crédito ao que vê: "Pensava que era praticamente impossível que uma mulher tivesse sobrevivido, sem sequer falar o idioma, em tais paragens e com essas pessoas".[21]

A passagem pela Rússia não lhe deixa saudades: os transportes são péssimos, as estradas más e os russos, antipáticos, subservientes para com os poderosos e bêbados. É maltratada por uns oficiais que a rotulam de perigosa:

À *volta do mundo*

Oh, vós, os bons turcos, árabes, persas, indianos ou como quer que se chamem, um tratamento assim teria sido impensável entre vocês! Com que paz viajei sempre pelos vossos países, com que cuidado me trataram em todos os momentos nas fronteiras persas quando eu não compreendia que queriam o meu passaporte; e aqui, no entanto, num império cristão, quantas faltas de respeito já tive de suportar em poucas milhas.[22]

A experiência russa é tão desagradável que ela abandona o projeto de viajar pelo Cáucaso até Moscovo e São Petersburgo, regressando ao seu país via Turquia e Grécia.

Cada proeza elevava a bitola do desafio seguinte, e nada parecia deter esta mulher, que sempre pensara não sair viva da primeira viagem. Apesar de por momentos ter achado, aos 55 anos, que os seus dias de viajante tinham acabado, a verdade é que o apelo foi maior e em março de 1851 volta a deixar a sua cidade natal para uma segunda travessia global. Inglaterra, África do Sul, Bornéu, diversas ilhas da Indonésia — como Sumatra — aventurando-se junto dos canibais batak, Java, as ilhas Molucas, para voltar a atravessar o Pacífico mas em sentido contrário, dirigindo-se agora à costa oeste dos Estados Unidos da América, São Francisco, Peru, Equador, Panamá, Nova Orleães, uma incursão pelo Canadá, Chicago, Nova Iorque e novamente chega a Londres, de onde partira, passados dois anos, em novembro de 1854. Em 1855, aparecia o inevitável livro *A Lady's Second Journey round the World* [A segunda viagem de uma mulher ao redor do mundo].

Na sua derradeira viagem, em maio de 1857, a Madagáscar, contraiu uma febre que muito a debilitou. Conseguiu regressar à pátria, mas morreu em julho de 1858, provavelmente de malária.

Ainda em Madagáscar, o fim estivera perigosamente próximo, pois se ao princípio fora bem recebida pela terrível rainha Ranavalona 1, o facto é que acabou por ser banida da ilha. Vejamos o que reza uma das crónicas biográficas sobre Pfeiffer em relação a este episódio:

Na altura da visita da senhora Pfeiffer, a soberana de Madagáscar era a rainha Ranavalona, conhecida pelas suas inclinações sanguinárias, o seu ódio aos europeus e a sua perseguição aos cristãos convertidos. Prova do extraordinário poder de fascínio da nossa viajante foi o facto de ter obtido desta déspota feminina tantas concessões, sendo-lhe autorizado viajar pela ilha com bastante liberdade e até sendo admitida à presença da rainha.[23]

O encontro correu bem, prestadas que foram por parte dos visitantes — Ida viajava com um aventureiro francês, monsieur Laborde — todas as cortesias devidas à tirana.

Mas o revés da fortuna quis que Laborde, que instigara um golpe de Estado, e a inocente Pfeiffer fossem acusados de um complô para derrubar o governo e instaurar uma república. A trama de alta traição, punível com a pena de morte, não chegou a consequências piores, porque o príncipe herdeiro, ao que parece também envolvido no conluio, intercedeu pela nossa heroína dizendo que a vingança das nações europeias se abateria sobre o regime se perpetrassem o assassínio dos forasteiros. Ida foi poupada, mas banida do país, num estado febril de grande debilidade.

A título póstumo, em 1861, um dos seus filhos publicou *The Last Travels of Ida Pfeiffer* [As últimas viagens de Ida Pfeiffer], onde constam os últimos escritos da mãe:

> E caso a morte me surpreenda mais tarde ou mais cedo nas minhas andanças, esperarei resignada a sua aproximação, e sentir-me-ei profundamente grata ao Todo-Poderoso pelas horas de sagrada beleza que vivi e contemplei entre as Suas maravilhas.
>
> E agora, caro leitor, suplico-lhe que não se zangue comigo por tanto falar de mim; é só porque este amor à viagem não parece, de acordo com as noções estabelecidas, próprio para alguém do meu sexo, que permiti que os meus sentimentos falassem em minha defesa.
>
> Não me julguem, pois, muito severamente; mas concedam-me antes o gozo de um prazer que não magoa ninguém, e a mim me faz feliz.[24]

Isabella Bird
1831-1904

Isabella era uma garota adoentada, sofrendo continuamente de transtornos físicos que a deixavam prostrada na cama. Até que descobriu a cura: viajar. Depois disso nunca mais parou, tornando-se a excelsa viandante que hoje reconhecemos, integrando o distinto grupo de viajantes vitorianas e cabendo-lhe a honra de ser a primeira a entrar de pleno direito na cerrada e masculina Royal Geographical Society, em 1892.

Como é que uma frágil menina, filha de um pastor anglicano e nascida no noroeste da Inglaterra rural do século XIX, vai parar ao Havai, às Montanhas Rochosas e ao Extremo Oriente?

O ofício do pai de Isabella obrigava a que a família fosse constantemente transferida pelas diversas paróquias da Inglaterra, e portanto ela experimenta desde cedo alguma itinerância. Mas a sua primeira viagem séria é feita aos 23 anos, depois de um médico sugerir ao pai que a saúde dela poderia melhorar consideravelmente se fizesse uma longa travessia marítima. Refira-se que estas maleitas femininas, segundo alguma opinião, não eram incomuns entre raparigas inteligentes que se sentiam frustradas pelas convenções sociais constringentes e pela falta de uma educação formal. Convencido de que poderia curar a filha, o vigário dá-lhe cem libras e embarca-a num navio rumo aos Estados Unidos da América, para visitar familiares até que o dinheiro acabe. Isabella percorre todo o país durante uns meses e quando regressa é instada por amigos a relatar a aventura: "[...] inúmeros amigos solicitaram-me que desse conta das minhas viagens. Como este volume foi escrito com vista à sua gratificação, há muito mais de narrativa pessoal do que é provável que interesse ao leitor em geral".[25]

Como era habitual nestes empreendimentos, e já o vimos diversas vezes, a autora inicia o livro com um pedido de desculpas e uma justificação. Ainda assim, a publicação inaugura a carreira de Bird como escritora-viajante. O tom do livro é coloquial, pontuado de notas e observações pessoais relativas ao carácter americano.

Apesar do sucesso que alcança, decorrerão quase vinte anos até Isabella voltar a fazer grandes viagens. Durante esse período o pai morre e ela retira-se, para viver com a irmã mais nova, Henrietta, e a mãe em Edimburgo. Viaja ocasionalmente às ilhas Hébridas, ao largo da costa principal da Escócia, e escreve alguns artigos para publicações periódicas. Embora adore a irmã, não se habitua à vida sedentária e doméstica que tanto agrada a esta última.

O ponto de viragem ocorre em 1872, quando, novamente por razões de saúde, decide empreender uma viagem a climas mais amenos. Começa por se dirigir à Austrália e à Nova Zelândia, mas, não sendo estas paragens inteiramente do seu agrado, segue para o Havai, onde se deixa encantar pela beleza natural da paisagem e dá provas de um enorme dinamismo nas constantes expedições pelo arquipélago. A mais simbólica, porque árdua, é a ascensão ao vulcão Mauna Loa, o maior vulcão em escudo à face da Terra, ainda hoje ativo e com uma altitude que supera os quatro mil metros.

Isabella escreverá um livro sobre esta aventura, publicado em 1875, mais uma vez justificando-se:

Viajava por razões de saúde [...] e os benefícios que retirava do clima tentaram-me a permanecer por quase sete meses. Durante esse período, a necessidade de levar uma vida ativa ao ar livre para recuperar levou-me a viajar a cavalo pelas ilhas, explorando o interior, subindo às montanhas mais altas, visitando os vulcões ativos e as regiões mais remotas, desconhecidas até da maioria dos residentes, vivendo entre os nativos e a observar a vida havaiana em todas as suas facetas.[26]

Efetivamente, o livro contém abundantes detalhes sobre os estilos de vida, usos e costumes dos habitantes, bem como a geografia e geologia das ilhas, chegando a autora a ser considerada uma local pelos amigos havaianos:

No fim da minha visita, os meus amigos havaianos exortaram-me firmemente a publicar as minhas impressões e experiências, com o fundamento de que os melhores livros que existiam, para além de serem velhos, se debruçavam essencialmente sobre os costumes aborígenes e os hábitos já extintos [...]. Também me disseram que eu tinha visto as ilhas mais minuciosamente do que qualquer outro viajante estrangeiro e que observara o vulcão de Mauna Loa em circunstâncias especialmente favoráveis; e que eu tinha vivido tão completamente a vida da ilha e me tinha familiarizado de tal maneira com o estado do país, que me tornara uma *kamaina*,[27] mais do que uma estranha, e que, consequentemente, deveria ser capaz de escrever sobre o Havai com um certo grau de intimidade, assim como de frescor.[28]

O livro foi construído a partir das cartas que Isabella mandava à irmã, já que lhe parecia ser "a melhor forma de transmitir as minhas impressões na sua vivacidade original".[29]

Independência e liberdade, é o que Bird procurava nas suas viagens e que lhe faltava em casa:

Este é o ponto mais alto no prazer da viagem. Acabo de acampar sob uma árvore *lauhala*, usando a minha sela invertida como travesseiro, o meu cavalo atado a uma goiabeira, os arreios, alforges e rações para dois dias espalhados pelo chão, e a manta da sela a secar ao sol. Ao alto, o sol brilha e não há uma sombra; algumas nuvens pairam ao seu redor, e, mais abaixo, a grande extensão do Pacífico brilha num azul mais profundo que o céu.[30]

Sentindo-se à vontade na arte de viajar, no outono de 1873 deixa o Havai, dirigindo-se para São Francisco, onde se dedica a explorar o lago Tahoe, as Montanhas Rochosas e o estado do Colorado durante o inverno. *A Lady's Life in the Rocky Mountains* [A vida de uma mulher nas Montanhas Rochosas], publicado em 1879, é o livro que narra as suas peripécias por aquela região montanhosa, de natureza bravia, que os colonos começavam a povoar, ainda em confronto com os indígenas. O livro, mais uma vez reunindo as cartas dirigidas à irmã — cada uma das dezessete cartas correspondendo a um novo capítulo —, alcança um enorme sucesso, tornando-a conhecida.

O Colorado era então o epítome do Oeste selvagem, e a própria Isabella afirma que uns anos antes ter-lhe-ia sido impossível andar por aqueles lugares, devido aos perigos e aos constantes tiroteios.

> É de gelar o sangue pensar que por onde eu viajei em perfeita segurança, apenas há uns tempos atrás os homens eram abatidos como doninhas. [...] Não há muito tempo, as populações de certas cidades por onde passei eram habitadas por "arruaceiros e *desperadoes*, a escória da civilização avançada"; e os assassinatos, esfaqueamentos, tiroteios e as rixas com pistolas aconteciam a todas as horas...[31]

Com efeito, não eram "regiões para turistas e mulheres",[32] condição duplamente verificada em Isabella. Talvez tentando contrariar essa natureza, ela percorre aquelas paragens na sua fiel égua Birdie, montada como um homem e executando trabalhos masculinos, como quando ajuda os vaqueiros a recolher o gado das montanhas.

Durante alguns meses, a insuspeita Bird torna-se, surpreendentemente ou nem por isso, numa verdadeira *cowgirl* ao ritmo do

Oeste, afrontando os perigos de uma natureza ainda não domada pelo homem. Um dia, depara-se com um urso, o que a faz cair do cavalo e a deixa a sós no meio das montanhas; outras vezes são as cobras, e outros animais, que amarguram a sua vida:

> Há ruídos desconhecidos (lobos), vasculhando debaixo do chão, gritos estranhos e sons furtivos de não sei o quê. Certa noite um animal (raposa ou doninha) atravessou a correr a parte aberta da cabana e saiu pela janela, quase roçando a minha cara; noutra, a cabeça e três ou quatro polegadas do corpo de uma cobra exibiram a sua protuberância através de uma fenda no chão perto de mim, para minha grande repulsa.[33]

O clima também é extremo, levando-a a acordar com a cabana sacudida pelo vento e os lençóis gelados colados aos lábios. A frieza do ar rarefeito oprime os pulmões e fá-los sangrar. Os recém-chegados distinguem-se por andarem com um lenço na boca manchado de sangue. Por causa da altitude, sente com frequência o "mal da montanha": náuseas, exaustão, dores percorrendo o corpo.

As pessoas também partilham dessa natureza bárbara. Enquanto espera os serviços de um guia para chegar a Estes Park, objetivo da sua viagem, hospeda-se na casa de uma família que vive num estado de rudeza puritana surpreendente:

> Toda a família considera qualquer acto ou palavra de cortesia ou gentileza "obra da carne", se não do próprio "diabo". Eles derrubam as coisas uns dos outros sem pedirem desculpa ou sem as apanharem, e quando eu lhes agradeço por alguma coisa ficam sombriamente perplexos. [...] Trabalho, trabalho, trabalho são os seus dias e a sua vida.[34]

Mas essa gente "semisselvagem", puritana ao extremo, para quem o trabalho é o único objetivo na vida, também tem os seus códigos de honra, um dos quais permite que Isabella passeie em certa segurança por terras tão agrestes: "Dignidade feminina e respeito masculino

244 *Mulheres viajantes*

pelas mulheres são o sal da sociedade no Oeste selvagem".[35] É possível que um homem não viajasse com tanto à-vontade. Como quase não há hotéis nem estalagens, vai passando pelas casas dos colonos e conhecendo pessoas, até que ela própria se torna conhecida.

Acima de tudo, é a paisagem que tudo supera e recompensa. Perante Long Peak — a montanha que ela apelida de Mont Blanc do Colorado — Isabella afirma quase em êxtase: "Esta é uma vista a que não é necessário acrescentar nada. [...] Este cenário satisfaz a minha alma. As Montanhas Rochosas cumprem — mais que isso, excedem — o sonho da minha infância".[36]

Como antes afirmará do lago Tahoe: "Encontrei uma beleza de sonho que poderia contemplar toda a vida, suspirando".[37]

A Lady's Life — ainda hoje um clássico na literatura de viagens — também tem a sua vertente romanesca, personificada em Jim Nugent ou "Mountain Jim", uma figura típica da mitologia do Oeste selvagem, sem um olho, perdido na luta corpo a corpo com um urso, a personificação do *desperadoe*, do fora da lei, arruaceiro, alcoólico, mas também profundamente poético, cavalheiresco, a síntese absoluta entre poesia e violência. De aparência rude mas "impressionantemente bonito", entre os dois nasce uma atracção condenada à partida pela vida marginal de Jim e pela honra de Bird, para quem ele é um homem que qualquer mulher poderia amar, mas com quem nenhuma mulher sensata casaria. O tom de Isabella, quando fala dele, é moralizador e a perspetiva, sempre redentora. É através das cartas à irmã não publicadas que ficamos a saber que o fora da lei se apaixona por ela e que ele não lhe é de todo indiferente.

Quase no final do livro, Bird conta que "Mountain Jim" lhe confessa arrependimento, por se saber condenado a manter-se fora da lei. Ele diz-lhe que ela mexeu com a melhor parte da sua natureza, mas que é já demasiado tarde, apesar dos esforços de Isabella para o reformar. Este encontro, confessará à irmã, deixa-a com o "coração desfeito de pena por ele e pela sua escura, perdida e autoarruinada vida".[38] Escravo que é do seu destino, nunca poderá mudar. E não o fará: em nota de rodapé, Isabella dá conta do seu trágico fim, assassinado, nove meses depois da sua partida, por um vizinho.

Tal como antes sucedera no Havai, também aqui Isabella se torna quase autóctone, direito que reclama numa terra semivirgem, aberta à colonização. Bird sente que o espaço é seu: "Tal como está, Estes Park é meu. Não se encontra vigiado, 'terra de ninguém', é minha por direito de amor, apropriação e estima".[39]

Mas sabe que terá de deixar esse paraíso achado, a irmã não gostaria da vida nem do clima, pelo que acaba por voltar.

Em casa, é cortejada pelo amigo e médico da família, John Bishop, mas, amando mais a sua liberdade e independência, continuará a viajar, agora para o Extremo Oriente. O Japão é um dos seus destinos, e visita Hokkaido, no norte do país, onde estabelece contacto com o povo Ainu. Passeia-se ainda por Hong Kong, Cantão, Saigão, Singapura e Malásia. Desta experiência nasce o livro *Unbeaten Tracks in Japan* [Caminhos inexplorados no Japão], publicado em 1880: "Sendo uma mulher viajando só e a primeira europeia a ser vista em alguns dos locais que percorri, as minhas experiências distinguem-se, em certa medida, profundamente dos viajantes precedentes".[40]

Será apenas com a morte da muito amada irmã, em 1880, que Isabella decide regressar e aceitar a proposta do dr. Bishop. A sua saúde piora com esta pausa e aparentemente também com o casamento. Quando se vê viúva, passados seis anos, volta à deambulação, não sem antes se ter dedicado ao estudo da medicina. Partirá para a Índia, onde visitará algumas missões, atravessará o Tibete e conhecerá a Pérsia, o Curdistão e a Turquia, dando origem à narrativa *Journeys in Persia and Kurdistan* [Viagens pela Pérsia e o Curdistão], publicada em 1891.

Viaja também para a China, onde é atacada e insultada por uma multidão em fúria contra os estrangeiros ocidentais — gritando-lhe "diabo estrangeiro!" —, sendo salva no último momento pelas autoridades. O episódio é relatado no livro *The Yangtze Valley and Beyond* [O vale do Yangtze e além], publicado em 1899, dedicado à expedição na China em 1896-7. Nada que faça deter, porém, o seu ímpeto de movimento e a ânsia de conhecer mundo. A sua vida continuará a ser uma sucessão de viagens e de livros. Morre aos 73 anos em Edimburgo, no ano de 1904, quando planeava uma nova viagem à China.

As viagens interiores

São melancólicas, são profundas, percorrem zonas sombrias do seu interior. Inadaptadas, amam com poética elevação, entregam-se incondicionalmente e são visceralmente solitárias. Carregam a nostalgia dentro delas. A sua intensidade magoa, a dimensão da dor fere. Partem à procura do mundo. Ou em fuga dele.

Não são os lugares que as mudam, mas sim os lugares que são transformados por elas. Embora jornalistas, a objetividade foge-lhes quando relatam do mais fundo de si. A Argélia é uma espécie de sonho, a Pérsia, algo poderosamente inatingível.

Falam de países e povos, de paisagens e rios, de rituais, de montanhas e vulcões. E eu só as oiço falarem de si.

Isabelle Eberhardt
1877-1904

Terá sido a procura de uma pátria a principal razão das viagens de Isabelle? Ou a busca de uma identidade, que a levaria a vestir-se de homem e a assumir uma personalidade masculina com o nome de Si Mahmoud Saadi? A resposta a estas perguntas nunca poderá ser linear ou precisa, pois isso significaria simplificar em demasia a vida turbulenta, enigmática e brevíssima desta mulher de rosto belo, profundo e triste, cujos olhos transparentes e aquosos nos contemplam melancolicamente.

Se nunca se conseguiu identificar com o seu país de origem, ela nascida em Genebra em 1877, porque o seu sangue nada tinha de suíço, é um facto que conseguiu encontrar uma pátria de eleição nas paisagens desérticas do norte de África:

> A grande paz outonal deste país evoca em mim lembranças tristes e doces, impressões parecidas, sentidas antes, na mesma estação em Bône, num ponto completamente diferente desta costa berbérica que é a minha pátria de eleição e que eu amo com todas as suas tristezas sob todos os seus aspectos.[1]

Não podendo escolher onde nascemos, podemos decidir onde queremos ser enterrados, e ela repetiu-o inúmeras vezes nos seus escritos. Queria repousar nas areias quentes do Magrebe, rejeitando um Ocidente onde nunca se soube integrar:

> Sob que céu e em que terra repousarei no dia fixado pelo meu destino? Mistério... E contudo gostaria que os meus restos fossem colocados na terra vermelha do cemitério da branca Annaba, onde Ela dorme... ou então não importa onde, na areia queimada do deserto, longe das banalidades profanadoras do Ocidente invasor...[2]

Isabelle teve origens turbulentas. A mãe, Nathalie-Charlotte Dorothée, filha de um aristocrata alemão e de mãe judia, nascida na Rússia, foi casada com um oficial da armada russa quarenta anos mais velho e também de origem alemã, com quem teve quatro filhos. Quando se descobre a sua origem judia, em 1871, Nathalie foge da Rússia,

As viagens interiores **249**

acompanhada pelo precetor dos seus filhos, Alexandre Nicolaiévitch Trophimovski, deixando para trás o marido e a filha mais velha.

Isabelle nascerá seis anos mais tarde de pai desconhecido, já Nathalie tinha enviuvado. Mas será educada, tal como os outros meios-irmãos, pelo precetor, espécie de profeta alucinado, ex-padre ortodoxo, de conhecimentos enciclopédicos, que acreditava numa educação paritária para os dois sexos e na igual importância do trabalho intelectual e do trabalho físico. Seguia a doutrina libertária do anarquista Bakunine, que se traduzia na máxima de preparar as crianças tanto para a vida do pensamento como para a vida do trabalho, de forma que se pudessem tornar pessoas completas. Não reconhecendo qualquer autoridade e sendo um forte defensor da independência de pensamento, é, no entanto, paradoxal a maneira como obrigava as crianças a seguir os seus princípios, de carácter austero e ascético. Ville Neuve, casa onde vivem em Vernier, perto de Genebra, torna-se um lugar anárquico, à margem da sociedade e sem qualquer organização, exceto a imposta por Trophimovski. A mãe, marcada pelo exílio, é uma mulher mentalmente ausente, vivendo no seu próprio e angustiado mundo, característica que haveria de refletir-se em Isabelle.

Com o tempo, todos os filhos acabam por abandonar o estranho lar, dois deles refugiando-se na Legião Estrangeira, uma das irmãs fugindo com o amante e Isabelle encontrando numa viagem à Argélia o refúgio seguro que sente faltar-lhe em casa.

Mas antes disso a jovem dá sinais de uma natureza angustiada e triste, pouco adaptada à sociedade, de que na realidade vive afastada, já que é educada apenas pelo precetor. Este, para além dos ensinamentos baseados na Bíblia, dá-lhe a conhecer ciências como a botânica, a geografia e a química, ensina-lhe filosofia e línguas como grego, latim, turco, italiano, alemão, russo e árabe, para além do francês que fala com a mãe. Uma bagagem eclética e heterodoxa.

Entabulará, entre os dezessete e os vinte anos, uma série de correspondências com homens cuja característica comum é terem alguma ligação com o norte de África. Será o caso do meio-irmão mais velho, que partira para Legião Estrangeira, ou do jovem oficial residente na Argélia, que conhece por anúncio, ou ainda do xeque egípcio Abou Naddara, que vive em Paris e é partidário de um pan--islamismo socioeconómico e político.

À parte estas amizades longínquas, Isabelle será uma rapariga solitária que desde jovem se veste de rapaz, passeando-se em fato de marinheiro pelas ruas da cidade, no que será encorajada pelo pouco ortodoxo precetor.

Esta capacidade ou necessidade de metamorfose ou de fuga da realidade acontece também no seu interior, numa complexidade heteronímica — e usamos o conceito livremente — surpreendente. Mériem bent Abdallah, Mania ou Nadia são algumas das personagens que encarna. Aos dezoito anos e sob o nome de Nicolas Podolinsky, publica, entre outros escritos, na revista *Nouvelle Revue Moderne* a narrativa "Visions du Maghreb" [Visões do Magrebe], sem nunca lá ter estado.

Aos vinte anos, aproveitando o convite de um amigo, Isabelle parte com a mãe para Bône (hoje Annaba), cidade costeira da Argélia. A viagem possibilita também uma aproximação entre estas duas mulheres, encerradas nos seus próprios mundos. Poucas semanas depois de chegarem, Isabelle procura alojamento no bairro árabe, indo para lá viver. Era como se toda a vida se tivesse estado a preparar para aquele cenário, para aquela paisagem, para aquelas pessoas.

Mas ao fim de seis meses de estadia a mãe morre, aos 59 anos, e será pela filha inumada de acordo com o rito muçulmano, sob o nome de Fatima Manoubia. Isabelle, entretanto, converteu-se ao Islão, bem como a sua mãe, experiência que relata no escrito publicado em 1898, na revista parisina *L'Athénée*, sob o título "Silhouettes d'Afrique — Les oulémas" [Silhuetas da África — Os ulemás]. Descreve também o sentimento que lhe provoca a passagem de um grupo de homens que a cumprimentam com o sinal da paz, símbolo de solidariedade e fraternidade entre todos os muçulmanos: "Ao ver esses homens caminharem pelo vale, compreendi mais intimamente que nunca a alma do Islão e senti-a vibrar em mim".[3]

As viagens interiores   **251**

Em dezembro de 1897, e depois de oito meses na Argélia, a jovem regressa à Suíça. Durante os dois anos seguintes começará a trabalhar num romance, assistirá ao suicídio de um dos meios-irmãos, bem como à morte do precetor. Mas o deserto reclama a sua presença e, em junho de 1899, parte para Túnis com o irmão Augustin, que permanece poucos dias com ela e regressa à Europa. Isabelle vê-se agora só, sem família, sem ligações, apenas com o amigo Ali Abdul Wahab, outro correspondente que conhecera na sua primeira viagem à Argélia, filho do governador de Mahdia na Tunísia.

O desejo de transcendência que a paisagem do deserto lhe oferece fá-la aventurar-se com os nómadas e viajar com eles, ataviada de roupas masculinas e sob a identidade de Si Mahmoud Saadi. Ela própria se torna nómada beduína, errando pela costa da Argélia, de Orão a Annaba, pelo Atlas e pelo sudoeste marroquino, acabando no leste da Tunísia. Argel, Túnis, Batna, Biskra e Ain-Sefra são algumas das suas paragens. O direito à errância é assumido com o fervor de uma fé: "[...] o acto de partir é o mais corajoso e o mais belo. Estar só, ser livre de necessidades, ser ignorado, estrangeiro e nativo em todos os lugares e caminhar, solitário e grande, à conquista do mundo".[4]

O deserto fascina-a:

> Oh, o doce torpor dos sentidos e da consciência na monotonia da vida no país do sol! Oh, a doce sensação de se deixar viver, de não mais pensar, de não mais agir, de não mais se sujeitar a nada, de não mais lamentar, de não mais desejar, exceto a duração infinita daquilo que é: oh, a abençoada aniquilação do eu nesta vida contemplativa do deserto![5]

Regressa à Europa no final de 1899, circula entre Marselha, Paris e Genebra, para voltar à Argélia no início de 1900, instalando-se na cidade de El Ued, no Saara argelino, onde conhece e se apaixona por Slimène Ehnni, um suboficial nativo do exército colonial francês, muçulmano de nacionalidade francesa. A relação é malvista por parte das autoridades francesas, que desencorajavam o contacto entre europeus e nativos. Mas a sua aparência frágil esconde uma mulher profundamente determinada não só a viver a sua natureza até ao fim, mas a fazê-lo de uma forma livre, pelo que, não obstante o escândalo, casa com Slimène segundo o rito muçulmano.

Como se não bastasse o ostensivo desafio às convenções — manifestado quando frequenta bairros e lugares pouco recomendáveis, quando enverga roupa de homem ou casa com um argelino —, Isabelle começa a dar os seus primeiros passos na confraria sufista dos Qadrya, à época a mais importante, defensora do fortalecimento do poder islâmico contra o poder ocidental, o que, naturalmente, era visto com enorme desconfiança por parte das autoridades coloniais. Para além disso, o sufismo é uma corrente mística do Islão que advoga o apaziguamento dos desejos, uma vida humilde e a peregrinação interior, vias que a jovem procurou seguir.

Em 1901, pouco tempo depois do casamento, Slimène é enviado para a guarnição de Batna, a mais de quatrocentos quilómetros do lugar onde vivem, como castigo pela sua escandalosa ligação com Eberhardt. Será um ano difícil para ambos: logo em janeiro, Isabelle é vítima de uma tentativa de assassínio por um membro da confraria rival, os Tidjanyas. O agressor é condenado, mas as autoridades francesas, não satisfeitas com a conduta, a todos os títulos suspeita, de Isabelle, ordenam em junho a sua expulsão do território.

Mas será igualmente um ano de conquistas. Isabelle parte para casa do irmão Augustin, em Marselha, e de lá trava uma luta de bastidores para conseguir não só autorização de regresso a território argelino, como também para casar civilmente com Slimène, obtendo, para isso, a nacionalidade francesa.

Regressam em 1902, instalando-se em Argel. Isabelle colabora regularmente com a imprensa argelina e, com o amigo Victor Barrucand, funda o jornal franco-argelino de tendências liberais, *Akhbar*, editado em árabe e em francês.

A natureza indómita de Isabelle não se adapta à vida de mulher de oficial, pelo que, a par da sua actividade literária e jornalística,

As viagens interiores

253

deambula pelos bares da cidade bebendo absinto, fumando *kef*, discutindo teologia e poesia e vivendo uma vida boémia. Em 1903, Slimène é destacado para um posto a trezentos quilómetros de distância e entre abril e junho desenrola-se uma violenta campanha de calúnias contra o casal. Um jornal rival acusa-a de instigar a população a sublevar-se contra o poder colonial, mais tarde os argelinos acusam-na de espiar para o exército francês. Serão os amigos a ajudá-la a superar este momento difícil.

Em setembro, Isabelle é enviada como repórter de guerra ao sul de Orã, nos confins de Marrocos, para relatar as batalhas que opunham as tropas francesas aos guerrilheiros marroquinos. Até ao ano seguinte, o da sua morte, viaja pela região sempre cada vez mais depressiva e, contra os preceitos da religião que adotou, refugia-se no álcool.

O destino trágico e ao mesmo tempo irónico dita-lhe a morte em pleno deserto, vítima de uma inundação. Isabelle morrerá numa enxurrada que arrasta a sua casa em Ain-Sefra, no dia 21 de outubro de 1904. Slimène conseguirá escapar, mas o estado debilitado da jovem, assolada pelo paludismo, tuberculose, alcoolizada e sifilítica, não lhe permite resistir à catástrofe natural.

No meio dos escombros, além do cadáver — que será enterrado no cemitério muçulmano local —, os amigos, como Victor Barrucand, encontram vários manuscritos, entre correspondência, reportagens, contos, relatos de viagens, escritos confessionais. O reconhecimento literário que não obtém em vida chegar-lhe-á depois da morte. Na sua obra, entramos em contacto com a alma sofrida e em permanente busca de um ser atormentado, bem como com a consciente rejeição do orientalismo exótico, pois o que Isabelle pretende não é agradar ao público que gosta de histórias fascinantes sobre países longínquos, mas apenas destilar a sua dor: "A minha narrativa não terá nada daquilo que é habitual encontrar nas histórias árabes, nem fantasias, nem intrigas, nem aventuras. Nada a não ser miséria, caindo gota a gota".[6]

O seu sofrimento foi real, e a paixão que teve pelo deserto em nada se assemelha a esse orientalismo superficial e passageiro de que faz gala a amiga e escritora Lydia Pashkoff, quando lhe recomenda que use os trajes orientais para ficar na moda, *become fashionable*. Esta jovem alta, andrógina, que se transforma em beduíno, nunca saberá verdadeiramente comunicar a sua dor enquanto é viva, permanentemente afastando todos os que lhe são próximos, mesmo Slimène, que ama e que a ama. Eberhardt não pretende cair nas armadilhas do amor e da dependência. Para sempre errar, para sempre a solidão: "Nunca ninguém conseguiu ver, através de mim, o meu ser real, que é sensível e puro e que se eleva muito acima da degradante baixeza em que escolhi espojar-me, em parte para desagradar às convenções e em parte por um estranho desejo de sofrer".[7]

Não temerá a morte, talvez por isso a encontre tão jovem. Era apenas uma questão de tempo:

> A morte apareceu-me sempre de uma forma atraente na sua imensa melancolia; se tento dar através do pensamento um corpo a este ente misterioso, não o posso conceber senão como um ser muito puro, tecido pela luz eterna, participando da mesma essência do ser — com um sorriso pálido, triste e doce nos lábios incolores e um olhar misterioso, infinitamente calmo, um olhar de perdão, de fatalidade, de repouso nos seus olhos de esfinge, um olhar semelhante a um reflexo do absoluto… O pensamento da morte é-me familiar desde há muito tempo, desde a minha extrema juventude. Em si não tem nada de horrível ou assustador para mim.[8]

E chega mesmo a pressenti-la: "O meu coração avisa-me, anuncia-me uma morte próxima. Quem me verá morrer? Quem rezará por mim? Quem dará esmolas sobre o meu túmulo em minha memória? Ah, quem sabe o que me reserva o destino de Deus!".[9]

O destino reservou-lhe um lugar entre as mulheres que se lançaram à descoberta do mundo e que contaram a sua história num estilo inovador, entre a ficção e o registo confessional. Os contos de

Isabelle contam-nos a sua história, mas levam-nos muito para além disso: os lugares, as pessoas que a fascinam e ainda a dor, profunda, genuína e lancinante: "Sou a mais deserdada dos deserdados deste mundo, uma exilada sem casa nem pátria, uma órfã desprovida de tudo que escreve estas linhas. Elas são sinceras e verdadeiras".[10]

Annemarie Schwarzenbach
1908-1942

Para mim tudo se passava como outrora na escola, quando recusava obstinadamente acreditar que os nomes que aprendia e lia no mapa geográfico pudessem tomar forma antes que eu pudesse vê-los com os meus próprios olhos, tocá-los com o meu hálito, agarrá-los, por assim dizer, com as minhas mãos.

Desconcertava-me a simultaneidade do próximo e do distante. Tinha o sentimento de que passado, presente e futuro deviam talvez confluir num lugar para lhe insuflar todo o conteúdo da vida; mas que a vida pudesse estar, ao mesmo tempo, aqui e algures, deste e do outro lado dos mares e das montanhas, isso parecia-me altamente duvidoso. E as minhas dúvidas, que exigiam ser esclarecidas, talvez tivessem motivado as minhas primeiras viagens. Resolvi partir, não para aprender o medo, mas para verificar o conteúdo dos nomes e experimentar na minha carne a sua magia, tal como quando se sente entrar pela janela aberta a força maravilhosa do sol que há muito tempo vimos refletir-se nas longínquas colinas e nas pradarias húmidas de orvalho.[11]

O navio aproxima-se lentamente da costa, e à medida que a distância encurta desvela-se a terra à luz diáfana de uma clara manhã de inverno. O frio Atlântico mistura-se com as águas tranquilas do Tejo. Uma jovem debruça-se sobre o convés do imenso transatlântico e contempla, séria, o perfil da cidade. É alta e muito magra, aspecto frágil, os olhos de um azul-acinzentado revelam angústia e tristeza, noites de insónia. Um rosto marcado, apesar da juventude, por um cansaço antigo, profundas olheiras que os redondos óculos de sol não escondem. É de uma beleza estranha e intensa que atrai os olhares de homens e mulheres. Giram-se cabeças à sua passagem. Um ser andrógino, angelical e terreno, mergulhado nos mais profundos abismos e aspirando à mais elevada altura.

O paquete sulca agora o rio para atracar no porto. Estamos em fevereiro de 1941. Annemarie Schwarzenbach chega a Lisboa vinda de Nova Iorque. A cidade, esse "paraíso triste" onde confluem milhares de seres humanos fugindo de uma guerra cruel e sangrenta. Lisboa, ponto de passagem para milhares de refugiados, que esperam semanas, meses, tempo sem fim por um barco que os distancie deste sombrio continente: "Lisboa aparecia todos os dias nos jornais. A proporção entre o velho e o novo continente alterou-se. Antigamente, ia-se da paz segura da Europa para a selvagem e árida América. Agora, vai-se para a América para encontrar a paz, a segurança, a civilização e o futuro".[12]

São por isso poucos os que fazem a viagem em sentido contrário, América-Europa não é a rota desejada. Porém, para a nossa protagonista, a Europa será sempre o destino aonde voltar. E Portugal faz parte desse destino. É um dos últimos países onde passa antes de morrer e tudo indica que a ele regressaria para prosseguir a sua carreira de jornalista, não fosse o acidente de bicicleta que a vitima aos 34 anos. Em Lisboa sente-se bem:

As viagens interiores **257**

De todas as cidades que conheço, nenhuma me acolheu tão bem como Lisboa, da primeira vez que aqui vim. Esta capital de um pequeno país, sem dúvida encantador, mas manifestamente semiesquecido pela história, estava antes tão fora das nossas rotas habituais que nunca me dera ao trabalho de a visitar pelos seus próprios atrativos.[13]

Annemarie parece encarnar na sua vida a tragédia individual, espelho da tragédia da geração desencantada, que viveu entre as duas grandes guerras. Uma geração perdida que assistiu em espanto e impotência à destruição de um continente, à morte atroz de milhões de vidas, à ascensão de tiranias, ao esfumar dos sonhos, à traição dos mais profundos ideais. A jovem Schwarzenbach não chegou a ver a paz. Ela, que tanto sofreu pelo amado continente europeu. E que tanto criticou a passiva neutralidade da sua Suíça natal.

Nasceu no seio de uma família privilegiada da alta burguesia zuriquenha. Dos cinco irmãos, três rapazes e duas raparigas, Annemarie será a favorita de Renée, a mãe. Uma mãe possessiva, autoritária, amante da ópera, amazona ímpar, matriarca indiscutível do clã, implacável nos seus ódios, arrebatada nas suas paixões. Uma mulher que cumpre na perfeição o papel de esposa do poderoso industrial da seda, Alfred, o pai, herdeiro da fortuna Schwarzenbach. Renée, aparentada com Bismark, será uma dona de casa admirável que organiza as mais fascinantes recepções nos elegantes jardins da herdade familiar, em Bocken, zona idílica junto ao lago de Zurique, onde são visita Richard Strauss e personalidades ligadas ao meio musical internacional, entre outros ilustres convidados.

Um deles, Emmy Kruger, cantora lírica que alcança alguma notoriedade na época, torna-se amante de Renée. Mas isso não significa que a matriarca assumisse alguma espécie de homossexualidade, que o seu conservadorismo exacerbado rejeita, assim como rejeitará essa condição em Annemarie, que desde criança se apercebe da sua natureza e da sua atracção por mulheres: "Cada vez que conhecia mulheres belas era o início da injustiça e dos interditos".[14]

O meio desafogado e mundano dos Schwarzenbach não esconde uma família apesar de tudo tradicional, respeitadora dos bons costumes e politicamente conservadora. Os desvios praticam-se, mas em segredo. Annemarie cedo se apercebe de que é de uma têmpera diferente. Não está alinhada com a família e sobretudo não o está com a mãe. O pai mima-a, protege-a, oferece-lhe carros desportivos. A mãe quer fazer dela uma mulher cultivada — pelo que ela é a única dos filhos que recebe os primeiros anos de escolaridade em casa —, incute-lhe o gosto pelo piano, de que Annemarie se tornará uma praticante dotada, vindo mesmo a considerar a possibilidade de uma carreira nessa área, leva-a a praticar equitação, pois quer que a filha seja tão exímia amazona como ela, coisa que Annemarie nunca alcançará. Mas essa educação rigorosa tinha como fim torná-la, à imagem de Renée, uma dona de casa exemplar, uma burguesa abastada, reproduzindo o estilo de vida dos pais, plano de que Annemarie se afasta com veemência.

A viagem será nela uma permanente fuga ao seu mundo, à sua mãe e até aos seus próprios fantasmas. Começa cedo o seu apreço pelas deslocações: "Mesmo não conhecendo a felicidade, sabemos que a felicidade no sentido do sossego é imobilidade e ausência de tensão. Para nós a vida deve ser movimento...".[15]

Depois de estudar em Paris, na Sorbonne, na sequência do seu doutoramento em História, irá cerca de dois anos para Berlim, que, nos anos 1920 e início dos 1930, era um local de vanguarda e de boémia, ambiente em que Schwarzenbach decididamente embarca. Noites longas, drogas, imersão no mundo dos cabarés e no efervescente universo homossexual que a cidade cultivava com alguma permissividade. A sua dependência da morfina começa nessa altura.

Entretanto já havia conhecido os Mann, filhos do já reputadíssimo escritor Thomas Mann, Erika e Klaus. Pela primeira apaixonar-se-á sem correspondência, no segundo encontrará o camarada de aventuras, tornando-se companheiros inseparáveis durante uns tempos. Com ele projeta uma revista mensal antifascista, *Die Sammlung*, cujo primeiro número sai em setembro de 1933, sendo publicada até 1935, e que contará com a participação dos mais ilustres intelectuais da época.

Torna-se amiga da família, e Thomas Mann, quando a vê pela primeira vez, afirma que seria extraordinariamente bela se fosse um rapaz. Ambiguidades de género à parte, a jovem não deixava ninguém indiferente, fosse pelo seu ar etéreo ou sofredor, "anjo inconsolável",[16] pela beleza física ou pelo apaixonado fervor aplicado em tudo o que empreendia. Mais tarde, o mesmo autor escreverá sobre ela no seu diário, chamando-a "anjo devastado".

Apesar dos seus talentos, o que verdadeiramente a motiva é a escrita; dedica-se apaixonadamente à literatura, à qual sacrifica tudo. Publica o seu primeiro romance aos 23 anos, *Freunde um Bernhard* [Os amigos de Bernardo], e dois anos mais tarde *Lyrische Novelle* [Novela lírica]. Colabora também nos reputados guias de viagem Baedeker, escrevendo em dois deles sobre a Suíça.

Em 1933, começa a sua atividade como repórter de viagens e fotojornalista. Até à sua morte, publicará nos importantes jornais suíços mais de trezentos artigos. O seu primeiro trabalho neste género resulta de uma viagem feita a Espanha com a fotógrafa berlinense Marianne Breslauer. Juntas percorrem o norte do país, detendo-se em cidades como Barcelona e Pamplona. Schwarzenbach escreve, Breslauer fotografa, dando origem a artigos publicados na imprensa suíça e alemã.

É Marianne quem realiza os retratos mais inesquecíveis de Annemarie; considerava-a uma "estranha mistura entre homem e mulher. Para mim ela correspondia à imagem do anjo Gabriel no Paraíso".[17] Schwarzenbach, reconhecendo a sua fotogenia, presta-se a sessões de fotografia cuja pose estudada revela a dose de narcisismo melancólico que lhe admiramos. Annemarie foi extensamente fotografada durante toda a vida.

Em outubro de 1933, parte para aquela que será a primeira de quatro viagens ao Médio Oriente, percorrendo, durante sete meses, a Turquia, a Síria, o Líbano, a Palestina, o Iraque e o Irão, e acompanhando diversas escavações arqueológicas em curso naquelas regiões. Desta viagem, que lhe dá direito a ser capa do prestigiado jornal *Zurcher Illustrierte* a 27 de outubro de 1933, resultará o livro *Winter in Vorderasien* [Inverno no Oriente Próximo], publicado em outubro de 1934. Histórias fragmentadas da experiência, nunca verdadeiros livros de viagem no sentido objetivo de um relato de lugares, mesmo que eivado de notas subjetivas. Annemarie carrega a paisagem dentro de si e torna-se um espelho dela:

> A natureza aqui é tão poderosa que mata. Seria necessário deixarmos de estar ligados às contingências da nossa condição humana. Seria necessário tornar-nos um pouco em deserto, um pouco em montanha, numa parte do céu crepuscular. Seria necessário rendermo-nos a este país, perdermo-nos nele. Opor-nos a isso é de uma tal audácia que morremos de medo.[18]

Em agosto de 1934, vai com Klaus Mann ao 1 Congresso de Escritores Soviéticos em Moscovo, de onde segue para a segunda estada no Irão, para trabalhar nas escavações arqueológicas a decorrer em Rages, perto de Teerão. É aqui que conhece o jovem diplomata francês Claude Clarac, com quem anuncia noivado.

A sua natureza é depressiva e melancólica, e as drogas potenciam os efeitos devastadores dessa condição. No início de 1935, após tentativa de suicídio, é internada numa clínica para desintoxicação. Por esta altura começa a arrendar a casa de Sils-Baselgia, no vale de Engadine, perto de St. Moritz, que se tornará a sua residência na Suíça e um local de refúgio, como já fora para Nietzsche, lugar utópico nos Alpes suíços. Paralelamente, escreve o livro de contos *Bei diesem Regen* [Nesta chuva], sobre a sua experiência no Médio Oriente, publicado postumamente em 1989.

Parte de novo para Teerão, onde se casa com Claude Clarac, obtendo a nacionalidade francesa e um passaporte diplomático.

Muito embora seja um casamento de conveniência, dada a homossexualidade de ambos, une-os um verdadeiro afeto. Com Claude passa o verão em Farmanieh, perto de Teerão, e cedo se apercebe de que é incapaz de assumir o papel submisso de mulher de diplomata. Conhece a bela Ialé, filha do embaixador turco, com quem vive uma tormentosa história de amor contrariada, que acaba com a morte daquela. Em agosto ela e o marido viajam para o Vale de Lahr, ao pé do Damavand, onde Anne começa a escrever *Morte na Pérsia*, um dos seus livros mais marcantes e que começa com esta advertência reveladora: "Este livro trará pouca alegria ao leitor".[19] Revela-se a sua profunda angústia existencial, potenciada pela vastidão da paisagem: "O que acontece quando uma pessoa chega ao fim das suas forças? (Não é doença, não é dor, não é infelicidade, é pior.)".[20] Mas ainda no Irão conhece a fotógrafa americana Barbara Hamilton-Wright, e esta nova amizade fá-la ultrapassar em parte a depressão.

Em outubro de 1935, regressa à Suíça, ingressando, em novembro, numa clínica para nova desintoxicação. Após um período na Europa, onde viaja com os irmãos Mann, parte em agosto para os Estados Unidos a convite de Barbara Hamilton-Wright para realizar reportagens em regiões carenciadas do país. Será este um dos trabalhos mais pura e objetivamente jornalísticos da sua carreira, denunciando a pobreza que então se vivia naquele país. Conhece o economista e fotorrepórter Roy Striker e o trabalho dos fotógrafos da Farm Security Administration. Regressa à Europa em fevereiro e viaja até Moscovo para recolher documentação sobre o famoso alpinista suíço Lorenz Saladin, falecido em circunstâncias trágicas numa escalada, de quem escreve a biografia, que se tornará o seu maior sucesso editorial. Durante dois meses viaja pela Alemanha, Polónia e os estados bálticos Estónia, Letónia e Lituânia. Em outubro de 1937, regressa aos EUA, onde realiza novo ciclo de reportagens nos estados do Sul. Alguns destes artigos encontram-se hoje reunidos em livro sob o título *Jenseits von New York* [Longe de Nova Iorque].

O ano em que redige o seu testamento, 1938, será um momento particularmente sombrio, marcado por tentativas de suicídio e internamentos em clínicas de desintoxicação. Surpreendentemente, no meio de todos esses sobressaltos, ainda encontra tempo para ir a Praga em plena crise dos Sudetas, tendo de ser resgatada por um avião da Swissair.

Depois da publicação de *Das Gluckliche Tal* [O vale feliz] em 1939, versão alterada de *Morte na Pérsia*, parte em junho com a já célebre viajante e escritora suíça Ella Maillart, de Genebra, a bordo de um Ford Roadster com destino ao Afeganistão, chegando a Cabul no final de agosto de 1939. Poucos dias depois eclode a Segunda Guerra Mundial. A viagem é feita sem guias nem ajudas, dormindo em tendas à beira das estradas e beneficiando da hospitalidade das pessoas que encontram, mas será dificultada pela recaída de Schwarzenbach na droga, de que Ella pretendia resgatá-la. Cedo a determinada Maillart percebe que a tarefa é quase impossível, e embora nutram uma relação de amizade que perdurará até ao fim da vida, de que é prova a extensa correspondência trocada entre as duas após a viagem, o certo é que quando chegam ao Afeganistão se separam, seguindo Schwarzenbach para o Turquemenistão afegão, em grande crise pessoal e tentando afastar-se do consumo da droga. Em dezembro parte para a Índia, onde reencontra Ella Maillart, regressando à Europa no início de 1940. Já depois da morte de Annemarie, Ella dirá desta viagem que foi mais psicológica do que geográfica.

Desta viagem resultam, para além de inúmeras reportagens, algumas delas reunidas em livro póstumo sob o título *Alle Wege sind offen* [Todos os caminhos estão abertos], o relato mais existencial e subjectivo *Die Vierzig Säulen der Erinnerung* [Os quarenta pilares da memória], nunca publicado em vida. Ella Maillart escreverá *The Cruel Way* [O caminho cruel], relatando a viagem e a sua experiência com Annemarie Schwarzenbach.

De regresso à Suíça, onde pretende assistir de perto à guerra, com vontade de participar no esforço de resistência ao domínio alemão — contrariando as tendências pró-germânicas da família —,

Annemarie permanecerá em Sils, organizando os escritos e o espólio fotográfico que havia resultado da sua quarta e última experiência no Oriente. Recorde-se que, depois da viagem à Espanha, será sempre Schwarzenbach a tirar as fotografias das suas viagens, ilustrando os artigos que escreve para os jornais.

Partirá para Nova Iorque com o casal alemão exilado Margot e Ritz von Opel, indo viver com Margot em Massachusetts e Nova Iorque. Nesta época sofre novo período de forte dependência da droga e frequentes crises nervosas, que a levarão a internamentos em instituições psiquiátricas. Durante esta estada conhece a jovem escritora em ascensão Carson McCullers, que se apaixona, sem ser correspondida, por ela.

Em novembro de 1940, a morte do pai contribui para aumentar a sua instabilidade. Após nova tentativa de suicídio, sofre a traumática experiência de internamento num hospital psiquiátrico público de Nova Iorque, após o que é forçada a abandonar os EUA. Embarca com destino à Europa, via Lisboa, onde reencontra o velho amigo Henri Martin, embaixador suíço na capital. Aí permanecerá três semanas, escrevendo diversos artigos sobre Portugal para os jornais suíços. Regressa a Bocken, onde a família, após a morte do pai, a recebe com frieza, pedindo-lhe que deixe a Suíça, em virtude do seu estilo de vida. Volta a Portugal, onde permanecerá de 23 de abril a 17 de maio de 1941, prosseguindo a atividade jornalística sobre o país. Embarca no navio português *Colonial* rumo ao Congo Belga, com escalas no Funchal e em São Tomé, para participar no esforço de guerra dos Aliados. Aloja-se em Léopoldville, levantando suspeitas de que possa ser uma espia ao serviço do regime nazi. Passa dois meses na maior plantação do Congo, pertencente ao casal de colonos suíços Vivien, com quem viajará pela região dos grandes lagos. Depois de lhe ser recusado o visto para o Egito, aonde pretende deslocar-se como correspondente de guerra, inicia a escrita de *Das Wunder des Baumes* [O milagre da árvore].

Por esta altura, porém, começa a pacificar-se o seu espírito sempre sombrio e, aparentemente, terá cessado ou pelo menos diminuído o consumo de droga:

> Fui forçada a abandonar todo o tipo de estimulantes exteriores, não posso ser incomodada por acontecimentos, já não me seduz a companhia humana, as críticas, as paixões — fui deixada a mim própria. [...] Agora faz-se a unidade entre o que em mim fala e o mundo exterior, e esta penetração dá-me um sentimento feliz de unidade, não devo dividir o meu amor e o meu ardor entre o "eu" que escreve e a vida da terra que me rodeia e reclama a minha atenção, isso alimenta-se mutuamente.[21]

Em março de 1942, embarca em Luanda com destino a Lisboa, onde Henri Martin a apresentará a António Ferro e a Albino Tavares de Almeida, respectivamente diretor e diretor de imprensa do Secretariado de Propaganda Nacional. Continua a escrever sobre Portugal para a imprensa suíça. Henri Martin propõe-lhe que trabalhe em Lisboa como correspondente do jornal *Neue Zürcher Zeitung*, ideia que ao que tudo indica Anne acalenta com algum agrado, mas antes voltará à Suíça, depois de passar umas férias com o marido Claude, que não havia voltado a ver, em Marrocos, onde este se encontra destacado. A ideia é pedir-lhe o divórcio, mas apesar da recusa deste, dada a sua origem católica, a relação entre os dois continua em grande harmonia e cumplicidade.

É na aprazível e bucólica Sils que esta mulher que viajou por todo o mundo encontrará a morte. A queda de uma bicicleta e o subsequente traumatismo craniano causam-lhe dois meses de lenta agonia, durante os quais a mãe tenta controlar os tratamentos que lhe são administrados, gerando polémica sobre se terá recebido os cuidados que poderiam ter evitado o fatal desenlace. Morre a 15 de novembro de 1942.

Contrariamente ao previsto no seu testamento, em que encarrega uma amiga de tratar de tudo, a mãe será a primeira a entrar na casa de

As viagens interiores 265

Sils e a destruir um sem-número de cartas, diários e escritos pessoais que acha reveladores da vida, a seus olhos dissoluta, da filha. Ainda assim sobrevive um considerável espólio, agora à guarda da Biblioteca Nacional Suíça, entre manuscritos, fotos, reportagens e cartas.

E sobrevivem os livros que entretanto vão sendo publicados, cuja chave de decifração Annemarie nos fornece: "Mas só me entenderá quem tiver sido também vencido pelo sofrimento e pelo medo e pela aflição".[22]

Contemporâneas

Se não é difícil encontrar mulheres viajantes ao longo dos tempos, a verdade é que quando olhamos para a contemporaneidade o que se torna difícil é escolher entre tantas.

É bom que assim seja: significa, entre outras coisas, que a mulher, pelo menos em certas partes do mundo, ganhou acesso à viagem, é mais independente, e que o seu lugar, contrariando a "maldição de Ulisses", não se encontra confinado ao espaço familiar.

Nomes há muitos, alguns já aqui referidos, como Rosemary Mahoney (n. 1961), que em 1998 navegou Nilo acima num barco a remos. A história por si só é digna de notícia, mas seria uma aventura mais, de entre as muitas que se sucedem no universo dos viajantes, se não tivesse um livro interessante a acompanhá-la: *Down the Nile. Alone in a Fisherman's Skiff* [Descendo o Nilo: sozinha em um esquife de pescador].

No subgénero *tough travel* destaca-se Ffyona Campbell (n. 1967), que durante onze anos andou pelos diversos continentes a pé, cobrindo uma distância de 32 mil quilómetros. A aventura deu origem a vários livros e também a críticas, pois nem sempre os percursos eram feitos em solitário. Em África, no início dos anos 1990, por exemplo, uma equipa acompanhou-a constantemente, e o "passeio" foi interrompido durante sete meses, por motivos financeiros e de saúde. Afinal, o *tough travel* pode não ser tão duro assim. A própria autora, ao ver-se incluída no *Guinness World Records* por ser a primeira mulher a cometer a proeza de atravessar o mundo a pé, pediu que o seu nome fosse retirado, pois uma gravidez inesperada fizera-a atravessar a América parcialmente de carro, sem nunca deixar de cumprir os quilómetros diários a que se havia comprometido com os patrocinadores.

Contemporâneas

Viajar tem-se tornado uma atividade profissional, um empreendimento que envolve equipas multidisciplinares e um sem-fim de patrocínios. Para se ter uma ideia de como hoje em dia viajar a solo não é especialmente solitário, bastaria ver, na altura em que a aventura ocorreu, a secção de patrocinadores na página de internet da jovem Sarah Outen (n. 1985), protagonista do projeto "London2London: Via the World". Iniciado em 2011 e concluído em 2015, tinha como objetivo dar a volta ao mundo em bicicleta, caiaque e barco a remos.

Anos antes, em 1977, outra figura de destaque no universo das viajantes, a australiana Robyn Davidson (n. 1950) percebia que para cumprir o sonho de atravessar o deserto australiano a camelo precisaria de escrever sobre a aventura, para assim cobrir os custos. O relato começou por ser um artigo para a *National Geographic*, que aproveitou a fotogenia da viajante e o exotismo da situação para fazer dela a sua capa, em maio de 1978. A cobertura fotográfica da proeza foi intensa, a tal ponto que todos os meses o fotógrafo Rick Smolan, com quem acabou por se envolver, era enviado para mais algumas imagens. No fim, Davidson escreveu o livro *Tracks: A Woman's Solo Trek Across 1700 Miles of Australian Outback* [Trilhas: jornada solo de uma mulher por 1.700 milhas do interior australiano], publicado em 1980, um enorme sucesso editorial e que mereceu um rasgado elogio de Doris Lessing, dando origem a um filme em 2013.

E para não falar apenas das anglo-saxónicas, que continuam a dominar o mundo da publicação em literatura de viagens, refira-se a espanhola Cristina Morató (n. 1961), jornalista, fotógrafa e até diretora de programas de televisão, atividade que abandonou em 2000 para se dedicar à escrita. A sua paixão pela viagem levou-a a percorrer o mundo. Foi repórter de guerra na América Central: Nicarágua, Honduras e El Salvador. Descobriu África em 1983 e viveu na República Democrática do Congo. Viajou ao Médio Oriente, onde colheu inspiração para alguns dos seus livros. As suas reportagens focam-se com frequência na situação da mulher e nos direitos dos povos indígenas. Publicou diversas biografias de mulheres: viajantes, rainhas, divas. É fundadora e vice-presidente da Sociedade Geográfica Espanhola e membro da Royal Geographic Society de Londres.

Ao contrário do que poderia acontecer umas décadas atrás, na atualidade é cada vez mais frequente encontrar viajantes lusófonas que vertem para textos em língua portuguesa as suas deambulações geográficas. O Brasil pode-se orgulhar de ter uma grande escritora e viajante que, de alguma forma, se pode considerar precursora das narradoras viajantes atuais, o seu nome: Cecília Meireles, para quem "Viajar é uma outra forma de meditar". Nascida bem no início do século XX, em 1901, no Rio de Janeiro, durante os 63 anos que durou a sua vida foi, sobretudo, notória como poeta e escritora, não sendo a sua faceta de mulher viajante muito reconhecida.

Porém Meireles viajou muito, e fê-lo de uma forma profunda e interessada, urdindo uns textos de aguda observação e extrema sensibilidade. Ao longo de três décadas, entre os anos 1930 e início dos 1960, percorreu múltiplas geografias, começando em Portugal em 1934, bem como outros países europeus, continuando pelos Estados Unidos da América, México, Israel ou Índia, entre outros, para além dos territórios que percorreu no Brasil, como Minas Gerais ou Rio Grande do Sul. E já nessa altura reflete sobre os problemas do turismo massificado, "Quanto mais viajo, mais me torno antiturística", já que encara, acertadamente, o turista como "um comerciante. É certo que o seu comércio é muito delicado: ele compra sensações de beleza, mas deseja que venham revestidas de sensações de conforto (muito mais fáceis, aliás, de desejar)". É de leitura obrigatória a sua crónica "Roma, turistas e viajantes", sobre a diferença entre turistas e viajantes, qualificando aqueles de criaturas felizes cujo "destino é caminhar pela superfície das coisas", enquanto "O viajante é criatura menos feliz, de movimentos mais vagarosos, todo enredado em afetos, querendo morar em cada coisa, descer à origem de tudo, amar loucamente cada aspecto do caminho".

Ver o mundo pelos olhos de Cecília Meireles é um convite à reflexão, pois, não deixando de reparar nos detalhes quotidianos das jornadas, também nos torna os lugares inteligíveis e penetráveis, "Tudo quanto aprendi até hoje — se é que tenho aprendido — representa uma silenciosa conversa entre os meus olhos e os vários assuntos que se colocam diante deles ou diante dos quais eles se colocam". E também nos ensina a viajar, "porque viajar é ir mirando o caminho, vivendo-o em toda a sua extensão e, se possível, em toda a sua profundidade, também".

É de saudar com muito entusiasmo a multiplicidade de publicações no mercado editorial de mulheres brasileiras contemporâneas, tornando-se difícil destacar uma ou outra. Desde os relatos de jornalistas, como Mariana Kalil, precocemente falecida aos 47 anos, em 2020, e que nos deixou livros como *Peregrina de araque* (2011) ou *Vida peregrina* (2013), a Carolina Montenegro, que foi tentar perceber a onda de protestos iniciada no Médio Oriente e conhecida como Primavera Árabe, com o livro *Sobre jasmins, bombas e faraós* (2014).

Temos também velejadoras, como Heloisa Schurmann, que em *Expedição Oriente* (2019) relata a circum-navegação ao globo feita a bordo do veleiro *Kat*, com a família, procurando refazer a rota que, segundo Gavin Menzies, os chineses teriam feito com os seus juncos muito antes da expansão marítima europeia, facto historicamente não comprovado.

Ou os relatos de viagem da gaúcha Martha Medeiros (n. 1961), com o livro *Um lugar na janela* (2012), a que deu continuação com *Um lugar na janela 2* (2016) e *Um lugar na janela 3* (2022), em que conta sobre o que observa em lugares tão díspares como a Europa, o Chile, o Japão ou o próprio Brasil.

Destaque, ainda, para a publicação, *Mas você vai sozinha?* (2016), em que Gaía Passarelli (n. 1977) relata as suas várias experiências em viagem, deixando sempre sobre cada local uma pequena advertência sobre aquilo que uma mulher poderá encontrar em termos de segurança, num tom descontraído para não contribuir a um excesso de medo que possa tolher a vontade de viajar. Veja-se o exemplo de Kanyakumari, na Índia:

> Há muitos relatos de acontecimentos ruins com mulheres na Índia. Não quero de jeito nenhum dizer que isso é "normal" por lá, mas essa é uma sociedade em que a mulher está sempre em desvantagem e você, como estrangeira sozinha, tem que ter isso em mente.
>
> Dito isso, algumas das pessoas mais gentis que conheci viajando, conheci na Índia. Se fosse para ficar dentro de um casulo, seria melhor nem sair da sua cidade, certo?

É interessante constatar que nos textos das viajantes brasileiras contemporâneas é, com alguma frequência, referido o tema da segurança, assunto que lamentavelmente não deixa, ainda, de ser atual entre as mulheres de todo o mundo, mas que no caso do Brasil pode, por vezes, refletir alguma insegurança que sentem nos seus lugares de origem. Veja-se o divertido desacerto da autora em perguntar na pacata Escócia por meliantes: "'Olha, as trilhas são usadas há centenas de anos, não se preocupe.' E ladrões? 'Como assim?' 'Ladrões', explico, 'do tipo que se escondem na trilha para assaltos ou algo pior.' 'Assaltantes? Em Corpach? Nunca ouvimos falar de nada assim'".

Importa, também, ressaltar a voz que mulheres negras viajantes têm conquistado, sendo *EscreVIVER — Cartas de uma viajante negra ao redor do mundo* (2022), de Rebecca Aletheia (n. 1986), um desses exemplos. Em curtas missivas a autora dá-nos as suas impressões de lugares tão díspares como Tadjiquistão, Moçambique, Malawi ou Tanzânia. A reflexão leva-nos à questão da identidade quando vai de viagem: "Como seria vista ou aceita pela minha cor, meu cabelo e ser mulher brasileira? Amo as três características, mas muitas vezes fora do Brasil compreendo elas como ameaçadoras para minha vida".

Vale a pena também citar a viajante escritora Manoela Ramos (n. 1993), que, depois da universidade e abrindo mão de uma vida de publicitária, dedicou-se a viajar de mochila pelo país da maneira mais económica possível, tendo narrado as suas aventuras em *Confissões de viajante: (sem grana)* (2019) e *Em busca do Norte: viajante sem grana* (2021).

Contemporâneas

Existe, ainda, uma multiplicidade de mulheres viajantes que, não entrando no mundo editorial tradicional, fazem-nos chegar as suas visões através das mais diversas redes sociais, embora, regra geral, esses conteúdos situem-se, sobretudo, no âmbito de dicas de viagem mais do que propriamente do texto literário. Há, porém, espaços que podem causar deslumbramento, por sentirmos garra e coração, inteligência e sensibilidade, como é o caso de Flay Alves, cujos dados biográficos na revista digital *AzMina* a descrevem assim: "Jornalista maranhense e escritora antirracista, feminista e itinerante, Flay Alves acredita no impacto transformador da literatura produzida por mulheres pretas, nordestinas e periféricas". Autora do livro *Donas de si: travessias marcadas pela violência de gênero* (2019), onde dá testemunho da história de cinco mulheres nordestinas que migraram para Goiás e viveram situações diversas de violência de género, é, contudo, pelos seus escritos sobre viagem que aqui a evoco. Vale a pena ler os seus textos em diversas plataformas, como a revista antes citada, onde, entre muitas outras reflexões, procura questionar os estereótipos, por exemplo com o artigo "I love Brazilian girls: o estereótipo da brasileira mundo afora":

> Frases como essa dão indícios do estereótipo da mulher brasileira mundo afora. O lugar-comum é sempre este: a brasileira é promíscua, exótica e sensual. Se for negra então, o que é o meu caso, nem se fala.
>
> Um dos pontos de origem desse imaginário é a colonização eurocêntrica, ou seja, aquela velha e sangrenta história de portugueses e espanhóis chegando em caravelas e de nós, mulheres, sendo comercializadas e saqueadas.

Estamos, assim, perante alguém para quem viajar representa algo mais que apenas uma deslocação geográfica, implicando também um questionamento e a denúncia da multiplicidade de chavões sexistas, raciais, sociais e antropológicos que podem vitimizar, neste caso, uma mulher negra e brasileira e reclamando para si um legítimo espaço de visibilidade: "É que este lugar que tenho ocupado – o de uma mulher negra que passeia pelos cafés do mundo e compartilha versos e miudezas cotidianas – não é apenas geográfico. É também social, econômico, cultural e delimitado a partir de recortes de gênero e de raça".

Existem quatro mulheres que optei por destacar neste universo. Duas delas, que já morreram, pertencem a um registo de viagem clássico e tinham uma vida inteira para contar. A terceira tem uma carreira consolidada de jornalista, tem-se afirmado como escritora no domínio da ficção e é autora de alguns dos livros de viagem mais interessantes em língua portuguesa. E a quarta, a mais jovem delas, irrompeu no panorama da literatura de viagem em português com uma voz única. Em todas os casos, não só as viagens, mas também as obras literárias provam o seu mérito.

Jan Morris
1926-2020

Nunca publicou a sua primeira obra, à qual deu o título de *Travels through the Telescope* [Viagens pelo telescópio]; tem cerca de oito páginas e Morris tinha oito anos quando a escreveu. Fala dos pensamentos que lhe inspiravam as montanhas que via no País de Gales e de como as observava através de um telescópio. Mal sabia Morris que aquele seria o seu futuro.

Jan nasceu em 1926, em Inglaterra, mãe inglesa, pai galês, sob o nome de James Humphrey Morris. Serviu no exército britânico durante a Segunda Guerra Mundial, tornando-se correspondente de jornais ingleses, até se tornar autora independente. Considerava-se galesa por influência do pai e, apesar de todas as viagens que realizou ao longo da vida, viveu mais de quarenta anos na mesma casa, situada num remoto canto do País de Gales, entre as montanhas e o mar, com a sua companheira Elizabeth Tuckiness, com quem teve cinco filhos.

Para quem esteja menos familiarizado com Jan, não é uma gralha a utilização do artigo masculino para se referir a ela até aos 46 anos. Se, em 1972, não tivesse levado a cabo sua transição de gênero, não teria lugar neste livro. O que seria uma pena, pois é uma das mais extraordinárias e profícuas viajantes dos nossos tempos, tendo sempre um lugar de destaque nas listas dos melhores escritores de viagens do século XX, apesar de não gostar de livros de viagens e de não acreditar neles como género literário.

Ainda assim, escreveu mais de quarenta, bem como ensaios, memórias e a trilogia histórica sobre a ascensão e queda do Império Britânico, *Pax Britannica* [Paz britânica], para além de dois romances. Sempre reagiu a ser considerada escritora de viagens, pois isso limitava-lhe a criatividade: "Resisto à ideia de que a escrita de viagens deve ser factual. Acredito nas suas qualidades e no seu potencial como arte e literatura".[1] De facto, Jan fez literatura no sentido mais absoluto do termo, e os temas são os lugares. Sobretudo cidades, que afirma serem destilações da vida humana, e de que consegue fazer as mais notáveis exposições, captando o espírito, a essência e os pormenores mais íntimos, singulares e até rocambolescos.

Mas também pessoas. No seu livro *Contact* [Contacto], de 2010, tendo chegado à conclusão de que sempre se preocupara mais com os lugares do que com as pessoas — "Numa vida de viagem e literatura, tenho escrito relativamente pouco sobre as pessoas. Lugares, atmosferas, histórias têm sobressaído mais na minha, por vezes, demasiado ornamentada prosa." —,[2] resolve fazer o seu ato de contrição, elegendo como tema as pessoas que conheceu ao longo da sua vida de viajante. Não só os desconhecidos, mas também personagens como John F. Kennedy, o presidente egípcio Nasser e até mesmo Adolf Eichmann, a cujo julgamento assiste e que compara, algo frivolamente, a uma dona de casa. "Pureza absoluta do contacto, é o que importa, e algumas vezes alcancei-a."[3]

No blogue de Morris podem ler-se entradas como esta, de 19 de janeiro de 2012: "Viajar é não só um modo de se passar um bom momento, mas algo que qualquer cidadão que se desse ao respeito deveria empreender, como uma dieta rica em fibras, por exemplo, ou usar um desodorizante".[4]

Talvez por isso todos os seus livros sejam autobiográficos, segundo ela própria afirma. Para além de inteligentes, perspicazes e reveladores de um fascinante poder de observação. Reminiscências prováveis dos seus primeiros tempos como repórter, naquilo que era um propósito firme de entrar no mundo da literatura através do jornalismo, persuadida por exemplos de autores americanos, segundo confessou.

Começa sua vida de viagens bastante jovem, aos dezessete anos, quando entra no 9º Regimento de Lanceiros, corpo de elite do exército britânico, pouco antes de começar a Segunda Guerra Mundial: "Como começou tudo? Começou simplesmente porque Sua Majestade, na altura, me disse para ir ao estrangeiro ao seu serviço".[5] A simplificação é excessiva, ela própria o reconhece, e sabe que começa a viajar porque tem o impulso de ver o que está do outro lado da colina. Esse impulso tem uma origem inexplicável, e uma vez que a ele se sucumbe não há retorno possível.

E não houve. Ao serviço do exército, viajou para Itália, Palestina e Médio Oriente. Quando deixou a vida militar, tornou-se correspondente de jornais ingleses como o *The Times*, que segundo ela se considerava o "maior jornal do mundo", ou o *Manchester Guardian*, que se achava "o mais esclarecido". A melhor das escolas, em que à possibilidade da escrita se aliava o prazer da viagem. No *The Times*,

Contemporâneas

por exemplo, serviu como correspondente em locais tão diversos como Egito, Escandinávia, Índia ou Estados Unidos.

O primeiro livro de viagens — *Coast to Coast* [De costa a costa], publicado em 1956, e que lhe valeu o primeiro prémio literário — resulta de um ano a viver nos Estados Unidos, sendo o capítulo inicial da obra, "Manhattan", o seu primeiro ensaio sobre uma cidade. Seguir-se-ão outros notáveis exemplos, como *Sultan in Oman* [Sultão em Omã], de 1957, *Veneza*, de 1960, *The Presence of Spain* [A presença da Espanha], de 1964, que considera um dos seus melhores trabalhos, ou *The Oxford Book of Oxford* [O livro Oxford de Oxford], publicado em 1978.

Assistiu a momentos-chave da história, e a sua biografia ficará para sempre ligada ao facto de ter sido a repórter a dar notícia de que pela primeira vez na história o homem tinha conseguido chegar ao cume do Evereste. A data tornou-se ainda mais importante porque Morris, com risco da sua própria vida, conseguiu enviar a notícia ao *The Times* a tempo de ser publicada precisamente no dia da coroação da rainha Isabel II, a 2 de junho de 1953. Morris assegurara um *scoop* ou furo jornalístico que lhe deu fama instantânea. Muitos anos mais tarde, numa recepção em Buckingham, Jan surpreenderá a longeva monarca quando lhe pergunta se se lembra de que a notícia da primeira subida ao Evereste lhe tinha chegado no dia da sua coroação. A rainha, um tanto surpreendida, afirma lembrar-se perfeitamente do feito, ao que Jan responde: "Bom, fui eu que trouxe a notícia do Evereste para que lhe chegasse a tempo!".

Apesar de a incluir no capítulo das contemporâneas, Morris será de facto a última das clássicas e, paradoxalmente, extraordinariamente moderna. A sua escrita é subjetiva, frequentemente afirma que não escreve sobre lugares mas sobre o impacto que os lugares tiveram nela. Não tende a ser autorreflexiva e não embarca em aventuras exóticas a bordo de transportes alternativos. Nunca a veremos a atravessar um deserto de camelo ou a percorrer uma região em balão de ar quente, mas não hesita em colocar-se em situações de risco para chegar aonde precisa. Os seus livros, segundo a própria, são mais históricos

276 *Mulheres viajantes*

que topográficos. Assiste ao auge e ao declínio do Império Britânico, e é uma testemunha a um tempo intimista e profundamente aguda da história do século xx, embora diga que todos os seus livros são autobiográficos e que escreve para ela própria:

> Escrevo inteiramente para mim. Sempre um ato puramente egoísta, sempre foi. Escrevi quarenta livros e todos eles foram autobiografias, cada um deles. Tenho sempre o cuidado de dizer às pessoas, não é isto que vais encontrar num lugar, isto é apenas o efeito de um lugar na minha sensibilidade particular.[6]

Confessa no prefácio do primeiro volume da trilogia *Pax Britannica* a sua atração pela estética do império, mas evita o compromisso com a ideologia subjacente:

> Não tinha intenção de exibir uma tomada de posição moral sobre o império. Tratei-o como uma imensa exposição. Em geral aceitei os pontos de vista morais dos que o faziam na altura. Coisas que nos parecem agora perversas nem sempre assim pareceram na era vitoriana. Aceitei isso. Como este é um ponto de vista essencialmente evasivo, decidi que de nenhuma maneira faria uma análise do império, mas antes uma evocação.[7]

Compara-se ao jovem centurião romano que assiste aos últimos estertores do Império Romano, mas que ainda se lembra do seu esplendor e decide fazer um relato daquilo que sente e vê.

Veneza será também um dos expoentes máximos da sua escrita. Escreveu-o como James, mas reviu-o em posteriores edições como Jan. O que não altera em grande coisa a sua natureza:

> Não é um livro de história, mas contém necessariamente muitas passagens históricas. […] Também não é um guia, mas no capítulo 21 apresento uma lista dos monumentos que vale a pena visitar […] em nada se assemelha à reportagem objetiva que eu imaginara inicialmente. Era um retrato

Contemporâneas

subjetivo, romântico, impressionista, não tanto de uma cidade, mas de uma experiência. É Veneza vista num dado momento, por determinados olhos. [...] Independentemente das falhas desta obra (e admito duas ou três), ninguém pode negar que é feliz. O livro emana um espírito de deleite.[8]

O deleite consubstanciou-se em algo mais palpável, pois foi o sucesso editorial desta obra que permitiu à autora dedicar-se à escrita a tempo inteiro a partir de 1961, abandonando o jornalismo e prosseguindo a ansiada carreira literária.

E é delicioso percorrer Veneza através do olhar de Morris. Emanam das suas páginas uma atenção, um sentido do humor, uma ternura, que a tornam a obra de referência sobre a cidade. Não resulta difícil amar Veneza, apesar das hordas de turistas, um milhão anual na altura em que Morris revê o texto, para cima de 25 milhões nas estatísticas atuais. Como não nos apaixonarmos pela quadriga de cavalos que enfeita a fachada da Basílica e que foi substituída por uma réplica em 1983?

Agora os cavalos deixaram para sempre o seu miradouro [...] e foram substituídos naquela posição sobranceira à Praça por réplicas monótonas. [...] É-me difícil imaginá-los fechados, longe da luz do sol, pois sempre me pareceram, a mim e a gerações de venezianos, criaturas vivas, animadas pelo génio dos seus criadores anónimos. [...] Foram muitas as vezes em que os vi dar piafés na alvenaria, sob o céu estrelado da meia-noite de Veneza; e certa vez ouvi o relinchar do segundo cavalo da direita, tão antigo, corajoso e metálico que o crocodilo de São Teodoro, elevando a cabeça por baixo dos coturnos do santo, respondeu com uma espécie de bramido.[9]

A sua biografia não ficaria completa se omitíssemos aquilo que a levou a escrever e publicar *Conundrum* em 1974.[10] A palavra em inglês significa enigma, mas um enigma cuja resolução é particularmente difícil e complicada. Assim foi o percurso de Jan até à sua transição de género, apesar de desde muito cedo saber identificar o que a angustiava:

278 *Mulheres viajantes*

"Tinha três ou talvez quatro anos quando me dei conta de que tinha nascido no corpo errado e de que deveria ser realmente uma rapariga".[11] Avassalador enigma, sempre difícil para quem o sofre na pele e para os que rodeiam essa pessoa, mais ainda numa época em que nada se falava e pouco se sabia sobre o tema. O livro descreve numa linguagem suficientemente explícita para ser entendida, mas simultaneamente equilibrada para omitir os detalhes que poderiam alimentar as curiosidades mais mórbidas, todo o seu trajeto até àquele dia de 1974, quando numa clínica em Casablanca James dá lugar a Jan.

Foi um caso de sucesso particularmente notável. Jan não sofreu, como a própria admite, qualquer tipo de angústias ou traumas provocados pela operação, e a única consequência mais evidente na sua vida foi a necessidade de se divorciar da mulher, já que a Inglaterra não admitia casamentos entre pessoas do mesmo sexo. É essa a razão pela qual faz a operação em Marrocos; o médico na Inglaterra obrigava-a a divorciar-se antes da operação, algo que lhe não era exigido em Casablanca e que ela só fez quando achou oportuno. Continuaram, porém, a viver como casal e em família.

De resto, a nível profissional não teve qualquer problema. As publicações para que escrevia não queriam saber o género de quem segurava a caneta. Passa a assinar Jan, materializando-se na mulher que sempre fora.

Dir-se-ia ser este o caso ideal para detectar diferenças na escrita entre homens e mulheres. Não as há de uma forma evidente. Jan manteve o estilo inteligente, preciso, elegante, agudo, humorístico e desprendido que sempre caracterizou a sua escrita e continuou a ter o mesmo grau de intimidade e erudição sobre os lugares que visitava. Talvez porque nem James fosse tradicionalmente masculino na sua escrita nem Jan feminina na sua. Talvez porque o género se atenue na literatura. Talvez porque a escrita não tenha género.

Nem todos concordam, claro. Numa recensão do *New York Times* sobre outro livro autobiográfico de Jan, *Pleasures of a Tangled Life* [Prazeres de uma vida complicada], publicado em 1989, o cronista afirma que a escrita de James é "máscula", enquanto a de Jan pode ser provocante, irritante ou tonta. A escritora Rebecca West, também ela autora de obras fundamentais na literatura de viagem, que considerou Morris "talvez a melhor escritora descritiva dos nossos tempos", disse, não sem certa crítica, que, apesar de todos os seus livros serem muito agradáveis, "ele" era certamente melhor escritor do que "ela". Do que não há dúvida é que ela é uma pessoa mais feliz e realizada do que ele, e isso também se nota na sua escrita.

Aos 81 anos, tomou a decisão pública de deixar de viajar e admitiu andar a escrever um livro póstumo chamado *Allegorizings* [Alegorizações], que trata de todo o tipo de assuntos, para demonstrar que "nada é tão simples como parece". O livro foi publicado no mundo anglo-saxónico em 2021, uns meses após a sua morte, sendo lançado em português em 2023.

Dervla Murphy
1931-2022

Ao olhar para a biografia da irlandesa Dervla Murphy até ao momento em que começa a viajar, dir-se-ia que se trata de uma daquelas mulheres do século XIX que só depois de resolverem as suas responsabilidades domésticas puderam embarcar para destinos longínquos, pelos quais ansiavam desde jovens. De facto, Dervla

280   *Mulheres viajantes*

descobriu o que queria fazer ainda em criança, mas as circunstâncias familiares impediram-na de o realizar precocemente.

> No meu décimo aniversário uma bicicleta e um atlas coincidiram como presentes, e uns dias mais tarde decidi pedalar até à Índia. […] pareceu-me na altura, como me continua a parecer agora, uma decisão lógica, baseada na descoberta de que a bicicleta era um dos mais satisfatórios meios de transporte e que (excluindo a URSS, por razões políticas) o caminho para a Índia oferecia menos obstáculos aquáticos que qualquer outro destino a uma distância semelhante.

A decisão foi tomada no princípio de dezembro de 1941, e a 14 de janeiro de 1963 Dervla iniciava a aventura de pedalar de Dunquerque até Deli. A viagem só começou depois da morte da mãe, de quem cuidou até aos últimos dias. Quando partiu, nas suas próprias palavras, sentia-se como um elástico esticado até ao ponto de ruptura.

Filha de dublinenses, Dervla Murphy nasceu e foi criada em Lismore, pequena cidade no condado de Waterford, para onde o pai havia sido transferido como bibliotecário municipal. A descoberta de artrite reumatoide na mãe quando Dervla tinha um ano impediu o casal de ter mais filhos. Iniciou a sua educação no Convento das Ursulinas, mas foi forçada a deixá-lo aos catorze anos, para prestar cuidados à progenitora, cada vez mais dependente.

Ao longo dos dezesseis anos em que cuidou da mãe, viajou por períodos curtos, não mais de um mês, percorrendo o País de Gales, o sul de Inglaterra ou mesmo aventurando-se no continente, sempre de bicicleta, e encorajada pela própria mãe, para Espanha, Alemanha e França. Claro que estas viagens eram já importantes — tanto assim que conseguia vender artigos para publicações como o *Irish Independent* —, mas não se equiparavam à viagem com que Dervla sonhava desde os dez anos.

No espaço de um ano ambos os pais morreram, deixando-a livre para pôr em prática o que tanto desejara. É assim que a robusta Dervla se lança com a sua não menos robusta Roz (de Rozinante),

Contemporâneas

uma Armonstrong Cadet de homem, a caminho da Índia. As duas partem — e digo as duas porque Dervla trata a bicicleta como uma verdadeira personagem — em janeiro de 1963, chegando a Nova Deli cerca de seis meses depois, a 18 de julho. O livro que relata a aventura, *Full Tilt: from Dublin to Delhi With a Bicycle* [Velocidade máxima: de Dublin a Deli com uma bicicleta] oferece uma lista das coisas que a autora leva, todas selecionadíssimas, pois cada objeto supérfluo é mais peso na sua mochila: uma muda de roupa, artigos de higiene, alguns medicamentos básicos, material para a bicicleta, o livro de poemas de William Blake e, curiosamente, uma pistola automática. Revela também quanto lhe custou a viagem: 64 libras.

Dervla atravessa a Europa no inverno de 1963. Considerado um dos piores de sempre (foi o mais frio em Inglaterra desde 1814), passou à história como The Big Freeze, devido à descida abrupta das temperaturas, razão pela qual a viagem é adiada uma semana, à espera de melhorias climatéricas. Mas a espera atinge o limite da sua vontade, mais uns dias e o elástico soltar-se-ia, pelo que a afoita viajante se faz à estrada em cima da sua galante Roz. O gelo e a neve tornam muitas das estradas intransitáveis para frágeis velocípedes, razão pela qual em diversas ocasiões se vê obrigada a aceitar boleias de camionistas. Numa dessas ocasiões, perto de Belgrado, depois de várias tentativas para sair da cidade por estradas principais mas perigosas devido ao gelo, o camião onde segue entra por uma estrada de montanha secundária e despista-se. Dervla vê-se obrigada a procurar auxílio, atravessando um atalho pela floresta até à aldeia mais próxima. Na escuridão, é atacada por três lobos famintos, mas a pistola salva-lhe a vida.

Voltará a usá-la mais algumas vezes. Por exemplo, numa aldeia turca povoada por curdos, povo que não colhe as suas simpatias. Acorda no albergue onde pernoitava com um homem inclinado sobre ela, obviamente com não muito boas intenções. Mais uma vez, a sua automática escondida debaixo da almofada resolve a situação com um tiro disparado para o ar. Já no Irão, voltará a usá-la para dispersar um grupo de ladrões que lhe pretendem levar a Roz.

Mas também sabe quando a prudência aconselha moderação no uso de tão letal instrumento, como na ocasião em que um polícia fardado, no Azerbaijão, a conduz ao que ela julga ser uma esquadra, mas verifica ser afinal uma casa privada, onde o polícia a encerra:

> Ao princípio o meu captor foi insinuantemente amável. Mas cedo, tendo percebido que as mulheres europeias não são tão obsequiosas como ele supusera, perdeu totalmente o controlo, e a cena seguinte é demasiado sórdida para ser contada. Como o meu adversário se encontrava armado com um revólver, deixei a minha arma no bolso e usei táticas que não se podem descrever para o reduzir a um estado de agonia temporária.[12]

Cada qual use a sua imaginação para efabular sobre a defesa utilizada.

O livro é um relato impressionante de uma aventura ímpar, contada com graça, em estilo direto e despretensioso. O carácter prático desta irlandesa faz com que aquilo que foi evidentemente uma aventura extraordinária se transforme numa habitual rotina diária. Dervla rejeita a ideia de coragem nas suas iniciativas: segundo ela, a coragem existe quando se vence o medo; ora, como ela não sente medo, não precisa de coragem. Bastante elementar.

A viagem no geral corre bem, e Roz vai abnegadamente resistindo tanto aos rigores do inverno europeu como à dureza do calor desértico do Irão, às impraticáveis estradas afegãs ou às mais íngremes montanhas paquistanesas. Dervla também suporta tudo, apesar da pele totalmente queimada pelo sol, que chega a entumecer-lhe um dos braços quase ao dobro do seu tamanho, condição que um amável camionista afegão tenta resolver aplicando-lhe óleo de carro com um encardido pedaço de pano: "Ele foi tão delicado, que o tratamento não me causou qualquer dor, mas resta saber se óleo de motor Premium Pure numa queimadura solar em carne viva representa a cura ou o início de uma prolongada doença fatal".[13]

O estoicismo desta corajosa mulher revela-se, por exemplo, na capacidade de aguentar vários dias com as costelas partidas, chegando inclusive a empreender uma jornada a cavalo nessa condição. O relato do episódio é simultaneamente aterrador e hilariante. A aventura decorre ao dirigir-se a Bamian, cidade famosa por albergar os célebres budas, depois de Roz ter sucumbido aos agrestes pináculos do Shibar Pass, que se elevam três mil metros acima do nível do mar.

Terá de percorrer os escassos trinta quilómetros que a separam de Bamian no que talvez possa ser considerado o pior autocarro de todos os tempos:

> Os meus outros autocarros eram luxuosos comparados com este. O chão estava coberto de excrementos de ovelhas e cabras e o volante mantinha-se numa só peça com esparadrapo — um dispositivo não muito adequado para acalmar os nervos de uma pessoa numa jornada por este terreno.[14]

Um entardecer chuvoso de abril no topo de uma montanha afegã é habitualmente frio, sobretudo quando se está à espera de que o autocarro, naturalmente desprovido de janelas, encha até ao limite. Mas há sempre lugar para mais um; depois de rechear o interior com pessoas e animais e o exterior com pilhas de bagagem num periclitante equilíbrio, ainda consegue a potente máquina dar espaço a mais nove homens, que se encavalitam no tejadilho!

As peripécias são inúmeras, desde avarias no motor até andar em completa escuridão por uma estrada em espiral onde mal cabia um veículo, a três mil metros de altitude, passando por uma violentíssima tempestade que se abate sobre os passageiros com tal sanha que o granizo lhes arranca pedaços de pele do nariz:

> Há limites mesmo para a rijeza afegã, e quando esta demonstração começou o autocarro parou para que os nove homens do tejadilho viessem para baixo. Como o "interior" já estava superlotado para além do que é possível imaginar, passei a ter três crianças ao colo durante o resto da viagem; tinha apenas uma de dois anos no começo.[15]

Apesar do terror que o trajeto feito à beira de um abismo inspira, ela reconhece que a maravilha da paisagem vale a pena:

> Para mim, toda a viagem não ficou muito aquém de suicida. Porém, que experiência ver uma paisagem, já por si dramática, em tão melo-dramáticas condições — como o cenário de *Fausto* concebido por um coreógrafo inspirado.[16]

Não fossem as circunstâncias atmosféricas suficientemente inten-sas, um outro melodrama começa a desenrolar-se no autocarro, quando o *bacha*, rapaz que assiste o condutor, aumenta o preço da viagem de dez para doze *afghanis*: "O inferno então soltou--se e, enquanto eu amontoava as crianças debaixo do assento, um furioso membro de uma tribo, brandindo a sua espingarda, subiu por cima de mim tentando chegar ao condutor; o *bacha* empurrou-o, e ele caiu para trás, dando-me uma terrível coro-nhada nas costelas".[17]

Quando condutor e passageiros acordam o preço, onze *afghanis*, e chegam finalmente a Bamian a meio da madrugada, conseguindo, após mais algumas peripécias, alcançar o hotel, Dervla descobre que "aqui não havia (a) comida ou bebida de nenhum tipo, (b) luz, (c) água, (d) aquecimento e (e) apenas existia um fino cobertor em cada cama. Como nos encontrávamos agora 2.600 metros acima do nível do mar (f), não tinha nenhuma piada".[18]

Esta é a alucinante história de como acaba com as costelas par-tidas, de que só tratará uns dias mais tarde, já que antes quer co-nhecer a região de Bamian. É aí que faz a excursão a cavalo, caindo num sofrimento físico insuportável. Mas ver, ver tudo até ao limite, parece ser o lema da irlandesa:

> Quão estúpido se pode ser? Acordei esta manhã a sentir a minha cos-tela francamente pior; mas quando estava a tomar o pequeno-almoço o comandante da polícia veio e disse que, como não havia sinal de

qualquer autocarro a sair de Bamian no futuro próximo, talvez eu gostasse de passar o dia a montar pelo vale? O senso comum impelia-me a dizer: "Não, obrigada, é muito gentil da sua parte, mas não com uma costela partida". Porém, a tentação era muito forte — um dia a cavalo no Hindu Kush é para mim a coisa mais próxima do céu.[19]

O Afeganistão é o país que mais a impressiona e de que mais gosta. Nele vê uma espécie de paraíso genuíno, que espera não se deixe seduzir pelas aparentes vantagens do progresso, de que é uma feroz opositora. Quando está prestes a deixá-lo, já na fronteira, os funcionários perguntam-lhe se gostou do país e que opinião fez acerca da central hidroeléctrica:

> Disse-lhes que tinha desfrutado mais no Afeganistão do que em qualquer outro país do mundo, mas que o circuito de bicicleta entre Cabul e a fronteira tinha sido menos aprazível porque aí o "progresso" é mais rápido. Olharam para mim como se fosse uma lunática e separámo-nos.[20]

Ela não tem medo de emitir a sua opinião, que no mínimo será controversa, sobre os benefícios do atraso, que ela vê como favoráveis ao povo afegão: "Por agora estou apaixonada pelo Afeganistão, pela sua cortesia e pelo seu vagar e pela sanidade subjacente a uma área suficientemente afortunada para ter permanecido de facto muito atrasada...".[21]

E revolta-se contra os que a advertiram para os inúmeros perigos da região, o que a deixara inicialmente algo insegura. O fascínio é tal, que um dos amigos a quem vai enviando as cartas que mais tarde servirão de base ao livro pede-lhe que não se torne demasiado "afganática".

Também não teme abordar as questões políticas, comentando a disputa entre os interesses americanos e soviéticos. A política, aliás, será sempre um assunto que despertará o interesse de Dervla, como o provam os livros que escreveu ao longo da vida. Prova-o também o facto de terminar a viagem em Deli, onde ficará três meses

286 *Mulheres viajantes*

a trabalhar como voluntária com os refugiados tibetanos, causa que apoiará toda a vida e da qual se torna ativista.

Em 1968, dá à luz a sua filha Rachel, que educará sozinha, decisão que lhe valeu o elogio de alguns, que aclamaram a coragem de ser mãe solo na conservadora e católica Irlanda dos anos 1960. Nada que a perturbe; com trinta anos e financeiramente independente Murphy não deve nada a ninguém. Fará apenas um interregno de cinco anos nas suas deambulações, trabalhando como revisora, após o que retomará as viagens, desta feita com a filha, o que lhe vale algumas críticas.

Rachel tem apenas cinco anos quando parte com a mãe para a Índia, e a aventura é descrita em *On a Shoestring to Coorg* [Com pouco dinheiro para Coorg], publicado em 1976. Com mais de 25 livros publicados, entre relatos de viagem e autobiografia, a lista de viagens é quase interminável. O par visitará o Peru, é já Rachel uma experiente viajante de nove anos, fazendo-se transportar numa mula. Madagáscar será outro destino. *Cameroon with Egbert* [Camarões com Egbert], publicado em 1989, sendo Egbert um cavalo, relata a última viagem que fazem juntas, onde frequentemente Dervla é confundida com o marido da filha.

Os seus últimos livros abordam o conflito entre Israel e Palestina — *A Month by the Sea* [Um mês à beira-mar], publicado em 2013, trata da experiência na Faixa de Gaza, em 2011, refletindo sobre a angústia de uma população que vive isolada numa situação política de permanente impasse. Interessam-lhe, como sempre, as pessoas, e fala com islamitas, liberais, simpatizantes do Hamas e do Fatah, procurando dar voz a todos. Em *Between River and Sea: Encounters in Israel and Palestine* [Entre o rio e o mar: encontros em Israel e na Palestina], publicado em 2016, continua a chamar a atenção para a situação dramática em que vivem as pessoas afetadas pelo conflito e relata as suas experiências naqueles territórios.

De natureza pragmática, fumadora de cigarrilhas Café Crème, que com a idade teve de deixar, nunca abdicando porém da sua bem-amada cerveja, continuou até ao fim dos seus dias a preferir a simplicidade ao luxo. Era frequente ser ela a marcar uma pensão para os congressos em que era convidada, recusando os hotéis mais caros onde a queriam albergar, e quando tinha mesmo de ir fazia-o com a máxima sobriedade, sem adornos, sem galas. Era raríssimo vê-la de vestido. Sempre acreditou, pela sua enorme e acumulada experiência, que "a maior parte das pessoas no mundo são prestáveis e de confiança".[22] Depois de mais de cinquenta anos de viagens, é reconfortante ouvi-la dizer isso.

Mas que outra coisa se poderia esperar de uma mulher que afirma: "Viajar não me mudou. Quando regresso (depois de uma viagem ao estrangeiro), retomo a minha vida caseira na Irlanda. Tenho um gato e três cães, por isso sou sempre muito bem-vinda. O lugar onde vivo, em West Waterford, é um belo canto da Irlanda, e sou muito feliz aqui".[23]

Viveu sempre numa casa sem aquecimento. Morreu em 2022, aos noventa anos, em Lismore.

Alexandra Lucas Coelho
n. 1967

Sempre quis escrever. Sempre quis viajar. No jornalismo encontrou a simbiose dos dois mundos. Se há uma herdeira direta do espírito viajante e aventureiro das mulheres que nos ocuparam nos capítulos precedentes, ela chama-se Alexandra Lucas Coelho e é portuguesa. Alexandra não só é uma arrojada jornalista, como também

288 *Mulheres viajantes*

uma escritora que vai forjando o seu caminho na literatura. Ela encarna a procura e a insatisfação que subjazem a quem quer partir: "Portugal nunca bastou a Portugal. [...] Partimos porque não podemos ficar, voltamos porque nunca partimos".[24]

Depois da licenciatura em ciências da comunicação, inicia um percurso profissional na rádio, integrando a equipa de repórteres daquele que seria o seu primeiro mestre na profissão, Francisco Sena Santos, na Antena 1. Já antes, aos dezessete anos, havia colaborado numa rádio pirata, a Universidade Tejo, balão de ensaio para muita gente, como a própria afirma. Fez um estágio no *Público*, aquando da sua fundação, entrando para o jornal anos mais tarde como repórter e assegurando a edição de suplementos como o *Leituras* e o *Mil Folhas* e, ainda, em parceria, a secção de cultura.

Da literatura à viagem: começa por interessar-se pelos países de Leste, Rússia à cabeça, levada pela escrita dos mestres Tolstói, Dostoiévski ou Tchékhov, entre outros tantos que a atraem a um país literário, não ideológico. Assistiu por acaso à tentativa de golpe contra Gorbatchov, enquanto passava férias na então União Soviética. Tinha 22 anos e foi a primeira reportagem que teve de fazer numa emergência. Assim se construiu a intuição que hoje tem para procurar a história, a das pessoas e a dos acontecimentos em paralelo. Cobriu a guerra da Bósnia e esteve numa Sarajevo assolada por *snipers* e incertezas, mesmo depois da guerra.

A literatura levou-a também ao Médio Oriente. Influenciada pelo *Quarteto de Alexandria*, de Lawrence Durrell, e por Cavafy, personagem do livro e poeta real da cidade, parte em abril de 2002, durante um mês, para Alexandria, onde se inaugurava a nova biblioteca.

Assim que aterra no Cairo recebe um telefonema do jornal: há uma invasão de Israel aos Territórios Ocupados, pode cobrir a história? Sem dúvida, a sua bagagem cheia de literatura muda de destino, em vez de Alexandria vai para Jerusalém, onde fica um mês e meio a escrever sobre a invasão. Este Médio Oriente que Lucas Coelho vive distancia-se do das mulheres que a precederam

Contemporâneas

neste livro. Não há aqui o apelo do exótico, esta é agora uma zona de conflito e guerra. Alexandra continuará a viajar pela região nos anos seguintes, vivendo em Jerusalém entre 2005 e 2006, onde foi correspondente do *Público* durante seis meses.

A experiência resultou na publicação do primeiro livro, *Oriente Próximo*, que nos oferece vívidas perspetivas dos dois lados do conflito e da multiplicidade de pessoas e de crenças que se cruzam naquele espaço. Não se tomam partidos, relatam-se situações, oferece-se a realidade o mais objetivamente possível, a repórter esconde-se atrás da história que procura, muitas vezes narrada em discurso direto pelos seus protagonistas. Mas percebe-se o desequilíbrio de forças: nenhum olhar pode permanecer inocente perante a morte ou a violência desproporcionada. Podíamos dizer que o livro dela nos aproxima do conflito e tenta ir às suas raízes, mas não é só isso que faz, as suas palavras aproximam-nos das pessoas, ficamos a conhecê-las pelo nome, a saber a sua distância face a um território que não repousa, que nem sequer é uno. Ser mãe, professor, médico ou artista em Israel ou na Palestina não é o mesmo que sê-lo em qualquer outro país:

A diferença entre quem aos 22 anos lê Wordsworth em Oxford e em Gaza não é só acordar com o céu a explodir e nunca ter visto uma floresta. Também pode ser sustentar pai, madrasta, irmãos e irmãs, sete pessoas ao todo.[25]

O retrato é de Imad, jovem estudante de Literatura Inglesa na Universidade Islâmica de Gaza.

Alexandra Lucas Coelho regressa a Alexandria para a entretanto adiada inauguração da biblioteca. A cidade desejada da literatura torna-se real e não importa o que se espera porque tudo pode coexistir nas cidades idealizadas, aquilo que se leu, aquilo que se imagina e o que é a realidade. É da energia gerada pelo conflito destas três camadas que a viagem acontece. Por isso é sempre única e sem desilusões.

O Médio Oriente, esse Oriente que ela tornou mais próximo, daria para preencher uma vida de jornalista com histórias fascinantes e terríveis, mas Lucas Coelho quis procurar outros desafios. Em 2008, parte um mês para o Afeganistão, um ato destemido que lhe valerá o seu segundo livro e mais crónicas jornalísticas. *Caderno afegão*, relato em forma de diário, é o testemunho de uma mulher ocidental à procura de histórias de um país assolado pela guerrilha, o terrorismo, a ocupação, os vestígios do radicalismo talibã, a divisão entre diferentes etnias, diferentes povos, diferentes clãs. É perigoso viajar no Afeganistão, é preciso coragem, é preciso fé para acreditar que tudo correrá bem, é preciso determinação para provar que só através das histórias é possível resgatar a identidade de cada uma das pessoas de que fala no seu livro. E dos lugares também. Mas o perigo é mais ameaçador à distância:

> Rebentamentos e helicópteros Apache, mas crianças a tomar banho no braço do rio. Porque não? Está calor. E tudo aqui é tão menos assustador por ser a vida de todos os dias. Cabul parece perigoso visto da Europa, depois Kandahar parece perigoso visto de Cabul, depois Arghandab parece perigoso visto de Kandahar. E no fim de tudo há sempre homens que vendem bebidas de lata ou têm pomares, homens e crianças descalças a tentarem viver num país sacudido por 30 anos de guerra fria e quente.[26]

Nos momentos de maior tensão, impõe-se-lhe a pergunta clássica: "O que estou aqui a fazer? É como se o céu a todo o momento fosse explodir".[27]

Contudo, ela sabe o que está a fazer e, a par de todas as outras histórias, não deixa, tal como muitas das viajantes que a precederam, de falar da condição feminina no Afeganistão: "Em Kandahar, uma mulher pode morrer porque o homem que decide a vida dela não a quer levar a um médico homem, e ao pé disto uma *burqa* é uma *burqa* é uma *burqa*".[28]

Escrita assim, uma frase vale mil imagens.

Em 2010, novo livro de viagens: *Viva México*. O México não é um país para fracos, ela sabe-o e atravessa-o, dando-nos a realidade dura e amarga da miséria e da violência, mas também a história, a arte, o belo, a firmeza dos que contra todos os horizontes sombrios teimam em resistir. A morte celebrada em festa. Impressiona como em pouco menos de um mês de estadia ela, que confessa nada saber do país antes de lá ir, consegue absorvê-lo tão profundamente. O México será a sua viagem mais importante num lugar onde todos os tempos coexistem, séculos dentro do mesmo dia.

> O México dá vontade de chorar, um choro de séculos em que não percebemos porque choramos, se somos nós que choramos, se não seremos nós já eles. Nunca, em lugar algum, me pareceu que tudo coexiste, tempos e espaços, cimento e natureza, homens e animais, até aceitarmos que o nosso próprio corpo faz parte daquela amálgama acre, ligeiramente ácida, de pele suada com muito chili.[29]

Há algo inexplicável no que sente e vê, e nós seguimo-la quando entra, por exemplo, nessa estação de metro, Patriotismo, da Cidade do México, "como se descesse ao submundo dos astecas de agora", e se sente transportada pela massa de gente, até perder o pé fundindo-se entre as pessoas, "o êxtase da dissolução" numa espécie de movimento irreal em que tudo se acumula: "Só tenho uma palavra, e repito-a atónita, porque não me lembro de ter sido levada assim de enxurrada por um país. Comovente. O México é comovente. Se alguém falar comigo agora desato a chorar".[30]

Mas algo sabe sobre o México mesmo antes de lá ter estado, a literatura, o cinema, a música, que lhe compõem a bagagem intelectual. Apresentam-lhe o México os seus escritores e poetas, Juan Rulfo, Octavio Paz, o cinema de Buñuel, esse mexicano tardio, a voz de Chavela Vargas sempre incontornável e, claro, Frida, a quem dedica belíssimas páginas: "Frida usou o corpo como um altar mexicano, sublimando a dor. Partido por dentro, o corpo voltava-se para fora e resplandecia. Era o seu triunfo diário sobre a morte".[31] Mas não só mexicanos, também Herberto Helder, Artaud, Breton, Malcolm Lowry, Trotsky ou Tina Modotti e Le Clézio contribuem para essa imagem ainda difusa do país. Formula-o de outro modo, mas a mensagem continua a ser a mesma sobre as relações entre viagem e literatura: "Eu sabia que, mais tarde ou mais cedo, a viagem me conduziria à literatura, a essa experiência do mundo, de estar viva e de tocar um nervo".[32]

Transita por todas as latitudes e longitudes, "[...] do deserto do Chihuahua à selva do Yucatán [...]", para chegar à imagem possível de um povo, sempre dando a palavra às pessoas, historiadores, antropólogos, fotógrafos, escritores, jornalistas, vítimas, ativistas, zapatistas. Afirma não haver outra forma de viajar que não seja pelas pessoas.

Mas o México pode ser uma realidade visceralmente brutal: "O homem está deitado numa mesa de alumínio. Tem parte da cara desfeita e sangue na roupa. [...] São apenas 19h25 e como veremos há gente por matar".[33] O local: Ciudad Juarez, uma das cidades mais violentas do mundo.

É um mundo assustadoramente injusto. Veja-se a história de Eva, empregada numa *maquila*,[34] marcada pela violência desde a infância, menos de 150 euros de salário, dois filhos, violada pelo pai em criança, violada por três homens em adulta e com sentimentos de culpa por ter conseguido encontrar alguma paz e estabilidade numa relação amorosa com outra mulher: "O primeiro mundo está cheio de pessoas que têm aborrecimentos. E este mundo está cheio de pessoas que estão vivas não se sabe como, e ainda acham que têm de pagar".[35] É difícil não se emocionar com estes testemunhos; Alexandra sente isso quando visita um albergue que acolhe imigrantes na fronteira do Sul, gente mais pobre ainda que os mexicanos, da Guatemala, das Honduras, de toda a América Central, que arriscam a sua vida para chegar aos Estados Unidos. O padre que a leva a visitar o centro apresenta-a aos imigrantes que lá se encontram: "Hoje temos

Contemporâneas

293

uma pessoa que tem algo em comum convosco: é a primeira vez que está no México".[36] Irmana-os a travessia, mas quantas diferenças há nestes dois tipos de viagem. A que parte para descobrir, os que partem para sobreviver. Cruzam-se num trânsito improvável, estão no mesmo barco, pela primeira vez pisam solo mexicano: "Não seremos companheiros, mas já estivemos mais longe. Volto as costas, porque me caem as lágrimas pela cara".[37]

É um livro avassalador. É um livro que às vezes dá vontade de chorar. O que se pode esperar quando se vai ao fundo do país de Teotihuacán, o lugar onde os homens se fazem deuses?

Em 2011, já a viver no Rio de Janeiro, aproveitou umas férias para se juntar aos manifestantes que se revoltavam contra a ditadura de Mubarak na praça Tahrir, Cairo. Não resistiu ao apelo de presenciar a história a ser feita, a chamada "Primavera Árabe", num dos seus países mais emblemáticos, o Egito. Desses momentos vividos junto aos revoltosos surge o livro *Tahrir!*, uma exclamação que encerra a raiva, o desespero, a ânsia de mudança que os egípcios clamavam. Mais uma vez não hesitou em colocar-se no meio do turbilhão. O ritmo do seu mundo mede-se pela intensidade do mundo, numa relação quase orgânica.

Mas a necessidade de escrita não se sacia com livros de viagem. Numa mudança de registo, publica em 2012 o seu primeiro romance — *E a noite roda* —, que lhe valeu o Prémio de Romance e Novela da Associação Portuguesa de Escritores, na entrega do qual fez um discurso arrojado e demolidor na cara das autoridades públicas, sobre o estado do país.

Não sendo um relato de viagens, o romance tem como pano de fundo os lugares que Alexandra conhece bem: Jerusalém, Ramallah, Gaza, Acre, Nablus, Telavive-Jaffa, mas também Barcelona, Toledo, Madrid e até a Mancha, num périplo cervantino ou quixotesco. O conflito no Médio Oriente é o cenário, o homem e a mulher que se amam e se separam e se vão encontrando pelo mundo fora são jornalistas. A viagem a marcar a cadência. Ana Blau, a protagonista, a fazer as mesmas reportagens que Alexandra Lucas Coelho fez. E a ter os seus mesmos pensamentos? "Nada é tão bom como viajar. Sinto-me sempre de fora, num território flutuante."[38]

Livre de maniqueísmos por ter "experiência do mundo",[39] não é nem a portuguesa arrogante nem a que pede desculpa, é a que absorve, a que vê, a que come o que vê, filtrando uma antropofagia que colhe do país irmão, dessa imensidão tropical.

O Brasil tornou-a uma pessoa melhor. Partiu porque queria "experimentar a herança do colonialismo português depois de ter passado tantos anos a cobrir as heranças do colonialismo dos outros, otomanos, ingleses, franceses, espanhóis ou russos".[40] E a experiência resultou num dos seus livros mais arrebatados, *Vai, Brasil*.

Percorre o vasto território brasileiro, das metrópoles ao Amazonas, libertando-se do excesso de bagagem com que todo o português chega ao Brasil. Absorve tudo, incluindo, para escândalo dos puristas, a língua: "Português a falar brasileiro não tem jeito, mesmo quando tem. Mas o que não tem jeito mesmo é perder tempo a não ser entendido".[41] Pretende deixar-se trespassar pela língua, amplificá-la, entender o texto como som onomatopeico, produtor de imagens. São ideias que desfia, veloz e empolgada, quando fala da liberdade da língua e da sua identidade em movimento.

A mestiçagem do idioma vale por mil acordos selados em secretaria. É bonito de se ler o português de Lucas Coelho, embora ela duvide se de uma única língua se trata: "O que separa Portugal e Brasil não é a ortografia — é a sintaxe, a fonética, o vocabulário, o clima, a paisagem, o temperamento, acima de tudo a história".[42] É forte a sua exposição aos fulgurantes elementos naturais, culturais, sociais, políticos que um intenso Brasil e o seu povo lhe oferecem: "Viver o Brasil agora é uma exposição a essa energia, trespassa o corpo como trespassa a língua".[43]

E ao lado da grande panorâmica sobre o país, ficam as pequenas histórias, os momentos irrepetíveis, Caetano a cantar para uma plateia quase vazia numa noite de chuva "Não tinha lama, não tinha fracasso, duvide quem não viu. Aquilo foi amor".[44] Ou o retrato social do povo sem direito a nome em que cabem todos os nomes de quem vive na favela e quer sair dela. O retrato de "'Edineia, Ludineia, Rosicleia', que trabalha, e estuda e tem filhos e não descansa [...] E a sexta economia do mundo só existe por causa dela".[45]

Ou, ainda, viajar pelo Amazonas, como Alexandra o faz, numa rede pendurada no convés de um barco: "tantos quilómetros de barco como de Lisboa a Moscovo, vejo no mapa da Amazónia como isso é coisa de nada".[46]

Tal como Natália Correia (1923-1993) se descobria europeia na América do Norte, Alexandra sente-se mais portuguesa fora de Portugal, como quando ouve Amália no Brasil: "A minha Amália é esta, a meio da volta ao mundo. Jamais fui tão portuguesa".[47] Já no México surgia a ideia da identidade que se descobre no encontro com o outro: "A Europa está morta e eu sou europeia. Ou, mais exatamente, do Velho Mundo".[48]

A literatura de viagens não tem de explicar ou esclarecer um lugar, mas tem de nos dizer o que sentiu quem escreveu. Se for realmente boa, vai impelir-nos a partir. Alexandra não tem certeza alguma sobre o Brasil: "Eu insisto: estou sempre a mudar de ideias. Aliás, é por isso que cá estou". "Escândalo e milagre" em simultâneo, o Brasil abre todas as possibilidades e o seu contrário, é um gigantesco espaço enciclopédico em que cabem todos os contrastes, todas as pessoas, todos os climas. "Eu não acho nada do Brasil porque acho tudo do Brasil" — que melhor convite para partirmos à descoberta, mesmo sabendo, como ela, que "em momentos insanos até podemos achar que uma ideia nossa sobre o Brasil vai caber no Brasil, mas o Brasil nunca vai caber nela"?[49]

Depois de três anos no Rio de Janeiro, Alexandra Lucas Coelho voltou para Portugal, onde escreveu um romance tendo como pano de fundo o Brasil, *Deus-Dará — Sete dias na vida de São Sebastião do Rio de Janeiro, ou o Apocalipse segundo Lucas, Judite, Zaca, Tristão, Inês, Gabriel & Noé* (2016). Ainda no género romance, publica em 2018 *A nossa alegria chegou*, para no ano seguinte regressar ao território brasileiro editando *Cinco voltas na Bahia e um beijo para Caetano Veloso*. A autora explica a génese deste livro:

> O Brasil está na minha vida diária vai para uma década, fiz dois livros passados lá, o último levou bastante, só o dei por finalizado ao alcançar a edição brasileira, em maio de 2019. De volta a Portugal em junho, achei que o ciclo se completara, eu tinha coisas diferentes para escrever. Mas em julho, entre concertos portugueses, Caetano repetiu algo que me dissera anos antes: falta Bahia.[50]

E assim surge um livro sobre a Bahia com o qual a jornalista ganhou o Grande Prémio de Literatura de Viagens Maria Ondina Braga.

Continuaremos a ler Alexandra Lucas Coelho na esperança de que ainda lhe faltem muitos outros lugares pelo mundo para descobrir.

Tamara Klink
n. 1997

É uma das mais jovens mulheres a cruzar estas páginas, ganhando por mérito próprio um lugar nesta galeria de viajantes escritoras que souberam arrojar em grandes aventuras geográficas e, em paralelo, acompanharam essas deslocações com uma escrita singular,

Contemporâneas **297**

testemunhando o seu crescimento pleno de questionamentos, sem nunca deixar de criar os seus próprios desafios.

O primeiro grande feito de Klink, ou pelo menos aquele que a tornou mais conhecida, foi a travessia a solo do norte da Europa para o Brasil, no pequeno veleiro de nome *Sardinha*, que comprou pelo preço de uma bicicleta na Noruega. Tamara fez história ao tornar-se na mais jovem brasileira a atravessar o Atlântico em solitário.

Ela refere-se ao seu barco no feminino, e foi essa embarcação, a *Sardinha*, que se tornou protagonista, tanto quanto a própria viajante, para ousar o absoluto de uma travessia oceânica. "Mas a Sardinha me mostrou que era capaz. Ela me ensinou a fazer muito com muito pouco e a ir longe com o que eu já tinha."

Ela não é apenas uma grande viajante, ela é também uma excelente escritora, e o seu diário partilha o protagonismo com o barco.

> Este diário foi escrito em alto-mar, em portos de pesca de cidades estranhas, em linhas de trem, em prantos, em momentos de saudade, carência ou profunda alegria. É o diário de uma viagem que eu não esperava fazer, embora tivesse sonhado com ela desde sempre. Comecei a escrever sem saber se eu saberia fazer a viagem sobre a qual escrevia. Sozinha. Os escritos me fizeram companhia.

Há uma espécie de animismo grato nesse gesto de nomear e reconhecer as coisas como parte fundamental do trajeto, dando-lhes um sopro de alma e fazendo os objetos partilharem o seu sucesso. O barco, o diário, até os seus medos se erguem como alavanca multiplicadora do anseio de partir. Como se não fosse ela, e somente ela, a causa e o querer de tudo.

Tamara nasceu quase no virar do século, em 1997, em São Paulo. O sobrenome é sobejamente conhecido no Brasil, Klink, do pai Amyr, palestrante, escritor e, sobretudo, velejador experiente e o primeiro homem a atravessar o Atlântico Sul a remo, em 1984. São conhecidas as suas expedições à Antárctica, tendo completado a circum-navegação da Terra por duas vezes. A mãe, Marina Bandeira Klink, é fotógrafa, influenciadora de viagens e entusiasta das atividades ao ar livre, como a vela, o voo livre ou o mergulho. Tem duas irmãs, a gêmea Laura e a mais nova, Marina Helena. Cresceu com fortes ligações a Paraty, onde desenvolveu o seu vínculo com o oceano.

Aos pais deve o conhecimento do mar. A aprendizagem enquanto crescia foi intensa: aos oito anos realizou a primeira de sete viagens em família à Antárctica; empreenderia mais duas noutras expedições. Enquanto outras crianças passavam férias de praia ou iam à Disney World, desejo confesso da Tamara criança, as irmãs Klink entretinham-se fazendo o registo escrito do deslumbramento que viam naquele deserto branco tão cheio de pormenores por descobrir. Sabendo que o esquecimento acaba por ir apagando mesmo aquelas vivências que julgamos nunca esquecer, a mãe dera a cada uma um caderno com o compromisso de registarem o que viam em cada dia, aquilo que mais as impactava. Foi assim que começou a redação de diários para a jovem Tamara e se deu a descoberta do seu amor pela escrita.

> Estávamos de férias em um veleiro a caminho da Antártica. E eu queria saber como nadavam os pinguins, se a neve ao cair do céu tinha forma de estrela. Eu era criança, mas precisaria orquestrar minhas vontades entre a aventura e a disciplina. Pela primeira vez na vida, eu recebia a missão ingrata de gastar uma parte do tempo passando a limpo o que aconteceu. E o fiz. Com os anos, o desafio de escrever virou compromisso e o compromisso virou um amor sem o qual eu não sei ser.

Dessas viagens em família à Antártida, que eram acompanhadas pela escola como trabalho de campo, nasceria o primeiro livro escrito pelas três irmãs, *Férias na Antártica*, publicado em 2010. É, assim, desde muito cedo que Tamara, bem como as suas irmãs, são conscientes dos problemas ambientais do planeta, da necessidade de um desenvolvimento sustentável e do respeito pela biodiversidade, tornando-se palestrantes sobre estes temas junto dos jovens.

Não tenho dúvidas de que Tamara seria conhecida apenas pela sua arte como velejadora e por ousar empreender caminhos em solitário que à partida pareciam ser menos acessíveis às mulheres, mas tudo isso não a tornaria tão única se em paralelo não estivesse a traçar uma finíssima narrativa, essencialmente escrita, mas também sonora e em imagem, que testemunham a sua vivência enquanto mulher viajante.

A jovem Klink nasceu já viajante digital, pelo que é possível traçar a sua biografia a partir dos registos que vai deixando em vários meios, desde o seu canal no YouTube às diversas contas nas redes sociais. Antes mesmo da publicação dos seus livros, Tamara já fazia vídeos no seu canal sobre aquilo que ia vivendo, e percebe-se como é uma excelente contadora de histórias, quando a ouvimos falar das suas paixões, seja a navegação, uma cidade, como fazer uma mala de viagem ou a diferença entre arquitetura naval e engenharia naval.

É num desses registos que Tamara reflete sobre o poema de Fernando Pessoa:

Ó mar salgado, quanto do teu sal
São lágrimas de Portugal!
Por te cruzarmos, quantas mães choraram,
Quantos filhos em vão rezaram!
Quantas noivas ficaram por casar
Para que fosses nosso, ó mar!

No que é mais um exemplo da maldição de Ulisses de que falo no segundo capítulo, Tamara não percebe por que razão a conquista do mar era só reservada aos homens, e às mulheres ficava o papel de mãe ou noiva, mas não de navegante. Com desassombro e ironia afirma que a única diferença é não conseguir fazer xixi de pé; de resto as mulheres têm as mesmas capacidades que os homens, mesmo em termos de força, já que, em caso de perigo extremo, contra a esmagadora potência do mar não há força humana que resista.

Ela não queria só conquistar o mar, queria fazê-lo em solitário, porque ouvia as histórias dos homens do mar, as histórias do pai: "Conheci o mar antes de saber o que ele era. Meu pai nos colocava para dormir contando histórias de ondas gigantes, frio polar, tempestades e bichos que nunca tinham visto gente. Sozinha, eu vencia as ondas, uma a uma". Mas quando ouvia essas histórias e se imaginava um homem do mar, surgia um problema. "Como é que eu posso ser um homem do mar se para começar não sou nem homem?"

Precisou crescer e fazer por si própria a descoberta, encontrar nos livros exemplos de mulheres que partiram, que se aventuraram a navegar sozinhas, entendendo então que era possível as mulheres comandarem os seus próprios barcos.

Em 2020, encontrando-se a viver em França, onde fora estudar arquitetura naval em Nantes, aproveita o convite de um seguidor do seu canal do YouTube, Henrique, um professor brasileiro que mora com a família na Noruega, para ir a esse país velejar. Foi o ano do início da pandemia da Covid-19, que assolou o planeta e restringiu as deslocações, impedindo-a de voltar ao Brasil. Com a ajuda dele, e a boa vontade do anterior proprietário, compra a *Sardinha*. "Eu prefiro que o barco vá para uma jovem estudante que faça uma bela viagem, não para um norueguês que o deixe sempre parado numa marina. Eu vendo o barco pelo valor que você puder pagar. Fechado?"

Depois de consertar o barco, Tamara faz a sua primeira viagem na *Sardinha* a solo, cruzando o mar do Norte entre Ålesund (Noruega) e Dunquerque (França). Para uns meses neste país para concluir os seus estudos e, no dia 10 de agosto de 2021, parte de Lorient, França, para fazer a travessia do oceano Atlântico até ao Recife, Brasil.

Todo o processo desde a compra do veleiro à chegada ao Brasil é feito sem ajuda dos pais, até porque só uns dias antes contará à família que comprou o barco e que vai atravessar o mar do Norte. Sabia que o pai não lhe ofereceria qualquer ajuda e que a mãe ficaria tão preocupada que a tentaria dissuadir do feito. Para medos,

Contemporâneas

já os dela eram suficientes, não havia necessidade de atiçar outros. A única exceção foi a avó, que a apoia incondicionalmente e com quem mantém uma relação de grande afeto.

Desse primeiro trecho da travessia nasce o livro *Mil milhas*, onde narra as várias situações que vai passando durante a viagem, entre a Noruega e a França. É tão vívido o relato que de alguma forma nos sentimos ter embarcado na *Sardinha*, fazendo parte do cardume. Mas o texto conta mais do que apenas a viagem e quase simboliza um ritual de passagem à idade adulta, como se atravessando em solitário os perigos do oceano Tamara deixasse para trás as incertezas de criança e enfrentasse o mundo na sua maioridade.

Lemos fragmentos da sua vida, pedaços da infância, a relação com o pai e com a mãe, cada um com direito a um pequeno capítulo:

> Diziam que ela estava sempre a seguir os passos de alguém. Ora do pai (de quem aprendeu a gostar de muitas coisas), ora da mãe (de quem puxou o jeito de falar, de sorrir, de ser, no geral). Disseram tanto que seguia passos que ela pensou não poder abrir certos caminhos (quando não havia pegadas a seguir).

Também aborda o tema da depressão com desassombrada lucidez, falando de como atravessou uma quando acabou a escola:

> A depressão deixa a gente sem saída. Como se todo o esforço do mundo fosse insuficiente para conseguirmos o que queremos e merecemos. Como se não houvesse jeito. Como se não houvesse sonho possível, sucesso, coragem, amor. Ela faz a gente se anular, naufragar antes de subir a bordo.

Conta com melancolia e maturidade sobre o fim de uma relação amorosa:

> Venho criando coragem para muitas coisas. Para dar passos marinhos sozinha, fazer escolhas sem pedir opiniões, visitar lugares dos quais

não sabia nem o nome. Falta-me coragem para ouvir sua voz de novo. […] Por isso rio ao descobrir que perder o medo do mar é mais fácil que perder o medo de amar alguém de novo.

Mas é, apesar de tudo e sobretudo, o livro sobre uma viagem, e nele encontramos o fascínio dos nomes, tão comum nos viajantes. Tamara vai nomeando, e dando título a alguns capítulos, com os lugares pelos quais passa, pontos de partida e de chegada, Ålesund, Florø, Thyborøn, Volda, Farsund, nomes que evocam o longe, o Norte, o mistério de pontos sobre o mapa que poucos conhecem. Nalguns gostaria de demorar-se mais, sabendo que enquanto dura a viagem tal não será possível.

Deixo o cais com a sensação de que teria sido legal ficar mais um pouco… sensação de que eu podia fazer a magia do encontro perdurar. Desejo um dia soltar âncora num lugar em que eu me sinta em casa. E desejo poder, por mais que seja longe das minhas origens, permanecer.

Os perigos de uma viagem também estão em dias de sol e boas companhias. Mas é preciso ater-se aos planos para conquistar o prazer de concluir uma travessia.

No mesmo ano de 2021 publica *Um mundo em poucas linhas*, que será um livro de poemas e prosa poética, onde nos vai deixando entrever algo mais da sua vida, anseios, temores, lembranças e onde podemos ler versos com esta simplicidade:

minha paixão maior não são navios
é mergulhar no
peito
das
pessoas que leem meus
escritos

E em 2023 surge o livro *Nós: O Atlântico em solitário*, onde narra a travessia da França ao Brasil. Surge-nos uma Tamara mais experiente e confiante na navegação, mas a atravessar os mil perigos de um oceano irado por vezes, outras demasiado calmo e sem vento, e os efeitos dessa viagem em solitário. Nós, seu cardume de leitores, conseguimos imaginar o frio e o calor, o sal agarrado à pele, o suor, a incredulidade quando o mapa não coincide com o que a realidade mostra, mas onde encontra aliados naturais que sossegam a sua impaciência quando não consegue vislumbrar a ilha de São Vicente. "Se Cabo Verde tiver mesmo mudado de endereço, esqueceram de avisar os pássaros. Os pequenos voadores vêm investigar o barco. Com essas asas curtas, eles não devem estar longe de casa."

O medo, a solidão, a vontade de desistir, só que "desistir é renunciar à chance de partir. À chance de descobrir que a vida pode ser muito diferente do que ela parece ser". Ainda assim, a viagem tem momentos de verdadeira provação, e Tamara faz a pergunta que todo viajante, seja homem ou mulher, faz em alguma altura do seu percurso, quando a angústia e o sofrimento ultrapassam o prazer de ver o caminho percorrido: porquê estou aqui? Ela não tem resposta, porque nunca existirá uma que seja satisfatória. "Não sei dizer por que fiz tantas renúncias para estar aqui, onde sou mera passageira dos movimentos do planeta, onde sinto tanto medo, tanta aflição, para conseguir tão poucos momentos de contentamento."

Descreve as dificuldades de arranjar patrocínios, sem os quais não poderia empreender essa parte da viagem, e de toda a intrincada logística necessária para iniciar uma aventura deste calibre: "As peças não chegavam, os fornecedores tratavam o barco com indiferença, eu ainda não tinha dinheiro para encomendar os serviços maiores e precisava criar uma estrutura jurídica e financeira para receber um possível patrocínio que não estava garantido".

Ela não gosta de dar razão aos que a acham corajosa por ter feito o que fez, dando provas sobretudo de uma grande persistência:

Não foi preciso ter coragem para chegar aqui. Foi preciso acreditar, caminhar, arriscar, renunciar, aprender, me arrepender, insistir e tentar de novo, de outro jeito. O primeiro perigo estava em ficar no lugar de onde eu vim, renunciar à pequena possibilidade do sonho e, todo dia, tomar a mesma decisão de adiar a descoberta de mim mesma.

A viagem é um sucesso, apesar de todas as dificuldades, e Tamara chega ao Recife em novembro, sendo recebida pela família, amigos, admiradores e jornalistas. À medida que se aproxima o fim, sente já saudades do barco, a sua solitária casa nos últimos meses: "Estou profundamente feliz de ver as pessoas que amo. Mas me sinto triste de pensar que logo deixarei a *Sardinha* e nosso universo secreto. Acho que minha vida mudou, mas ainda não sei dizer como".

De regresso ao seu país, pergunta-se porquê sair de tão longe para voltar ao lugar de onde veio, talvez mais uma pergunta sem resposta. Ou talvez a resposta seja: para sentir o que sentiu durante a travessia.

Senti medo, dor, exaustão. Tive saudade, surpresa, nostalgia. Fui perpetuamente estrangeira. Meu barco, meu único endereço certo. Dei carona para aves marinhas. Escutei a conversa dos golfinhos. Comemorei as conquistas com garrafinhas de água com gás. Salvei peixes-voadores. Dormi sob as estrelas. Troquei longas cartas de amor repartidas em partículas de 160 caracteres.

Me senti em perigo e me senti salva de tudo o que não é essencial.

Em 2023 Tamara decidiu embarcar noutro desafio em solitário, exigindo uma longa preparação pessoal e logística. Partiu novamente de França, desta vez com um barco melhor equipado, a *Sardinha 2*, para, em cerca de dois meses, chegar a Aasiaat, na Groenlândia. O objetivo não era só chegar ao destino, e sim permanecer pelos nove longos meses de inverno no mar congelado do Ártico. Trata-se de uma jornada longa, intensa, para alguém que conhece melhor os seus limites e as suas capacidades. É a primeira mulher a alcançá-lo.

Essa nova aventura contou com o apoio da Unesco Green Citizens, que confere uma voz global a atuações locais, fazendo a ponte entre a experiência científica, as soluções locais para os cidadãos e a vontade dos jovens de agir contra as alterações climáticas.

Neste projeto de invernagem, Tamara ficou completamente isolada no seu barco, que se encontrava preso no mar congelado, vivendo de forma autossuficiente, provando que é possível ir longe com poucos recursos e respeitando o planeta.

Desta experiência extrema aguardamos a publicação do livro, mas Klink deixou várias notícias nas redes sociais, como as "mensagens na garrafa", em que a Tamara do passado fala para a Tamara do futuro. Também podemos ver os vídeos "remédio pra saudade", onde, dirigindo-se à avó, a Tamara do passado conta o que ela acha que deve estar a acontecer com a Tamara do futuro. Estes pequenos vídeos foram gravados no final de 2023, pois durante a invernagem a jovem aventureira encontrou-se isolada e incomunicável, exceto por mensagens escritas que fez chegar às suas redes por satélite.

Ouvimos também registos sonoros, os "áudios em invernagem", em que Tamara fala sobre o que vê e ouve, permitindo-nos escutar os sons do Ártico.

Temos muito vocabulário para os olhos, pouco para os ouvidos, mas vou tentar:

Ouço os rugidos secos da placa quebrando enquanto a maré desce.

Ouço um secador de cabelo abafado e distante quando o vento passa nas montanhas.

Ouço esse perpétuo ruído efervescente do sangue correndo na corrente sanguínea, que lembra um rádio sintonizado a uma frequência vazia.

Os testemunhos são variados e podemos ler belíssimos textos sobre a neve, o mar gelado, o vento, as pegadas de animais, mas também reflexões de caráter mais filosófico, sobre o isolamento, o corpo, o que é ser humano, o que é ser mulher, revelando uma grande profundidade de pensamento e uma consciência empática e social de quem se preocupa e reflete sobre si, sobre os outros e sobre o seu lugar no mundo.

Num registo inédito em mulheres viajantes, Tamara falará de um assunto que durante séculos permaneceu tabu, o período, explicando que lhe surpreende quando, no fim das palestras, as moças quase em segredo lhe perguntam como faz nesses dias do mês, quando o verdadeiro desafio é para as mulheres que não estão sozinhas no mar:

> Quando voltar, quero EU perguntar à metade do planeta: como vocês fazem?
>
> Pra ir pra escola ou trabalho com dor, gerir barragens que extravasam, esconder manchas vermelhas inevitáveis da calça, da cadeira, do sofá.
>
> Como fazem pessoas com útero nas prisões, pagando a pena suplementar pelo crime de poder gestar?
>
> Como fazem nos países e religiões onde o sangue justifica exclusão, violência e olhar de nojo?
>
> Como fazem aquelas que não têm dinheiro pra comer, muito menos pra comprar coletor menstrual ou absorvente?
>
> Como fazem pessoas não mulheres que nasceram com útero e têm que carregá-lo?
>
> Como fizeram nossas avós pra nadar, correr, estudar e frequentar o mundo sendo adversárias do próprio corpo?
>
> Quanta energia e tempo foi desperdiçado pra manter o segredo menos secreto da história do planeta Terra?
>
> Que fique claro: estar sozinha no mar DIMINUI as dificuldades, não aumenta.

Surge a questão da segurança e o incontornável tema de uma mulher a viajar só, não porque Tamara receie algo, mas porque os outros, sobretudo os homens, lhe incutem esse pensamento:

Muitos me disseram que seria perigoso. E concordo que é. Nevasca, frio, animais selvagens e etc. Mas, quando comparo essa vida com a vida que vivi nas cidades, me sinto livre e segura. [...] Aqui, caminho sem medo de ser perseguida. Aqui, durmo sem medo de ter minha casa, meu corpo, invadidos. Danço sem medo de ser atacada.

Mas a verdadeira viagem é interior, não estamos aqui perante uma viajante que visa superar desafios na esperança de ser a primeira, mesmo sendo-o, nem as suas expedições têm uma lógica de conquista. Creio que os objetivos de Tamara, por toda a narrativa que ela urde ao redor das suas vivências, se prendem com demonstrar o quão frágeis somos perante a imensidão da natureza, e com a necessidade inadiável de proteger o planeta e encontrar formas de vida alternativas.

É também fundamental o seu testemunho como mulher, podendo servir de exemplo para outras, desafiando as convicções dos homens sobre o que pode ou não ser alcançado pelas mulheres. Como ela diz, o oceano não quer saber se quem comanda o barco é homem ou mulher. Escreve um texto sobre o que é ser mulher que é um verdadeiro manifesto feminista. Vale a pena lê-lo na integra. Transcrevo só o final:

— Ser mulher ainda é perder muito tempo desfazendo estereótipos mentirosos pelo direito de fazer aquilo que todo humano não mulher faz.
— É lembrar que nossas avós e mães abriram nossos caminhos. E é manter viva a esperança que as próximas terão mais caminhos abertos do que temos nós.

Tamara, com suas viagens e testemunhos, vai contribuindo para desbravar esse caminho.

É preciso coragem? É, muita, mas ela diz que não se sente corajosa e desarma a nossa incredulidade com um sorriso rasgado entre tímido e provocador, e os olhos grandes muito abertos, como quem não quer perder nem um segundo daquilo que o mundo tem para oferecer.

Aguardamos os próximos anos para continuar a relatar as suas viagens e, sobretudo, para continuar a ler os seus textos. Já vai longa a sua biografia, e ela ainda só vai na sua segunda década na terra.

Notas

Preâmbulo

1 A exposição *Autorretratos do Mundo* — Annemarie Schwarzenbach (1908-1942) esteve patente no Museu Berardo entre 22 de fevereiro e 25 de abril de 2010. A exposição foi acompanhada de catálogo com o mesmo nome, edição da Tinta-da-china.

2 Sobre uma viagem ao Afeganistão na atualidade, ver Alexandra Lucas Coelho, *Caderno Afegão*. Lisboa: Tinta-da-china, 2009.

A invenção da viagem

1 Agustina Bessa-Luís, *Embaixada a Calígula*. Lisboa: Guimarães, 2009.

2 Claude Lévi-Strauss, *Tristes Trópicos*. Lisboa: Edições 70, 2004.

3 *Ibidem*, p. 11.

4 Paul Theroux, "My Travel Wish List", *The New York Times*, 11 de janeiro de 2013. Disponível em: <www.nytimes.com/2013/01/13/travel/paul-therouxs-travel-wish-list.html?pagewanted=all&_r=0>.

5 "Viagem" tem origem em *viaticum*, palavra latina que significava a provisão levada para a jornada.

6 Paul Theroux, "Why we travel", *The New York Times*, 1º de abril de 2011. Disponível em: <http://www.nytimes.

com/2011/04/03/travel/03Cover.html?pagewanted=all&_r=0>.

7 Annemarie Schwarzenbach, *Hiver au Proche-Orient*. Paris: Éditions Payot, 2006, p. 95.

8 Agustina Bessa-Luís, op. cit.

9 Benjamin Moser, *Clarice Lispector, Uma vida*. Porto: Civilização Editora, 2010, p. 189.

10 Jaś Elsner & Joan-Pau Rubiés (ed.), *Voyages and Visions, Towards a Cultural History of Travel*. Londres: Reaktion Books, 1999, p. 5.

11 Dante Alighieri, *A divina comédia*. Tradução de Vasco Graça Moura, revisão de Carlos Pinheiro. Lisboa: Quetzal Editores, 2021, p. 239.

12 Pero Vaz de Caminha, *A Carta de Pero Vaz de Caminha*. Belem-Pará, Nead — Núcleo de Educação à Distância, [s.d]. Disponível em: <http://www.santoandre.sp.gov.br/pesquisa/ebooks/344891.pdf>, p.13.

13 Alexandre von Humboldt, *Le Voyage aux Régions Équinoxiales du Nouveau Continent, fait en 1799-1804, par Alexandre de Humboldt et Aimé Bonplan*, Paris, [s.n], 1807. A obra é composta por trinta volumes.

14 Robert Byron, *A estrada para Oxiana*. Lisboa: Tinta-da-china, 2014.

15 Paul Fussell, *Abroad: British Literary Traveling between the Wars*. Nova Iorque: Oxford University Press, 1982, p. 38 e ss.

A mulher e a viagem

1 Susan Bassnett, "Travel writing and gender", pp. 225-240, *in* Peter Hulme & Tim Young (ed.), *The Cambridge Companion to Travel Writing*, Cambridge, Cambridge University Press, 2002, p. 226.

2 Jane Robinson (ed.), *The Art of Governing a Wife; With Rules for Batchelors. To Which Is Added, an Essay Against Unequal Marriages*, 1747, *apud* Brian Dolan, *Ladies of the Grand Tour*. Londres: Flamingo, 2002, p. 7.

3 James Buzard, *The Beaten Track, European Tourism, Literature, and the Ways to "Culture" 1800-1918*. Oxford: Oxford University Press, 1993, p. 152.

4 Robert Browning, *Poems of Robert Browning*. Londres: Adamant Media Corporation, 2006.

5 Emily Lowe, *Unprotected Females in Norway*, 1857, *apud* Jane Robinson (ed.), *Unsuitable for Ladies, An anthology of women travellers*. Oxford: Oxford University Press, 1994, p. 11.

6 Hester Piozzi, *Observations and Reflections Made in the Course of a Journey through France, Italy and Germany*, 1789, *apud* Brian Dolan, op. cit., p. 18.

7 Lillias Campbell Davidson, *Hints for Lady Travellers at Home and Abroad*. Londres: Royal Geographical Society, 2001, p. 15, *apud* Jane Robinson (ed.), op. cit.

8 Alison Blunt, *Travel, Gender and Imperialism — Mary Kingsley and West Africa*. Nova Iorque: The Guilford Press, 1994, p. 65.

9 *Ibidem*, p. 67.

10 *Ibidem*.

11 Brian Dolan, op. cit., p. 50.

12 Mary Morris (ed.), *Maiden Voyages Writings of Women Travellers*. Nova Iorque: Vintage Books, 1993, p. 43.

13 *Ibidem*.

14 James Fordyce, *Sermons to Young Women*. Filadélfia: M. Carey Publisher, 1809, p. 60.

15 Brian Dolan, op. cit., p. 87

A mulher e a escrita

1 Sobre este tema, ver Miriam Lifchitz Moreira Leite, "Mulheres viajantes no século XIX", *Cadernos Pagu*, nº 15, São Paulo, [s.n], 2000, pp. 129-143. Disponível em: <http://www.pagu.unicamp.br/sites/www.pagu.unicamp.br/files/n15a06.pdf>.

2 Therese Prinzessin von Bayern, *Meine Reise in den Brasilianischen Tropen*. Berlim: Verlag von Dietrich Reimer, 1897.

3 Brian Dolan, op. cit., p. 7.

4 Mary Louise Pratt, *Imperial Eyes, Travel writing an transculturation*. Londres: Routledge, 1992, p. 170.

5 Elizabeth Justice, *A Voyage to Russia*, 1739, *apud* Jane Robinson (ed.), op. cit., p. 7.

6 Lady Sheil, *Glimpses of Life and Manners in Persia*, 1856, *apud* Jane Robinson (ed.), op. cit.

7 Nigel Leask, "The Ghost in Chapultepec: Fanny Calderón

de la Barca, William Prescott and Nineteenth-Century Mexican Travel Accounts", pp. 187-208, in Jaś Elsner, & Joan-Pau Rubiés (ed.), *Voyages and Visions, towards a Cultural History of Travel*. Londres: Reaktion Books, 1999.

8 Mary Morris, *Wall to Wall from Beijing to Berlin by Rail*, 1992, *apud* Mary Morris (ed.), op. cit., p. 372.

9 *Idem*, p. 373.

10 Alison Blunt, op. cit., p. 60.

11 Mary Wollstonecraft, *A Vindication of the Rights of Men*, 1789. Disponível em: <http://oll.libertyfund.org/titles/991>.

12 *Idem*, 1792.

13 Lady Elizabeth Rigby Eastlake, "Lady travellers", *in The Quarterly Review*, vol. 76, Junho/Setembro, Londres, [s.n], 1845, pp. 98-137. Disponível em: <http:// digital. library.upenn.edu/women/ eastlake/quarterly/travellers.html>.

Os perigos

1 Barbara Hodgson, *Dreaming of East, Western women and the exotic allure of the Orient*. Vancouver: Greystone Books, 2005, p. 48.

2 Lillias Campbell Davidson, op. cit., p. 65, *apud* Jane Robinson (ed.), op. cit.

3 Theodor Kotschy et al., *Plantæ Tinneanæ: Sive Descriptio Plantarum in Expeditione Tinneana Ad Flumen Bahr-El-Ghasal Eiusque Affluentias in Septentrionali interioris Africæ parte collectarum*. Regensburg: Vindobonæ Typis Caroli Gerold filii, 1867.

4 Ida Pfeiffer, *Visit to the Holy Land, Egypt and Italy*, 1852, *apud* Jane Robinson (ed.), op. cit., p. 511.

5 Agnes Smith, *Eastern Pilgrims*, 1870, *apud* Jane Robinson (ed.), op. cit., p. 10.

6 Maria Teresa Horta, *As luzes de Leonor*. Lisboa: Dom Quixote, 2011, p. 539.

7 Rosita Forbes, *Adventure*, 1928.

8 Mary Morris (ed.), op. cit., p. 32.

9 Françoise Lapeyre, *Le roman des voyageuses françaises (1800-1900)*. Paris: Éditions Payot & Rivages, 2007, p. 30.

10 Anna Maria Falconbridge, *Two voyages to Sierra Leone*, 1794, *apud* Jane Robinson (ed.), op. cit., p. 11.

11 *Ibidem*.

12 Mary Gaunt, *Alone in West Africa*, 1912, *apud* Jane Robinson (ed.), op. cit., p. 193.

13 *Ibidem*.

14 *Ibidem*.

15 Jaime Batalha Reis, *Revista Inglesa — Crónicas*. Lisboa: Publicações Dom Quixote, 1988, p. 174.

16 Os caravançarais encontravam--se a cada quarenta quilómetros, sensivelmente, distância média que o camelo consegue cobrir diariamente.

17 Françoise Lapeyre, op. cit., p. 227.

18 Mary McCarthy, "Letters from Portugal", in *On the Contrary*. Nova Iorque: Farrar, Straus and Cudahy, 1961, p 112.

19 Adèle Hommaire de Hell, *Voyage dans les steppes de la Mer Caspienne et dans la Russie Méridionale*, 1860, *apud* Françoise Lapeyre, op. cit., p. 253.

20 Sarah Hobson, *Through Persia in disguise*, 1973, *apud* Jane Robinson, op. cit., p. 167.

21 Barbara Hodgson, op. cit., p. 80.

22 Agatha Christie, *Na Síria*. Lisboa: Tinta-da-china, 2010, pp. 24-25.

23 Rosita Forbes, *The Secret of the Sahara: The Kufara*. Estados Unidos: Long Riders' Guild Press, 2001, p. 309.

24 Barbara Hodgson, op. cit., p. 69.

25 *Ibidem*, p. 72.

26 Lady Sheil, op. cit., *apud* Jane Robinson (ed.), op. cit., p. 174.

27 Lady Mary Hodgson, *The Siege of Kumassi*, 1901, *apud Ibidem*, p. 207.

28 Isabel Burton, *The Inner Life of Syria, Palestine, and the Holy Land*. Londres: Henry S. King & Co., 1875, *apud Ibidem*, p. 149.

29 Chapéu sem abas usado pelos homens no Médio Oriente, geralmente de cor vermelha e com um pendão de seda. Pode ser usado separadamente ou como base de um turbante.

30 Isabel Burton, op. cit., *apud* Jane Robinson, op. cit., p. 149.

31 Sara Mills, *Discourses of Difference. An analysis of women's travel writing and colonialism*. Londres: Routledge, 1991, p. 105.

32 Brian Dolan, op. cit., p. 243.

33 Frances Brooke, *The History of Emily Montague*. Londres: J. Dodsley, 1769, *apud* Brian Dolan, op. cit., p. 244.

34 Edward Moore (ed.), *The World*, 1753, *apud* Brian Dolan, op. cit., p. 183.

35 Lady Richmond Brown & Sarah Hobson, *Unknown Tribes and Uncharted Seas*, 1924, *apud* Jane Robinson, op. cit., p. 17.

36 Mildred Cable & Francesca French, *The Gobi Desert*, 1942, *apud* Mary Morris, op. cit., p. 222.

37 *Ibidem*.

38 Lady Anne Blunt, *A Pilgrimage to Nedj*, 1881, *apud* Mary Morris, op. cit., p. 178.

39 Lady Anna Miller, *Letters from Italy*, 1777, *apud* Brian Dolan, op. cit., p. 174.

40 Marie Rattazzi, *Portugal de relance*. Lisboa: Livraria Zeferino Editora, 1881, p. 20.

A logística da viagem

1 Brian Dolan, op. cit., p. 131.

2 Isabel Burton, op. cit., *apud* Jane Robinson, op. cit., p. 134.

3 Cadeira com uma abertura utilizada para as necessidades fisiológicas.

4 Brian Dolan, op. cit., p. 129.

5 Agnes Smith, *Eastern Pilgrims*, 1870, *apud* Jane Robinson, op. cit., p. 11.

6 Alison Blunt, op. cit., p. 67.

7 Brian Dolan, op. cit., p. 140.

8 *Ibidem*, p. 138.

9 Agatha Christie, op. cit., p. 194.

10 Barbara Hodgson, op. cit., p. 48.

11 James Buzzard, op. cit., p. 27.

12 Louise Bourbonnaud. *Seule à travers 145,000 lieues terrestres, maritimes, aériennes*. Disponível em: <https://gallica.bnf.fr/ark:/12148/bpt6k1156694/f3.item>, p. 71.

13 Brian Dolan, op. cit., p. 134.

14 Lady Sheil, op. cit., *apud* Jane Robinson, op. cit., p. 174.

15 Ethel Brilliana Tweedie, *A Girl's Ride in Iceland*, 1889, *apud* Mary Morris, op. cit., p. 91.

16 *Ibidem*.

17 *Ibidem*, p. 92.

18 Brian Dolan, op. cit., p. 132.

19 *Ibidem*, p. 191.

20 Marie Rattazzi, op. cit., p. 19.

21 Ellen Browning, *A Girl's Wanderings in Hungary*, 1896, *apud* Jane Robinson, op. cit., p. 96.

22 Agatha Christie, op. cit., pp. 108-109.

As pioneiras

1 Sobre o tema, ver Paulo Lopes, "Os livros de viagem medievais", in *Medievalista on-line*, ano 2, nº 2, Lisboa, IEM — Instituto de Estudos Medievais, 2006. Disponível em: <http://www2.fcsh.unl.pt/iem/medievalista/MEDIEVALISTA2/medievalista-viagens.htm>.

2 Alexandra B. Mariano & Aires A. Nascimento (ed.), *Egéria, Viagem do Ocidente à Terra Santa, no séc. IV (Itinerarium ad loca sancta)*. Lisboa: Edições Colibri, 2009.

3 *Ibidem*, p. 89.

4 *Ibidem*, p. 99.

5 *Ibidem*, p. 173.

6 *Ibidem*, p. 181.

7 *Ibidem*, p. 217.

8 *Ibidem*, p. 171.

9 *Ibidem*, p. 91.

10 *Ibidem*, p. 85.

11 Catalina de Erauso, 2000. Todas as citações de Catalina são extraídas deste livro.

12 Vingança.

13 Não matarás.

14 Enciclopedia Auñamendi, disponível em <http://www.euskomedia.org/aunamendi/39681/27531>.

15 Rudolf M. Dekker & Lotte C. van de Pol. *The Tradition of Female Transvestism in Early Modern Europe*. Londres: Macmillan Press, 1997.

Paixões orientais

1 Isabel Burton, op. cit., *apud* Jane Robinson, op. cit.

2 Sobre o tema, ver Billie Melman, "The Middle East / Arabia: 'the cradle of Islam'", p. 105, *apud* Peter Hulme & Tim Young (ed.), op. cit.

3 Carta a Edward Wortley Montagu, 15 de agosto, 1712, *in* Lady Wortley Montagu, *Selected Letters*. Londres: Penguin Books, 1997, p. 86. Todas as citações de cartas são extraídas deste livro.

4 Carta a Lady Rich, 20 de setembro de 1716, p. 138.

5 *Ibidem*, p. 139.

6 *Ibidem*, p. 141.

7 Carta a Lady Mary, 21 de novembro de 1716, p. 142.

8 Carta a desconhecida, 1º de abril, 1717, p. 148.

9 *Ibidem*, p. 149.

10 *Ibidem*, p. 149.

11 *Ibidem*, p. 150.

12 Carta a Lady Mary, 18 de abril de 1717, p. 160.

13 *Ibidem*, p. 161.

14 *Ibidem*, p. 162.

15 *Ibidem*, p. 163.

16 *Ibidem*, p. 163.

17 Carta a Anne Thistlehwayte, 4 de janeiro de 1718, p. 166.

18 Lytton Strachey, *Books & Characters*, Londres, [s.n], 1922. Disponível em: <http://www.gutenberg.org/ebooks/12478>.

19 Lorna Gibb, *Lady Hester. Queen of the East*. Londres: Faber and Faber, 2006, p. 50.

20 *Ibidem*, p. 57.

21 "[...] essa coisa perigosa — a espirituosidade feminina [...]", in *Ibidem*.

22 *Ibidem*, p. 73.

23 Governador provincial do Império Otomano.

24 Os drusos são uma minoria religiosa que habita a zona da Síria, Líbano e Israel. Praticam uma religião monoteísta muito fechada.

25 Lorna Gibb, op. cit., p. 122.

26 *Ibidem*, p. 172.

27 *Ibidem*, p. 166.

28 Carta de Lady Hester a Lord Hardwicke, 6 de junho de 1839, in *Ibidem*, p. 211.

29 Vita Sackville-West, *Passenger to Teheran*. Londres: Tauris Parke Paperbacks, 2007, p. 142.

30 *Ibidem*, p. 138.

31 Revista de viagens de língua francesa fundada pelo jornalista e político Édouard Charton (1807-1890), em 1860, na editora Hachette, publicada até 1914.

32 Disponível em: <https://collections.louvre.fr/ark:/53355/cl010170854>.

33 Disponível em: <https://collections.louvre.fr/ark:/53355/cl010170688>.

34 James Dieulafoy, *L'Orient sous le voile — de Chirag à Bagdad, 1881-1882*. Paris: Éditions Phébus, 2011, p. 344.

35 *Ibidem*, p. 207.

36 *Ibidem*, pp. 207-208.

37 *Ibidem*, p. 210.

38 *Ibidem*, p. 211.

39 *Ibidem*, p. 218.

40 *Ibidem*, pp. 193-194.

41 Gertrude Bell, *Persian Pictures*. Londres: Anthem Press, 2005, p. 13.

42 Georgina Howell, *Daughter of the Desert — The remarkable life of Gertrude Bell*. Londres: Pan Books, 2007, p. 122.

43 Carta a Horace Marshall, de 18 de junho de 1892, in *Ibidem*, p. 53.

44 Georgina Howell, op. cit., p. 53.

45 Carta ao pai. Gertrude Bell, 28 de agosto de 1899. Marius e Mathons são os guias que a acompanhavam.

46 Carta ao pai. *Idem*, 10 de junho de 1900.

47 Carta à madrasta, *Idem*, 3 de março de 1905.

48 *Idem*, 2008, p. XI.

49 *Idem*, 2001.

50 Georgina Howell, op. cit., p. 205.

51 Departamento para os feridos e desaparecidos.

52 Georgina Howell, op. cit., pp. 160-161.

53 *Ibidem* pp. 158 e 162.

54 *Ibidem*, p. 267.

55 *Ibidem*, p. 380.

56 *Ibidem*, p. 397.

57 Carta aos pais. *Idem*, 17 de janeiro de 1921.

58 Carta ao pai. *Idem*, 16 de julho de 1922.

59 Carta ao pai. *Idem*, 26 de maio de 1926.

60 Freya Stark, *The Valley of the Assassins and Other Persian Travels*. Nova Iorque: Modern Library, 2001, p. XXI.

61 *Um inverno na Arábia* (1934), *Impressões de Bagdad* (1946) e *As portas do sul da Arábia: uma viagem no Hadramut* (1946), todos publicados pela Livraria Civilização, Porto.

62 Peter B. Flint, "Dame Freya Stark, travel writer, is dead at 100", *The New York Times*, 11 de maio de 1993.

Disponível em: <http://www.nytimes.com/1993/05/11/obituaries/dame-freya-stark-travel-writer-is-dead--at-100.html>.

63 Colin Thubron, "Sophisticated Traveler", *The New York Times*, 10 de outubro de 1999. Disponível em: <http://www.nytimes.com/books/99/10/10/reviews/991010.10thubrot.html>.

64 Freya Stark, op. cit., p. 271.

65 *Idem*, 1946a, p. 93.

66 John Lawton, "A Lifelong Journey", *Saudi Aramco World*, julho/agosto, 1993. Disponível em: <https://www.saudiaramcoworld.com/issue/199304/a.lifelong.journey.htm>.

67 Betty Patchin Greene, "A Talk With Freya Stark", *Saudi Aramco World*, setembro/outubro, 1977. Disponível em: <https://www.saudiaramcoworld.com/issue/197705/a.talk.with.freya.stark.htm>.

68 Freya Stark, *Letters from Syria*. Londres: John Murray, 1942, p. 109.

69 *Ibidem*, pp. 40-41.

70 Caroline Moorehead, *Freya Stark*. Middlesex: Penguin Books, 1985, p. 45.

71 Freya Stark, op. cit., 2001, p. 161.

72 *Ibidem*, p. 172.

73 *Ibidem*, p. 49.

74 *Ibidem*, p. 94.

75 *Ibidem*, p. 51.

76 *Ibidem*, p. 27.

77 Betty Patchin Greene, op. cit.

78 Caroline Moorehead, op. cit., p. 49.

79 Freya Stark, *As portas do sul da Arábia: uma viagem no Hadramut*. Porto: Livraria Civilização, 1946a, pp. 316-317.

80 *Idem*, 1961, p. 20.

81 *Idem*, 1945b, p. 118.

82 *Idem*, 1961 p. 35.

83 Caroline Moorehead, op. cit., p. 82.

84 *Palestine White Paper apud* Efraim Karsh & Rory Miller, "Freya Stark in America: orientalism, antisemitism and political propaganda", *Journal of Contemporary History*, v. 39, jul., Londres, Sage Publicactions, 2004, pp. 315-332.

85 Carta de Freya Stark a Monroe, 17 de abril de 1944, *apud Ibidem*.

86 Carta de Freya Stark a Harold Bowen, 19 de setembro de 1942, *apud Ibidem*.

87 Freya Stark, *Dust in the Lion's Paw*. Londres: John Murray, 1961, p. 220.

88 Carta de Freya Stark a Sir Sydney Cockerell, de 1º de abril de 1944, *apud* Efraim Karsh & Rory Miller, op. cit.

89 *Ibidem*.

90 *Palestine White Paper apud* Efraim Karsh & Rory Miller, op. cit.

91 Freya Stark, op. cit., 2001, p. 170.

92 Cristina Morató, *Cautiva en Arabia: La extraordinaria historia de la condesa Marga d'Andurain, espía y aventurera en Oriente Medio*. Madrid: Plaza & Janés Editores, 2009.

No coração das trevas

1 Anne Baker, *Morning Star: Florence Baker's Diary of the Expedition to put down the Slave Trade on the Nile, 1870-73*. Londres: W. Kimber, 1972.

2 May French Sheldon, "An African Expedition", *in* Mary Kavanaugh Oldham (ed.), *The Congress of Women: Held in the Woman's Building, World's*

Columbian Exposition, Chicago, u.s.a., 1893. Chicago: Monarch Book Company, 1894. pp. 131-134. Disponível em: <http://digital.library.upenn.edu/women/eagle/ congress/sheldon-may.html>, pp. 131-134.

3 *Ibidem.*

4 Mary H. Kingsley, *Travels in West Africa*, [s.l], [s.n], 1897. Disponível em: <http:// www.gutenberg.org/ebooks/5891>.

5 Carta a John Holt, de 13 de dezembro de 1898, *in* Alison Blunt, op. cit., p. 125.

6 Mary H. Kingsley, op. cit.

7 *Idem*, 1899, p. 314.

8 *Idem*, 1897.

9 *Idem*, 1899, p. 221.

10 *Idem*, 1897, p. 265.

11 *Ibidem*, pp. 115-116.

12 *Ibidem*, p. 110.

13 Carta a George Macmillan, de 18 de dezembro de 1894, *in* Alison Blunt, op. cit., p. 62.

14 Mary H. Kingsley, op. cit., p. 37.

15 *Ibidem*, p. 192.

16 Alison Blunt, op. cit., p. 124.

17 Mary H. Kingsley, *West African Studies*, Londres: MacMillan, 1899. Disponível em: <http://www.questia.com/library/487734/west-african-studies>, p. 385.

18 *Idem*, 1897, p. 272.

19 Alison Blunt, op. cit., p. 131.

20 Mary H. Kingsley, op. cit., 1897, p. 5.

21 Karen Blixen, *África Minha*. Lisboa: Editorial Querco, 1986, p. 13.

22 *Ibidem*, p. 14.

23 *Ibidem*, p. 7.

24 *Ibidem*, p. 314.

25 *Ibidem*, p. 30.

26 *Ibidem*, p. 19.

27 *Ibidem*, p. 129.

28 *Ibidem*, p. 178.

29 Carta de Karen Blixen ao irmão Thomas Dinesen, 3 de agosto de 1924, *apud* Autor Anónimo, "Karen Blixen in Africa", [s.d]. Disponível em: <http://blixen.dk/en/life-and-writings/karen-blixens-life/karen-blixen-in-africa/>.

30 Karen Blixen, op. cit., p. 187.

31 *Ibidem*, p. 188.

32 *Ibidem*, p. 189.

33 *Ibidem*, p. 191.

34 *Ibidem*, p. 200.

35 *Ibidem*, p. 197.

36 *Ibidem*, p. 198.

37 *Ibidem*, p. 278.

38 *Ibidem*, p. 319.

39 Karen Blixen, *Sete contos góticos*. Lisboa: Editorial Dom Quixote, 1987.

40 *Idem*, 1986, p. 69.

À volta do mundo

1 Ver Ella Maillart, *A Via Cruel*. Porto: Livraria Civilização Editora, 2000, e Annemarie Schwarzenbach, *Les quarante colonnes du souvenir | Die vierzig Säulen der Erinnerung*, trad. de Dominique Laure Miermont, Esperluète Éditions, Noville-sur-Mehaine, Belgica, 2008.

2 Glynis Ridley, *The Discovery of Jeanne Baret: A story of science, the high seas, and the first woman to circumnavigate the globe*. Nova Iorque: Broadway Paperbacks, 2010, p. 159.

Notas

3 John Dunmore, *Monsieur Baret First Woman Around the World 1766-1768*. Auckland: Heritage Press, 2002.

4 Glynis Ridley, op. cit., p. 159.

5 *Ibidem*, p. 160.

6 Ida Pfeiffer, *Viaje de una mujer alrededor del mundo*. Huesca: Barrabes Editorial, 2006, p. 15.

7 Autor Anónimo, *The Story of Ida Pfeiffer and Her Travels in Many Lands*. Londres: Thomas Nelson and Sons, 1884. Disponível em: <http://www.gutenberg.org/ files/18037/18037--h/18037-h.htm>.

8 Ida Pfeiffer, *Visit to Iceland and the Scandinavian North*. Londres: Ingram, Cooke and Co., 1853. Disponível em: <http://www.gutenberg.org/ ebooks/1894>.

9 *Idem*, 2006, p. 37.

10 *Ibidem*, p. 47.

11 *Ibidem*, p. 92.

12 *Ibidem*, p. 97.

13 *Ibidem*, p. 99.

14 *Ibidem*, p. 114.

15 *Ibidem*, p. 141.

16 *Ibidem*, p. 184.

17 *Ibidem*, p. 276.

18 *Ibidem*, pp. 333-334.

19 *Ibidem*, p. 348.

20 *Ibidem*, p. 413.

21 *Ibidem*, p. 472.

22 *Ibidem*, p. 496.

23 Autor Anónimo, op. cit., 1884, p. 199.

24 Ida Pfeiffer, op. cit., 1853.

25 Isabella Bird, *The Englishwoman in America*. Londres: John Murray, 1856, p. 1.

26 *Idem*, 2010.

27 Residente na ilha, literalmente "filha da terra". Difere de *kanaka*, termo utilizado para os de ascendência havaiana nativa.

28 Isabella Bird, *The Hawaiian Archipelago*. Londres: Cambridge University Press, 2010.

29 *Ibidem*.

30 *Ibidem*.

31 Isabella Bird, *A Lady's Life in the Rocky Mountains*. Oxford: John Beaufoy Publishing, 2009, pp. 124 e 18.

32 *Ibidem*, p. 38.

33 *Ibidem*, p. 28.

34 *Ibidem*, p. 33.

35 *Ibidem*, p. 12.

36 *Ibidem*, p. 39.

37 *Ibidem*, p. 1.

38 Alexandra Lapierre & Christel Mouchard, *Women Travellers. A Century of Trailblazing Adventures, 1850-1950*. Paris: Flammarion, 2007, p. 61.

39 Isabella Bird, op. cit., 2009, p. 72.

40 *Idem*, 1911.

As viagens interiores

1 Isabelle Eberhardt, *Notes de route: Maroc, Algérie, Tunisie*. Paris: François Burin Editeur, 2011, p. 176.

2 *Ibidem*, p. 231.

3 *Ibidem*, p. 113.

4 *Ibidem*, p. 10.

5 *Ibidem*, p. 9.

6 *Ibidem*, p. 185.

7 Isabelle Eberhardt, *País das Areias*. Lisboa: Ela por Ela, 2003, p. 9.

8 *Idem*, 2011, p. 10.

9 *Idem*, 1988.

10 *Idem*, 2011, p. 262.

11 Annemarie Schwarzenbach, "Dreimal der Hindukusch" [Três vezes o Hindu Kusch], *National-Zeitung*, nº 560, 1º de dezembro de 1939.

12 *Idem*, 7 de março de 1941.

13 *Idem*, 2004.

14 Dominique Laure Miermont, *Annemarie Schwarzenbach ou le mal d'Europe*. Paris: Éditions Payot & Rivages, 2004, p. 33.

15 *Ibidem*, p. 53.

16 *Ibidem*, p. 90.

17 *Ibidem*, p. 99.

18 Annemarie Schwarzenbach, *Bei diesem Regen: Erzählungen* [Sob esta chuva: contos]. Basel: Lenos, 1989.

19 *Idem*, 2008, p. 13.

20 *Ibidem*, p. 43.

21 Carta a Ella Maillart, 2 de agosto de 1941.

22 Annemarie Schwarzenbach, *Morte na Pérsia*. Lisboa: Tinta-da-china, 2008, p. 138.

Contemporâneas

1 Leo Lerman, "Jan Morris, the art of the essay no. 2", *The Paris Review*, nº 143, Verão de 1997. Disponível em: <http://www.theparisreview.org/interviews/1251/the-art-of-the-essay-no-2-jan-morris>.

2 Jan Morris, *Contact! — A book of encounters*. Nova Iorque: W.W. Norton & Company Inc., 2010, p. 1.

3 *Idem*, 14 de novembro de 2009.

4 Disponível em: <http://janmorris.tumblr.com/post/16125580861/travel-seems-not-just-a-way-of-having-a-good-time>.

5 Paul Holdengräber, "Jan Morris, travel writer extraordinaire: around the world in 50 years", *New York Public Library*, [Áudio], 2007. Disponível em: <http://www.nypl.org/audiovideo/around-world-50-years-jan-morris-travel-writer-extraordinaire-conversation-paul-holdengr%C3%A4>.

6 *Ibidem*.

7 Leo Lerman, op. cit.

8 Jan Morris, *Veneza*. Lisboa: Tinta-da-china, 2009, pp. 15-16.

9 *Ibidem*, p. 94.

10 Jan Morris, *Conundrum*. Nova Iorque: New York Review of Books, 2006, p. 3.

11 Paul Holdengräber, op. cit.

12 Dervla Murphy, *Full Tilt: from Dublin to Delhi with a bicycle*. Londres: John Murray Publishers, 2004, p. 22.

13 *Ibidem*, pp. 43-44.

14 *Ibidem*, p. 77.

15 *Ibidem*, p. 77.

16 *Ibidem*, pp. 77-78.

17 *Ibidem*, p. 78.

18 *Ibidem*, p. 79.

19 *Ibidem*, p. 84.

20 *Ibidem*, p. 110.

21 *Ibidem*, p. 62.

22 Adam Jacques, "Dervla Murphy: 'most people in the world are helpful and trustworthy'", *The Independent*, 29 de janeiro de 2012. Disponível em: <http://www.independent.co.uk/news/people/profiles/dervla-murphy-most-people-in-the-world-are-helpful-and-trustworthy-6294320.html>.

23 *Ibidem*.

24 Alexandra Lucas Coelho, *Vai, Brasil*. Lisboa: Tinta-da-china, 2013, p. 262.

Notas

25 *Ibidem*, p. 218.
26 *Idem*, 2009, p. 225.
27 *Ibidem*, p. 161.
28 *Ibidem*, p. 217.
29 *Idem*, 2010, p. 361.
30 *Ibidem*, p. 23.
31 *Ibidem*, p. 86.
32 *Idem*, 10 de julho de 2014.
33 *Ibidem*, p. 147.
34 Fábricas geralmente estrangeiras, norteamericanas ou europeias, onde a muito baixo custo e isentas de impostos os operários montam peças que não serão comercializadas no seu país.
35 *Ibidem*, p. 168.
36 *Ibidem*, p. 281.
37 *Ibidem*, p. 281.
38 Alexandra Lucas Coelho, *E a noite roda.* Lisboa: Tinta-da-china, 2012, p. 140.
39 Ricardo Viel, "'O Brasil não é alegre. É triste', diz escritora portuguesa", *Carta Capital,* 4 de abril de 2014. Disponível em: <http://www.cartacapital.com.br/cultura/o-brasil-nao-e-alegre-e-triste-diz-escritora-portuguesa-2178.html>.
40 Alexandra Lucas Coelho, "O meu país não é deste Presidente, nem deste Governo", *Público,* 8 de abril de 2014. Disponível em: <http://www.publico.pt/culturaipsilon/noticia/discurso-alexandra-lucas-coelho-1631449>.
41 *Idem*, 2013, p. 23.
42 *Ibidem*, p. 221.
43 *Ibidem*, p. 48.
44 *Ibidem*, p. 85.
45 *Ibidem*, p. 240.
46 *Ibidem*, p. 161.
47 *Ibidem*, p. 272.
48 *Idem*, 2010, p. 361.
49 *Idem*, 2013, pp. 161-163.
50 *Idem. Cinco voltas na Bahia e um beijo para Caetano Veloso.* Lisboa: Caminho, 2016, p. 16.

Bibliografia

ALIGHIERI, Dante. *A divina comédia.* Tradução de Vasco Graça Moura, revisão de Carlos Pinheiro. Lisboa: Quetzal Editores, 2021.

[Ed. bras. *A divina comédia.* Tradução de Italo Eugenio Mauro. São Paulo: Editora 34, 2017.]

ANÓNIMO [Karen Blixen Museet]. "Karen Blixen in Africa", [s.d]. Disponível em: <http://blixen.dk/en/life-and-writings/karen-blixens-life/karen-blixen-in-africa/>.

ANÓNIMO, *The Story of Ida Pfeiffer and Her Travels in Many Lands.* Londres: Thomas Nelson and Sons, 1884. Disponível em: <http://www.gutenberg.org/files/18037/18037-h/18037-h.htm>.

BAKER, Anne. *Morning Star: Florence Baker's Diary of the Expedition to put down the Slave Trade on the Nile, 1870-73.* Londres: W. Kimber, 1972.

BASSNETT, Susan. "Travel writing and gender", pp. 225-240, *in* HULME, Peter & YOUNG, Tim (ed.), *The Cambridge Companion to Travel Writing*, Cambridge: Cambridge University Press, 2002.

BAYERN, Therese Prinzessin von. *Meine Reise in den Brasilianischen Tropen.* Berlim: Verlag von Dietrich Reimer, 1897.

[Ed. bras.: *Minha viagem nos trópicos brasileiros.* Clube de Autores, 2014.]

BELL, Gertrude. [Carta ao pai], 28 de agosto de 1899. Disponível em: <http://www.gerty. ncl.ac.uk/letter_details.php?letter_id=1071>.

_____. [Carta ao pai], 10 de junho de 1900. Disponível em: <http://www.gerty. ncl.ac.uk/letter_details.php?letter_id=1211>.

_____. [Carta à madrasta], 3 de março de 1905. Disponível em: <http://www.gerty.ncl.ac.uk/letter_details.php?letter_id=1488>.

_____. [Carta aos pais], 17 de janeiro de 1921. Disponível em: <http://www.gerty.ncl.ac.uk/letter_details.php?letter_id=450>.

_____. [Carta ao pai], 16 de julho de 1922. Disponível em: <http://www.gerty.ncl.ac.uk/letter_details.php?letter_id=564>.

BELL, Gertrude. [Carta ao pai], 26 de maio de 1926. Disponível em: <http://www.gerty. ncl.ac.uk/letter_details.php?letter_id=908>.

_____. *Syria: The Desert and the Sown*. Nova Iorque: Cooper Square Press, 2001.

_____. *Persian Pictures*. Londres: Anthem Press, 2005.

_____. *The Desert and the Sown: Travels in Palestine and Syria*. Nova Iorque: Dover Publications, 2008.

BESSA-LUÍS, Agustina. *Embaixada a Calígula*. Lisboa: Guimarães, 2009.

BIRD, Isabella. *The Englishwoman in America*. Londres: John Murray, 1856.

_____. *Unbeaten Track in Japan*. Londres: John Murray, 1911. Disponível em: <http://www.gutenberg.org/cache/epub/2184/pg2184.html>.

_____. *A Lady's Life in the Rocky Mountains*. Oxford: John Beaufoy Publishing, 2009

_____. *The Hawaiian Archipelago*. Londres: Cambridge University Press, 2010.

BLIXEN, Karen. *África Minha*. Lisboa: Editorial Querco, 1986.

[Ed. bras.: *A fazenda africana*. Tradução de Claudio Marcondes. São Paulo: Sesi editora, 2018.]

_____. *Sete contos góticos*. Lisboa: Editorial Dom Quixote, 1987.

[Ed. bras.: *Sete narrativas góticas*. Tradução de Claudio Marcondes. São Paulo: Sesi editora, 2018.]

BLUNT, Alison. *Travel, Gender and Imperialism — Mary Kingsley and West Africa*. Nova Iorque: The Guilford Press, 1994.

BOURBONNAUD, Louise. *Seule à travers 145,000 lieues terrestres, maritimes, aériennes*. Disponível em: <https://gallica.bnf.fr/ark:/12148/bpt6k1156694/f3.item>.

BREYNER, Sophia de Mello & SENA, Jorge de. *Correspondência 1959-1978*. Lisboa: Guerra & Paz, 2010.

BROWNING, Robert. *Poems of Robert Browning*. Londres: Adamant Media Corporation, 2006.

BUZARD, James. *The Beaten Track, European Tourism, Literature, and the Ways to "Culture" 1800-1918*. Oxford: Oxford University Press, 1993.

BYRON, Robert. *A estrada para Oxiana*. Lisboa: Tinta-da-china, 2014.

CAMINHA, Pero Vaz de. *A Carta de Pero Vaz de Caminha*. Belem-Pará, Nead — Núcleo de Educação à Distância, [s.d]. Disponível em: <http://www.santoandre. sp.gov.br/pesquisa/ebooks/344891.pdf>.

CHRISTIE, Agatha. *Na Síria*. Lisboa: Tinta-da-china, 2010.

COELHO, Alexandra Lucas. *Oriente Próximo*. Lisboa: Relógio D'Água Editores, 2007.

_____. *Caderno Afegão*. Lisboa: Tinta-da-china, 2009.

COELHO, Alexandra Lucas. *Viva México*. Lisboa: Tinta-da-china, 2010.

_____. *E a noite roda*. Lisboa: Tinta-da-china, 2012.

_____. *Vai, Brasil*. Lisboa: Tinta-da-china, 2013.

_____. "Laparotomia". *Granta*, nº 3. Lisboa: Tinta-da-china, 2014.

_____. "O meu país não é deste Presidente, nem deste Governo", *Público*, 8 de abril de 2014. Disponível em: <http://www.publico.pt/culturaipsilon/ noticia/discurso-alexandra-lucas-coelho-1631449>.

_____. "Gosto de fazer o que não sei", *Estante*, Fnac, 10 de julho de 2014. Disponível em: <http://www.revistaestante.fnac.pt/alexandra-lucas-coelho/>.

_____. *Cinco Voltas na Bahia e um Beijo para Caetano Veloso*. Lisboa: Caminho, 2016, p. 16.

DEKKER, Rudolf M. & POL, Lotte C. van de. *The Tradition of Female Transvestism in Early Modern Europe*. Londres: Macmillan Press, 1997.

DIEULAFOY, James. *L'Orient sous le voile — de Chirag à Bagdad, 1881-1882*. Paris: Éditions Phébus, 2011.

DOLAN, Brian. *Ladies of the Grand Tour*. Londres: Flamingo, 2002.

DUNMORE, John. *Monsieur Baret First Woman Around the World 1766-1768*. Auckland: Heritage Press, 2002.

EASTLAKE, Lady Elizabeth Rigby. "Lady travellers", *in The Quarterly Review*, v. 76, junho/setembro, Londres, [s.n], 1845, pp. 98-137. Disponível em: <http:// digital. library.upenn.edu/women/eastlake/quarterly/travellers.html>.

EBERHARDT, Isabelle. *Œuvres complètes I, Écrits sur le sable (récits, notes et journaliers)*. Paris: Grasset et Fasquelle, 1988.

_____. *País das Areias*. Lisboa: Ela por Ela, 2003.

_____. *Notes de route: Maroc, Algérie, Tunisie*. Paris: François Burin Editeur, 2011.

Bibliografia

ELSNER, Jaś & RUBIÉS, Joan-Pau (ed.). *Voyages and Visions, Towards a Cultural History of Travel*. Londres: Reaktion Books, 1999.

ERAUSO, Catalina de. *História da freira alferes escrita por ela mesma*. Lisboa: Editorial Teorema, 2000.

FLINT, Peter B. "Dame Freya Stark, travel writer, is dead at 100", *The New York Times*, 11 de maio de 1993. Disponível em: <http://www.nytimes.com/1993/05/11/obituaries/dame-freya-stark-travel-writer-is-dead-at-100.html>.

FORBES, Rosita. *Adventure*, 1928.

_____. *The Secret of the Sahara: The Kufara*. Estados Unidos: Long Riders' Guild Press, 2001, p. 309.

FORDYCE, James. *Sermons to Young Women*. Filadélfia: M. Carey Publisher, 1809.

FUSSELL, Paul. *Abroad: British Literary Traveling between the Wars*. Nova Iorque: Oxford University Press, 1982.

GIBB, Lorna. *Lady Hester. Queen of the East*. Londres: Faber and Faber, 2006.

GREENE, Betty Patchin. "A Talk With Freya Stark", *Saudi Aramco World*, setembro/outubro, 1977. Disponível em: <https://www.saudiaramcoworld.com/issue/197705/a.talk.with.freya.stark.htm>.

HODGSON, Barbara. *Dreaming of East, Western women and the exotic allure of the Orient*. Vancouver: Greystone Books, 2005.

HOLDENGRÄBER, Paul. "Jan Morris, travel writer extraordinaire: around the world in 50 years", *New York Public Library*, [Áudio], 2007. Disponível em: <http://www.nypl.org/audiovideo/around-world-50-years-jan-morris-travel-writer-extraordinaire-conversation-paul-holdengr%C3%A4>.

HORTA, Maria Teresa. *As luzes de Leonor*. Lisboa: Dom Quixote, 2011.

HOWELL, Georgina. *Daughter of the Desert — The remarkable life of Gertrude Bell*. Londres: Pan Books, 2007.

HUMBOLDT, Alexandre von. *Le Voyage aux Régions Équinoxiales du Nouveau Continent, fait en 1799-1804, par Alexandre de Humboldt et Aimé Bonplan*, Paris, [s.n.], 1807.

JACQUES, Adam. "Dervla Murphy: 'most people in the world are helpful and trustworthy'", *The Independent*, 29 de janeiro de 2012. Disponível em: <http://www.independent.co.uk/news/people/profiles/dervla-murphy-most-people-in-the-world-are-helpful-and-trustworthy-6294320. html>.

KARSH, Efraim & MILLER, Rory. "Freya Stark in America: orientalism, antisemitism and political propaganda", *Journal of Contemporary History*, v. 39, jul., Londres: Sage Publicactions, 2004, pp. 315-332.

KINGSLEY, Mary H. *Travels in West Africa*, [s.l.], [s.n.], 1897. Disponível em: <http:// www.gutenberg.org/ebooks/5891>.

_____. *West African Studies*. Londres: MacMillan, 1899. Disponível em: <http:// www.questia.com/library/487734/west-african-studies>.

KOTSCHY, Theodor et al. *Plantæ Tinneanæ: Sive Descriptio Plantarum in Expeditione Tinneana Ad Flumen Bahr-El-Ghasal Eiusque Affluentias in Septentrionali interioris Africæ parte collectarum*. Regensburg: Vindobonæ Typis Caroli Gerold filii, 1867.

LAPEYRE, Françoise. *Le roman des voyageuses françaises (1800-1900)*. Paris: Éditions Payot & Rivages, 2007.

LAPIERRE, Alexandra & MOUCHARD, Christel. *Women Travellers. A Century of Trailblazing Adventures, 1850-1950*. Paris: Flammarion, 2007.

LAWTON, John. "A Lifelong Journey", *Saudi Aramco World*, julho/agosto, 1993. Disponível em: <https://www.saudiaramcoworld.com/issue/199304/a.lifelong.journey.htm>.

LEASK, Nigel. "The Ghost in Chapultepec: Fanny Calderón de la Barca, William Prescott and Nineteenth-Century Mexican Travel Accounts", pp. 187-208, in ELSNER, Jaś & RUBIÉS, Joan-Pau (ed.), *Voyages and Visions, towards a Cultural History of Travel*. Londres: Reaktion Books, 1999.

LEITE, Miriam Lifchitz Moreira. "Mulheres viajantes no século XIX", *Cadernos Pagu*, nº 15, São Paulo, [s.n], 2000, pp. 129-143. Disponível em: <http://www. pagu. unicamp.br/sites/www.pagu.unicamp.br/files/n15a06.pdf>.

LERMAN, Leo. "Jan Morris, the art of the essay no. 2", *The Paris Review*, nº 143, Verão de 1997. Disponível em: <http://www.theparisreview.org/interviews/1251/ the-art-of-the-essay-no-2-jan-morris>.

LÉVI-STRAUSS, Claude. *Tristes trópicos*. Lisboa: Edições 70, 2004.

[Ed. bras.: *Tristes trópicos*. São Paulo: Companhia das Letras, 1996.]

LOPES, Paulo. "Os livros de viagem medievais", in *Medievalista on-line*, ano 2, nº 2, Lisboa, IEM — Instituto de Estudos Medievais, 2006. Disponível em: <http:// www2.fcsh.unl.pt/iem/medievalista/MEDIEVALISTA2/medievalista-viagens.htm>.

Bibliografia

MAILLART, Ella. *A via cruel.* Porto: Livraria Civilização Editora, 2000.

MARIANO, Alexandra B. & NASCIMENTO, Aires A. (ed.). *Egéria, Viagem do Ocidente à Terra Santa, no séc. IV (Itinerarium ad loca sancta).* Lisboa: Edições Colibri, 2009.

MCCARTHY, Mary. "Letters from Portugal", in *On the Contrary.* Nova Iorque: Farrar, Straus and Cudahy, 1961.

MILLS, Sara. *Discourses of Difference. An analysis of women's travel writing and colonialism.* Londres: Routledge, 1991.

MIERMONT, Dominique Laure. *Annemarie Schwarzenbach ou le mal d'Europe.* Paris: Éditions Payot & Rivages, 2004.

MONTAGU, Lady Wortley. *Selected Letters.* Londres: Penguin Books, 1997. [Ed. bras.: *Cartas de Istambul: A vida no Império Otomano sob o olhar de uma mulher europeia.* Coleção Diários de Viagem. Tradução e Adaptação: Giselle Zambiazzi. Paraná: Juruá, 2024.]

MOOREHEAD, Caroline. *Freya Stark.* Middlesex: Penguin Books, 1985.

MORATÓ, Cristina, *Cautiva en Arabia: La extraordinaria historia de la condesa Marga d'Andurain, espía y aventurera en Oriente Medio.* Madrid: Plaza & Janés Editores, 2009.

MORRIS, Jan. *Conundrum.* Nova Iorque: New York Review of Books, 2006.

_____. "My favourite cities", *The Guardian*, 14 de novembro de 2009. Disponível em: <http://www.theguardian.com/travel/2009/nov/14/jan-morris -favourite-cities>.

_____. *Veneza.* Lisboa: Tinta-da-china, 2009.

_____. *Contact! — A book of encounters.* Nova Iorque: W.W. Norton & Company Inc., 2010.

MORRIS, Mary (ed.). *Maiden Voyages Writings of Women Travellers.* Nova Iorque: Vintage Books, 1993.

MOSER, Benjamin. *Clarice Lispector, Uma vida.* Porto: Civilização Editora, 2010. [Ed. bras.: *Clarice.* São Paulo: Companhia das Letras, 2017.]

MURPHY, Dervla. *Full Tilt: from Dublin to Delhi with a bicycle.* Londres: John Murray Publishers, 2004.

PFEIFFER, Ida. *Visit to Iceland and the Scandinavian North.* Londres: Ingram, Cooke and Co., 1853. Disponível em: <http://www.gutenberg.org/ebooks/1894>.

_____. *Viaje de una mujer alrededor del mundo*. Huesca: Barrabes Editorial, 2006.

PRATT, Mary Louise. *Imperial Eyes: Travel writing an transculturation*. Londres: Routledge, 1992.

RATTAZZI, Marie. *Portugal de relance*. Lisboa: Livraria Zeferino Editora, 1881.

REIS, Jaime Batalha. *Revista Inglesa — Crónicas*. Lisboa: Publicações Dom Quixote, 1988.

RIDLEY, Glynis. *The Discovery of Jeanne Baret: A story of science, the high seas, and the first woman to circumnavigate the globe*. Nova Iorque: Broadway Paperbacks, 2010.

[Ed. bras.: *O segredo de Jeanne Baret: Uma aventura da primeira mulher a circum-navegar o planeta*. São Paulo: Editora Europa, 2020.]

ROBINSON, Jane (ed.). *Unsuitable for Ladies: An Anthology of Women Travellers*. Oxford: Oxford University Press, 1994.

SACKVILLE-WEST, Vita. *Passenger to Teheran*. Londres: Tauris Parke Paperbacks, 2007.

SCHWARZENBACH, Annemarie. "Passagiere nach Lissabon", *Die Welwoche*, nº 382, 7 de março de 1941.

_____. "Rückker nach Lissabon", *National-Zeitung*, nº 251, 4 de junho de 1941, *in* Cadernos do Cieg — Centro Interuniversitário de Estudos Germanísticos, nº 11, Coimbra, Faculdade de Letras da Universidade de Coimbra, 2004.

_____. *Hiver au Proche-Orient*. Paris: Éditions Payot, 2006.

_____. *Morte na Pérsia*. Lisboa: Tinta-da-china, 2008.

_____. "Dreimal der Hindukusch". *National-Zeitung*, nº 560, 1º dezembro de 1939.

_____. *Bei diesem Regen: Erzählungen*. Basel: Lenos, 1989.

_____. *Les quarante colonnes du souvenir | Die vierzig Säulen der Erinnerung*, trad. de Dominique Laure Miermont, Esperluète Éditions, Noville-sur-Mehaine, Bélgica, 2008.

SHELDON, May French. "An African Expedition", *in* Mary Kavanaugh Oldham (ed.), *The Congress of Women: Held in the Woman's Building, World's Columbian Exposition, Chicago, U.S.A., 1893*. Chicago: Monarch Book Company, 1894.

pp. 131-134. Disponível em: <http://digital.library.upenn.edu/women/eagle/congress/sheldon-may.html>.

STARK, Freya. *Um inverno na Arábia*. Porto: Livraria Civilização, 1934.

_____. *Letters from Syria*. Londres: John Murray, 1942.

_____. *O Vale dos Assassinos e outras viagens na Pérsia*. Porto: Livraria Civilização, 1945a.

_____. *East is West*. Londres: John Murray, 1945b.

_____. *As portas do sul da Arábia: uma viagem no Hadramut*. Porto: Livraria Civilização, 1946a.

_____. *Impressões de Bagdad*. Porto: Livraria Civilização, 1946b.

_____. *Dust in the Lion's Paw*. Londres: John Murray, 1961.

_____. *The Valley of the Assassins and Other Persian Travels*. Nova Iorque: Modern Library, 2001.

STRACHEY, Lytton. *Books & Characters, Londres*, [s.n.], 1922. Disponível em: <http://www.gutenberg.org/ebooks/12478>.

TABUCCHI, António. *Viagens e outras viagens*. Lisboa: Dom Quixote, 2013.

TAVARES, Emília e SERRANO, Sónia. *Auto-Retratos do Mundo — Annemarie Schwarzenbach (1908-1942)*. Lisboa: Tinta-da-china, 2010.

THEROUX, Paul. "Why We Travel", *The New York Times*, 1º de abril de 2011. Disponível em: <http://www.nytimes.com/2011/04/03/travel/03Cover.html?pagewanted=all&_r=0>.

_____. "My Travel Wish List", *The New York Times*, 11 de janeiro 2013. Disponível em: <www.nytimes.com/2013/01/13/travel/paul-therouxs-travel-wish-list.html?pagewanted=all&_r=0>.

THUBRON, Colin. "Sophisticated Traveler", *The New York Times*, 10 de outubro de 1999. Disponível em: <http://www.nytimes.com/books/99/10/10/reviews/991010.10thubrot.html>.

VIEL, Ricardo. "'O Brasil não é alegre. É triste', diz escritora portuguesa", *Carta Capital*, 4 de abril de 2014. Disponível em: <http://www.cartacapital.com.br/cultura/o-brasil-nao-e-alegre-e-triste-diz-escritora-portuguesa-2178.html>.

WOLLSTONECRAFT, Mary. *A Vindication of the Rights of Men*, 1789. Disponível em: <http://oll.libertyfund.org/titles/991>.

_____. *A Vindication of the Rights of Women*, 1792. Disponível em: <http://oregonstate.edu/instruct/phl302/texts/wollstonecraft/woman-contents.html>. [Ed. bras.: *Reivindicação dos direitos da mulher*. São Paulo: Boitempo, 2016]

As traduções de livros não editados em português são da responsabilidade da autora.

Crédito das imagens

p. 88 *Egéria*, c. séc. IV. Coptic Place/Reprodução.

p. 93 *Mencia de Calderón*, c. 1550. Retrato de Simon Bening. Gallerix Online Museum.

p. 96 *Catalina d'Erauso*, 1833. Litografia de A.L. Noël sobre obra de Francisco Pacheco. Wellcome Collection.

p. 109 *Lady Mary Wortley Montagu*, 1803. Gravura de Caroline Watson. Wellcome Collection.

p. 122 *Lady Hester Stanhope*, 1845. Gravura de autoria desconhecida. Publicada em *Memoirs of the Lady Hester Stanhope, as related by herself in conversations with her physician*, de C.L. Meryon. Wellcome Collection.

p. 142 *Jane Dieulafoy*, sem data. Fotografia de Eugène Pirou. Biblioteca Nacional da França.

p. 151 *Gertrude Bell*, 1910. Hulton-Deutsch Collection/CORBIS/Getty Images.

p. 168 *Freya Stark*, 1950. Graphic House/Archive Photos/Getty Images.

p. 196 *Mary Henrietta Kingsley*, 1900. Fotografia de A.G. Dew-Smith. The Internet Archive Book Images.

p. 206 *Karen Blixen*, 1925. Autoria desconhecida. Museu Karen Blixen.

p. 222 *Jeanne Baret*, séc. XVIII. Gravura de Cristoforo Dall'Acqua publicada em *Navigazioni di Cook del grande oceano e intorno al globo*, v. 2, 1816. Coleções da Biblioteca Estadual de New South Wales/Encyclopaedia Britannica Archive.

p. 229 *Ida Pfeiffer*, 1855. Litografia de Adolf Dauthage. Reprodução.

p. 239 *Isabella Bird*, 1899. Autoria desconhecida. Biblioteca Nacional da Escócia.

p. 247 *Isabelle Eberhardt*, 1895. Fotografia de Louis David. Reprodução.

p. 255 *Annemarie Schwarzenbach*, 1939. Autoria desconhecida. Reprodução.

p. 272 *Jan Morris*, 2005. Fotografia de Jim Richardson.

p. 279 *Dervla Murphy*, 1956. Autoria desconhecida. Eland Books/Reprodução.

p. 287 *Alexandra Lucas Coelho*, 2005. Fotografia de Miguel Manso.

p. 296 *Tamara Klink*, 2023. polaRYSE and Marin Le Roux.

Índice onomástico

Aden, Farah, 211

Aganumen, Francisco de, 102

Al Fadil, Muhana, 136

Aletheia, Rebecca, 270

Algarotti, Francesco, 121

Almeida, Leonor de
(Marquesa de Alorna), 40, 46

Alves, Flay, 271

Ana de Boémia, 78

Aristóteles, 197

Ataturk, Kemal, 188

Audouard, Olympe, 54

Axel, Gabriel, 216

Baker, Florence, 193-4

Baker, Samuel, 193

Bakunine, Mikhail, 249

Balzac, Honoré de, 185

Baret, Jeanne, 222-8

Barrucand, Victor, 252-3

Bashir II (Emirado de
Monte Líbano), 137

Bell, Florence, 153, 156, 167-8

Bell, Gertrude, 8, 23, 73, 109, 151-9, 160-9,
170, 172, 174, 177

Bell, Hugh, 153-6

Bell, Hugo Jr., 156

Bell, Maurice, 153, 156

Bell, Sir Isaac Lowthian, 152

Berry, Mary, 28

Bey, Ahmed, 139

Bey, Ishmael, 133

Bierzo, Valério de, 89

Bird, Henrietta, 240

Bird, Isabella, 81, 239, 240-6

Bishop, John, 245

Bisland, Elizabeth, 219, 220

Blake, William, 281

Blixen-Finecke, Bror, 207-9

Blixen-Finecke, Hans, 207

Blunt, Anne, 65, 158, 185

Blunt, Wilfred Scawen, 185

Bly, Nellie, 219, 220

Bougainville, Louis Antoine de,
223-6, 228

Bourbonnaud, Louise, 74

Bouvier, Nicolas, 14

Boveri, Margret, 9

Breslauer, Marianne, 259

Brooke, Frances, 61

Brothers, Richard, 133

Brown, Lady Richmond, 63

Browning, Ellen, 80

Browning, Robert, 25

Bruce, Crauford, 126

Bruce, Michael, 125-9, 130-2, 135-7

Buñuel, Louis, 291

Burton, Isabel, 8, 46, 60, 68-9, 107, 186

Burton, Richard, 8, 60, 68, 186, 200

Byron, Lord, 127-9

Byron, Robert, 21

Cable, Mildred, 64

Cadogan, Henry, 155-6

Índice onomástico

Callcott, Augustus, 219
Caminha, Pero Vaz de, 18-9
Camões, Luís de, 18, 234
Campbell, Ffyona, 266
Cárdenas, Beatriz de, 98
Carlos I de Espanha, 94
Caton-Thompson, Gertrude, 179
Chaves, Catalina de, 102
Christie, Agatha, 20, 57, 72, 80, 189
Churchill, Winston, 165-6
Clarac, Claude, 260-1, 264
Claudel, Paul, 108
Coke, Mary, 72
Cole, Berkeley, 211
Commerçon, Philibert, 223-7
Constantino, imperador romano, 88
Cook, Thomas, 28, 68
Crawford, Mabel Sharman, 29

d'Alaincourt, Raymond Clérisse, 189
d'Ambre, Anne de Voisins, 54, 56
d'Andurain, Jacques, 189
d'Andurain, Marga, 188-9
d'Andurain, Pierre, 188-9
Dante Alighieri, 18
Dário I da Pérsia, 146
Darwin, Charles, 171, 219
David-Néel, Alexandra, 23, 35
Davidson, Lillias Campbell, 26, 28
Davidson, Robyn, 37, 59, 267
Delacroix, Eugène, 110
Delamere, Raymond, 220
della Valle, Pietro, 105
Dieulafoy, Jane, 51, 142-9, 150-1
Dieulafoy, Marcel, 144-6, 150-1
Digby, Jane, 60, 185-6
Dinesen, Ingeborg, 207
Dinesen, Thomas, 212
Dinesen, Wilhelm, 207

Dodwell, Christina, 37
Dorothée, Nathalie-Charlotte, 248
Doughty-Wylie, Dick, 162
Drovetti, Bernardino Michele Maria, 138
Du Chaillu, Paul, 200
Duclos-Guyot, Pierre, 224
Durrell, Lawrence, 169, 288

Eastlake, Elizabeth, 34-5, 41
Eberhardt, Augustin, 251-2
Eberhardt, Isabelle, 56, 247-9, 150-5;
    ver também Nicolas Podolinsky;
    Si Mahmoud Saadi
Edgeworth, Maria, 33, 40
Eduardo VII da Inglaterra, 156
Egéria (viajante espanhola
    do século IV), 16, 88-9, 90-2
Ehnni, Slimène, 251-4
Eichmann, Adolf, 274
el Dekmari, Soleiman, 189
el Mezrab, Abdul Medjuel, 185
El Raisuni (Sultão das Montanhas), 188
el-Din, Nasr, 146
Elgin, Lord, 138
Erauso, Catalina de, 96-9, 100-6
Erauso, Miguel de, 99, 100

Faisal, rei do Iraque, 165
Falconbridge, Anna Maria, 51-2
Farnham, Eliza, 47-8
Fauré, Gabriel, 144
Fay, Eliza, 58
Felipe II de Espanha, 94
Ferro, António, 264
Finch-Hatton, Denys, 211-5
Flacila, Aelia, 89
Flemming, Peter, 221
Forbes, Rosita, 47, 58, 79, 187-8
Fordyce, James, 30

332   *Mulheres viajantes*

French, Francesca, 64
Fussell, Paul, 21

Galland, Antoine, 108
Gamurrini, Francesco, 90
Gardner, Elinor, 179
Gaunt, Mary, 52-3
Gérôme, Jean-León, 110
Gervase, Charles, 117
Gogol, Nikolai, 37
Gower, Granville Leveson, 124
Graham, Maria, 217-8
Graham, Thomas, 217
Grenville, Luisa, 124

Hafiz, poeta persa, 155-6
Hamilton-Wright, Barbara, 261
Hassanein, Ahmed Mohamed Bey, 187
Helena, imperatriz romana, 88
Hell, Adèle Hommaire de, 55
Hemingway, Ernest, 209
Herzog, Werner, 152
Hitler, Adolf, 188
Hobson, Sarah, 56
Hodgson, Mary, 59
Holland, Henry, 33
Holt, Vyvyan, 174
Humboldt, Alexander von, 19

Ibarra, Juan de, 98
Idiáquez, Juan de, 97
Ingres, Jean-Auguste Dominique, 110
Ingrid, princesa da Suécia, 93

James, Henry, 25
Jarvas, Charles, 56
Jenner, Edward, 113
Johnson, Samuel, 65
Jorge I da Inglaterra, 113

Joyce, James, 142
Jumblat, Bashir, 134, 140

Kalil, Mariana, 269
Kennedy, John F., 274
Khalo, Frida, 291
Kidman, Nicole, 152
Kingsley, Charles, 197
Kingsley, Mary, 31, 35, 57, 109, 196-9, 200-5
Kingston, Duque de, 111
Kipling, Rudyard, 205
Klink, Amyr, 297
Klink, Laura, 298
Klink, Marina Bandeira, 298
Klink, Marina Helena, 298
Klink, Tamara, 296-9, 300-8
Kruger, Emmy, 257

La Giraudais, François Chenard de, 224-5
Laborde, monsieur, 238
Lamartine, Alphonse de, 141
Lasarte, Diego de, 99
Lawrence, T.E. (Lawrence da Arábia),
    8, 158, 163-5
Lean, David, 8
Leonor de Aquitânia, 93
Lessing, Doris, 267
Lévi-Strauss, Claude, 13
Lineu, Carlos, 223
Lispector, Clarice, 14
Livingstone, David, 44, 192
Livingstone, Mary, 192
Loti, Pierre, 108
Loviot, Fanny, 56
Lucas Coelho, Alexandra, 287-9, 90-6
Luís VII de França, 93

McCarthy, Mary, 54
Mahan, Alfred Thayer, 107

Índice onomástico

Mahoney, Rosemary, 37, 266
Maillart, Ella, 7, 9, 36, 220-1, 262
Malouf, Amin, 174
Mann, Erika, 258
Mann, Klaus, 258, 260
Mann, Thomas, 258-9
Manuel i de Portugal, 19
Marco Polo, 18, 107
Maria da Glória, princesa
    brasileira, 218
Maria Teresa, arquiduquesa
    da Áustria, 72
Markham, Beryl, 215
Martin, Henri, 263-4
Martineau, Harriet, 59
Massieu, Isabelle, 54
McCullers, Carson, 263
Medeiros, Martha, 269
Mehmet Ali, 133-4
Meireles, Cecília, 268
Melânia, a Velha, 88
Mencia de Calderón, 93-6
Menzies, Gavin, 269
Meryon, Charles Lewis, 122, 125-6,
    128-9, 131, 134, 137-8, 141-2
Miller, Anna, 65, 79
Montagu, Edward Wortley, 111
Montagu, Elizabeth, 31, 62, 68, 79
Montagu, Mary Wortley,
    31, 56, 109, 110-9, 120-1, 130
Montenegro, Carolina, 269
Montesquieu, Charles de, 108
Moore, Edward, 62
Morató, Cristina, 188, 267
Morgan, Jacques de, 146
Morris, Jan, 122, 272-9
Morris, Mary, 37
Moussa al-Kazim, imã, 150
Mubarak, Hosni, 293

Murphy, Dervla, 37, 279, 280-7
Murray (guia turístico inglês), 20

Naddara, Abou, 250
Naipaul, V. S., 33
Napoleão Bonaparte, 20, 125, 127, 130, 138, 230
Nassau-Siegen, príncipe, 224
Nasser, Gamal Abdel, 274
Nicholson, Harold, 187
Nicolas Podolinsky (Isabelle Eberhardt), 250
Nietzsche, Friedrich, 260
Nightingale, Florence, 49, 50
Nugent, Jim, 244

Oakes, general, 126
Outen, Sarah, 267

Paine, John, 108
Pashkoff, Lydia, 254
Passarelli, Gaía, 269
Paz, Octavio, 291
Pedro i do Brasil, 218
Perowne, Stewart, 179, 180-1, 184
Pessanha, Camilo, 108
Pessoa, Fernando, 299
Pfeiffer, Ida Laura, 31, 45, 55, 68, 229, 230-8
Picasso, Pablo, 142
Piozzi, Hester, 26
Pitt, William, *the Younger*, 123, 133
Pollack, Sydney, 211, 216
Pope, Alexander, 111, 119
Poussin, Nicolas, 218
Puigaudeau, Odette du, 195
Pushkin, Aleksandr, 37

Ramos, Manoela, 270
Ranavalona i de Madagáscar, 237
Rattazzi, Marie, 66, 79
Redford, Robert, 211

Reis, Jaime Batalha, 53
Reubell, Henrietta, 25
Ribera, Alonso de, 99
Ricardo II da Inglaterra, 78
Roascio, Mario di, 171
Rodrigues, Amália, 295
Rueta, Guido, 172
Rulfo, Juan, 291
Ruskin, John, 74

Sabah, Hassan, 174
Sackville-West, Vita, 143, 167, 186-7
Saint-Saëns, Camille, 143-4
Saladin, Lorenz, 261
Sanabria, Diego de, 94
Sanabria, Juan de, 94
Santos, Francisco Sena, 288
Schurmann, Heloisa, 269
Schwarzenbach, Alfred, 257
Schwarzenbach, Annemarie,
    7-8, 20, 189, 221, 255-9, 260-5
Schwarzenbach, Renée, 76, 257
Seacole, Mary, 49, 50
Segalen, Victor, 108
Senones, Marion, 195
Sheil, Lady, 34, 75
Sheldon, May French, 194-5
Shelley, Mary, 39
Shihab, Bashir, 134, 140
Si Mahmoud Saadi
    (Isabelle Eberhardt), 248, 251
Singh, Dalip, 193
Smith, Agnes, 70
Smolan, Rick, 267
Stanhope, James, 125, 129, 138
Stanhope, Hester, 56, 58, 122-9, 130-9, 140-2
Stanhope, Lord, 123-4
Stanhope, Philip, Lord Mahon, 124
Stanley, Henry Morton, 194

Stark, Flora, 170-1
Stark, Freya, 24, 42, 56, 168-9, 170-9, 180-4
Stark, Robert, 170
Stark, Vera, 171-2
Starke, Mariana, 70
Strachey, Lytton, 123
Strauss, Richard, 257
Streep, Meryl, 211
Striker, Roy, 261
Suleyman Paxá, 134
Swinton, Tilda, 152
Sykes, Ella, 55

Talleyrand, Charles-Maurice de, 39
Tavares de Almeida, Albino, 264
Tavares, Emília, 7
Teodósio, o Grande, 89
Tepe, Eric, 228
Teresa, princesa da Baviera, 32
Theroux, Paul, 13-4
Thesiger, Wilfred, 56-7
Thrale, Hester, 65
Tinne, Alexandrine
    (Alexine), 24, 44
Trefusis, Violet, 187
Trophimovski, Alexandre
    Nicolaiévitch, 249
Tuckiness, Elizabeth, 273
Tweedie, Ethel Brilliana, 77-8

Urbano VIII, papa, 104
Urquiza, Juan de, 98

Vargas, Chavela, 291
Vega, Lope de, 106
Veloso, Caetano, 294
Verne, Júlio, 219, 220
Vitória, rainha, 152, 193
Vivès, François, 224, 226

Índice onomástico

Voltaire, 108
von Opel, Margot e Ritz, 263

Wahab, Ali Abdul, 251
Webster, Lady, 75
West, Rebecca, 279
Williams, Elizabeth, 125

Williams, John, 78
Woolf, Virginia, 187
Wollstonecraft, Mary, 39, 40, 72
Wordsworth, William, 74
Wortley, Anne, 111

Zenóbia, rainha árabe, 134-5, 189

Índice de topônimos

Aasiaat, Groenlândia, 304-5, 307
Abissínia, 188
Abul Simbel, Egito, 59
Acre, então Império Otomano, 134, 137
Aden, Iémen, 179
Afeganistão, 7, 67, 157, 184,
    221, 262, 282-5, 290
África, 31, 44, 51, 83, 109, 191-9, 200-9, 210-6,
    248-9, 266; ver também países específicos
África do Sul, 78, 192, 205, 237
Ain-Sefra, Argélia, 251, 253
Alamut, Irão, 169, 175, 179
Albânia, 78
Alemanha, 19, 115, 182, 185, 216,
    220, 258, 261, 280
Alepo, Síria, 158
Ålesund, Noruega, 300, 302
Alexandria, Egito, 55, 131, 288-9
Alpes, 75, 115, 157, 222, 260
Amazonas, 295
América Central, 63, 267;
    ver também países específicos
América do Sul, 63;
    ver também países específicos
Anástese, Jerusalém, 91
Angola, 198, 264
Annaba, Argélia, 250-1
Antárctica, 298
Antioquia, Turquia, 92
Arábia, 47, 165, 178
Arábia, deserto da (Nedj), 65, 158, 185
Arezzo, Itália, 90

Argel, Argélia, 14, 251-2
Argélia, 14, 56, 145, 247-9, 150-3
Argentina, 101-2, 185, 224
Arghandab, Afeganistão, 290
Arménia, 232
Ascalão, Império Otomano, 137-8
Asolo, Itália, 171, 184
Asunción, Paraguai, 95-6
Atenas, 127-8
Atlas, Argélia, 251
Austrália, 37, 240
Áustria, 19, 72, 113-5, 230, 232
Avignon, 121
Azerbaijão, 282

Babilónia, 158
Baçorá, Iraque, 164-5, 236
Bagdad, 150, 158, 164-8, 173-5, 177, 181
Bahia, 296
Balaclava, Crimeia, 50
Balbeek, Líbano, 138
Balcãs, 188
Bamian, Afeganistão, 283-4
Banguecoque, 54
Barbados, 184
Barcelona, 259
Batna, Argélia, 251-2
Beirute, 138, 173
Belgrado, Sérvia, 281
Bengasi, Líbia, 184
Berlim, 216, 220, 258
Bilbau, 97

Índice de topônimos

Binbirkilisse, Turquia, 158

Biskra, Argélia, 251

Bocken, Suíça, 257, 263

Bolonha, 172

Bombaim, 236

Bône (hoje Annaba), Argélia, 248, 250

Bordéus, França, 89

Borgonha, 222

Bornéu, 237

Bósnia, 288

Boston, 182

Brasil, 32, 95, 218, 224-5, 232-3, 268-9, 170-1, 293-7, 300, 303

Brindisi, Itália, 220

Brumana, Líbano, 173

Brusa, Turquia, 130

Bucareste, 154

Burma (hoje Myanmar), 157

Cabo Horn, 232

Cabul, Afeganistão, 262, 285, 290

Cádis, Espanha, 104

Cafarnaum, Império Bizantino, 92

Cairo, 56, 58, 163, 180-1, 188, 288, 293

Califórnia, 56, 182

Camarões, 201

Canadá, 182, 223, 237

Canal de Suez, 220

Canárias, ilhas, Espanha, 94, 197

Cantão, China, 232, 234, 245

Casablanca, 278

Ceilão (atual Sri Lanka), 232

Chicago, 237

Chile, 93, 99, 100, 218-9, 232, 234, 269

China, 37, 108, 157, 221, 232, 234, 245

Cidade do México, 291

Ciudad Juarez, México, 292

Colorado, 81, 242

Concepción, Chile, 99, 100

Congo Belga *ver* República Democrática do Congo

Congo, rio, 44

Constantinopla, 91-2, 110, 112-3, 127-9, 130-1, 154, 158, 231

Cordilheira de Elburz, Irão, 169

Coreia, 157

Crimeia, 49, 50

Ctesiphon, Iraque, 158

Curdistão, 245

Damasco, 58, 135-7, 158, 160, 173, 185-6

Danúbio, rio, 113, 231

Dinamarca, 207, 209, 215-6, 302

Dixonville, Ilinóis, 47

Dresden, 115

Dunquerque, França, 280, 300

Edessa, Turquia, 92

Edimburgo, 240, 246

Éfeso, 92

Egito, 44-5, 55-6, 58-9, 92, 131-2, 163, 180, 182, 186, 188, 220, 231, 275, 288-9, 293

El Salvador, 267

El Ued, Argélia, 251

Engadine, Suíça, 260

Equador, 237

Escandinávia, 275; *ver também países específicos*

Escócia, 240, 246, 270

Esmirna (Izmir), Turquia, 158

Espanha, 16, 93-4, 97-8, 104, 151, 197, 259, 280

Estados Unidos, 47, 56, 67, 81, 91, 157, 182, 194, 207, 216, 220, 237, 239, 240, 242-5, 261, 263, 268, 275

Estes Park, Colorado, 243, 245

Estónia, 261

338   *Mulheres viajantes*

Eufrates, rio, 158, 184
Europa, 44, 65, 269; *ver também*
    países específicos
Extremo Oriente, 239; *ver também*
    países específicos

Farmanieh, Irão, 261
Farsund, Noruega, 302
Finlândia, 77
Florença, 187
Florø, Noruega, 302
França, 19, 62, 65, 68, 79, 89, 91, 93,
    121, 130, 144, 151, 162, 185, 189,
    220, 223, 227, 251-2, 258, 280,
    300, 303-4
Funchal, Portugal, 263

Gabão, 198
Gallipoli, Itália, 163
Gaza, Faixa de, 286
Genebra, 65, 248, 251
Geórgia (país europeu), 232
Getsémani, Jerusalém, 91
Gibraltar, 125
Gobi, deserto do (China/Mongólia), 64
Goiás, 271
Grécia, 127-8, 131, 185, 232, 237
Guamanga, Peru, 103
Guiné Equatorial, 198, 201

Ha'il, Arábia, 158
Hadramaut, Iémen, 178-9
Havai, 239, 240-1
Hokkaido, Japão, 245
Holanda, 19, 113
Honduras, 267
Hong Kong, 56, 220, 232, 234, 245
Hungria, 80
Hureidha, Arábia, 179

Iémen, 178-9
Ilha Maurício, 227
Ilhas Hébridas, Escócia, 240
Ilinóis, 47
Império Otomano, 49, 107, 127, 159
Índia, 58, 78, 156, 165, 183, 217, 221, 232,
    235-6, 245, 262, 268-9, 275, 280-1, 285-6
Indonésia, 237
Inglaterra, 26, 49, 78, 113, 121, 124-5, 154-5, 162,
    172, 194, 197, 219, 220, 237, 254, 273, 280
Irão, 24, 51, 56, 143, 145-6, 155, 168-9,
    175, 177, 179, 232, 236, 260-1, 281-2;
    ver também Pérsia
Iraque, 8, 67, 152, 158, 164-5, 232, 236, 260;
    ver também Bagdad
Islândia, 77-8, 232
Israel, 268, 286, 288-9
Istambul, 109, 121, 158
Itália, 19, 45, 79, 87, 90-1, 93, 104-5, 121, 126, 135,
    163, 171-3, 184-5, 187, 218, 220, 274, 276-7

Jabal al-Druze, Síria, 158
Jamaica, 49, 63
Japão, 157, 220, 245, 269
Java, Indonésia, 237
Jeddah, Arábia Saudita, 189
Jericó (hoje Cisjordânia), 92
Jerusalém, 91-3, 133, 157-8, 231, 288-9
Joun, Líbano, 140-1

Kalahari, deserto, África, 192
Kandahar, Afeganistão, 290
Kanyakumari, Índia, 269
Kâzhemeine, Bagdad, 150
Kent, Inglaterra, 125
Kilimanjaro, Tanzânia, 195
Kingston, Jamaica, 49, 292
Kolozsvár, Roménia, 80
Kufara, Líbia, 187

Índice de topónimos

Kumassi, Gana, 59
Kuruman, África do Sul, 192
Kuwait, 165

La Plata, Argentina, 102
Lago Chala, Quénia/Tanzânia, 195
Lago Ngami, Botswana, 192
Lago Tahoe, Estados Unidos, 242, 244
Las Charcas, República Dominicana, 102
Leninegrado, 37
Léopoldville, República do Congo, 263
Letónia, 261
Lhasa, Tibete, 23
Líbano, 134, 138, 140, 173, 260
Libéria, 195
Lima, 99, 104
Lisboa, 54, 75, 79, 256, 263-4
Lismore, Irlanda, 280, 287
Lituânia, 261
Londres, 124, 154-5, 162, 172, 194, 197, 237
Long Peak, Colorado, 244
Lorestão, Irão, 177
Lorient, França, 300
Luanda, Angola, 264

Macau, 108, 232, 234
Madagáscar, 227, 237, 286
Magrebe, África, 248
Mahdia, Tunísia, 251
Malásia, 245
Malawi, 270
Malta, 126
Mar Elias, Líbano, 138, 140
Mar Negro, 231
Marrocos, 51, 151, 188, 190, 196, 253, 264, 278
Marselha, 215, 251-2
Massachusetts, 263
Mauna Loa, vulcão, Havai, 240
Mauritânia, 195

Meca, 8, 188-9
Medellín, Espanha, 93
Médio Oriente, 44, 54, 58, 68, 107, 274;
    ver também países específicos
Mesopotâmia, 92, 143, 145, 160, 165
México, 78, 106, 268, 291, 295
Milão, 187
Minas Gerais, 268
Moçambique, 270
Molucas, ilhas, Indonésia, 237
Mombaça, Quénia, 194-5, 208, 215
Montanhas Rochosas, 157, 239, 242, 244
Monte Camarões, 198
Monte Horeb *ver* Monte Sinai
Monte Líbano, 134
Monte Sinai, 92
Moscovo, 260-1

Nairobi, Quénia, 208
Najaf, Iraque, 158
Nantes, França, 300
Nápoles, 105
Navarra, Espanha, 98
Nazaré, 92
Nepal, 184, 222
Nevers, França, 144
Ngongo, montanhas, Quénia, 206, 214
Nicarágua, 267
Nice, 189
Nilo, rio, 24, 37, 44, 59, 73, 180, 191, 193, 266
Noruega, 77, 297, 300, 302
Nova Deli, 280-1, 285
Nova Iorque, 182, 220, 237, 256, 263
Nova Orleães, 237
Nova Zelândia, 240

Ogooué, rio, Gabão/Congo, 198
Orã, Argélia, 251, 253
Oxford, Inglaterra, 154

340   *Mulheres viajantes*

Paicabí, Chile, 100

País de Gales, 197, 272-3, 280

Palestina, 88, 91, 160, 181-2, 186, 260, 274, 286, 289

Palmira, Síria, 60, 122, 134-7, 185, 189

Pamplona, Espanha, 259

Panamá, 49, 98, 237

Papua-Nova Guiné, 226

Paquistão, 282

Paraguai, 94-6

Paris, 62, 65, 68, 151, 189, 223, 251, 258

Pérsia (atual Irão), 34, 59, 75, 129, 143, 145-7, 154, 165, 174-5, 236, 245, 247; *ver também* Irão

Peru, 98-9, 102-4, 237, 286

Petra, Jordânia, 157

Pisa, 187

Piscobamba, Peru, 102

Pittsburgh, Estados Unidos, 194

Polónia, 261

Port Louis, Maurício, 227

Portugal, 54, 66, 75, 79, 151, 256, 263-4, 268

Potosí, Bolívia, 102

Praga, 262

Quénia, 194-5, 206-9, 210-5

Rabat, Marrocos, 51, 151

Rages, Irão, 260

Recife, 300, 304

República Democrática do Congo (antigo Congo Belga), 195, 198, 263, 267

Rio da Prata, hoje Argentina, 94

Rio de Janeiro, 225, 232-3, 268, 293

Rio Grande do Sul, 268

Rodes, Grécia, 131

Roma, 87, 93, 104-5, 135

Roménia, 78, 80, 154, 193

Roterdão, 113

Rungstedlund, Dinamarca, 215-6

Rússia, 37-8, 121, 236, 260-1, 288

Saara, 24, 44, 187, 251

Saigão, 245

Saint-Aulaye, França, 227

San Sebastian, Espanha, 98

Saña, Peru, 98

Santa Catarina, 95

Santa Clara de Guamanga, Peru, 104

Santiago, 93

Santos, 95

São Francisco, Estados Unidos, 237, 242

São Paulo, 297

São Tomé, 263

São Vicente, Brasil, 95

São Vicente, ilha de, Cabo Verde, 303

Sarajevo, 288

Sebastopol, Crimeia, 50

Serra Leoa, 51

Sevilha, 94, 98, 104

Shabwa, Arábia, 178

Shibar Pass, Afeganistão, 283

Sicília, 126

Sídon, Líbano, 134

Sils, Suíça, 263-5

Singapura, 157, 220, 232, 245

Síria, 57-8, 60, 68, 70, 73, 80-1, 92, 122, 133-7, 158, 160, 173, 185-6, 189, 190, 260

Sofia, Bulgária, 116

Sousse, Tunísia, 54, 56

Sri Lanka, 220

Sudão, 44

Suíça, 65, 76, 220, 248-9, 251, 257, 260, 263-4

Índice de topônimos

Sumatra, 237
Susa, Pérsia, 146
Sussex, Inglaterra, 26

Tabriz, Irão, 236
Tadjiquistão, 270
Taiti, 226, 232, 234
Takla Makan (deserto chinês), 221
Tânger, 190
Tanzânia, 195, 270
Teerão, 260
Tejo, rio, 256
Terra Santa, 16, 45, 88, 108, 132
Therapia, Turquia, 129
Thyborøn, Dinamarca, 302
Tibete, 24, 245
Tigre, rio, 158
Toulouse, 144-5, 151
Transilvânia, 80, 193
Trujillo, Peru, 98
Tucumán, Argentina, 101
Tunis, Tunísia, 251
Turquemenistão, 262

Turquia, 49, 73, 92, 112, 115-9, 120-1, 129,
    130, 147-9, 158, 232, 237, 245, 260

Ucrânia, 49
Ukhaidir, Iraque, 158
União Soviética, 288
Uruguai, 225

Vale de Lahr, Irão, 261
Valladolid, Espanha, 97
Valparaíso, Chile, 218
Veneza, 121, 173, 276-7
Vernier, Suíça, 249
Viena, 72, 113-5, 230-2
Vitória, Espanha, 97
Volda, Noruega, 302

Washington, D.C., 182
West Waterford, Irlanda, 287

Zambeze, rio, 192
Zanzibar, Tanzânia, 195
Zurique, lago de, 76

Índice de obras e publicações

A Few Words of Advice on Travelling and Its Requirements Addressed to Ladies [Alguns conselhos sobre viagens e seus requisitos dirigidos às mulheres], 28

Abroad [No estrangeiro] (Fussell), 21

Adventure (Forbes), 79

África minha (Blixen), 206, 209, 210, 213, 216

Akhbar, jornal, 252

Alle Wege sind offen [Todos os caminhos estão abertos] (Schwarzenbach), 262

Allegorizings [Alegorizações] (Morris), 279

Alone in West Africa [Sozinha na África Ocidental] (Gaunt), 52

amazone en Orient: du Caucase à Persepolis 1881-1882, Une [Uma amazona no Oriente: do Cáucaso a Persépolis 1881-1882] (Dieulafoy), 145

Amurath to Amurath [Amurath para Amurath] (Bell), 160

Art of Governing a Wife, The [A arte de governar uma esposa], 24

At the Works: A Study of a Manufacturing Town [Trabalhando: um estudo de uma cidade industrial] (Bell), 153

Athénée, L', revista, 250

AzMina, revista digital, 271

Baedeker, guias de viagem, 20, 259

Bedouin Tribes of the Euphrates [Povos beduínos do Eufrates] (Blunt), 186

Bei diesem Regen [Nesta chuva] (Schwarzenbach), 260

Between River and Sea: Encounters in Israel and Palestine [Entre o rio e o mar: encontros em Israel e na Palestina] (Murphy), 286

Blackwood's, revista, 33

"By the fire-side" [Ao lado do fogo] (Browning), 25

Caderno afegão (Lucas Coelho), 290

Cameroon with Egbert [Camarões com Egbert] (Murphy), 286

Carta do achamento do Brasil (Caminha), 18-9

Cartas de Istambul (Montagu), 110

Cartas persas (Montesquieu), 108

Cinco voltas na Bahia e um beijo para Caetano Veloso (Lucas Coelho), 296

Coast to Coast [De costa a costa] (Morris), 275

Codex Aretinus, 90

Confissões de viajante: (sem grana) (Ramos), 270

Connaissance de l'Est [Conhecimento do Oriente] (Claudel), 108

Contact [Contacto] (Morris), 273

Conundrum (Morris), 277

Cosmopolitan, jornal, 219

Cruel Way, The [O caminho cruel] (Maillart), 262

Daily Telegraph, 188

Desert and the Sown, The [O deserto e o semeado] (Bell), 160

Índice de obras e publicações

Deus-Dará — Sete dias na vida de
São Sebastião do Rio de Janeiro,
ou o Apocalipse segundo Lucas, Judite,
Zaca, Tristão, Inês, Gabriel & Noé
(Lucas Coelho), 295
Dez dias num hospício (Bly), 220
Diário de uma viagem ao Brasil e de uma
estada nesse país: durante parte dos anos
de 1821, 1822 e 1823 (Graham), 218
Divan of Hafiz, The [O divã de Hafiz]
(Bell), 155
Domestic Encyclopedia [Enciclopédia
doméstica], 71
Donas de si: travessias marcadas pela
violência de gênero (Alves), 271
Down the Nile. Alone in a Fisherman's Skiff
[Descendo o Nilo: sozinha em um
esquife de pescador] (Mahoney), 266
Dust in the Lion's Paw [Poeira na pata
do leão] (Stark), 181

E a noite roda (Lucas Coelho), 293
East is West [O Oriente é o Ocidente]
(Stark), 181
Egéria, viagem do Ocidente à Terra Santa,
no século IV, 89
Em busca do Norte: viajante sem grana
(Ramos), 270
"Eneboerne" [Os eremitas] (Blixen), 207
Escorço biográfico de d. Pedro I (Graham), 218
EscreVIVER — Cartas de uma
viajante negra ao redor do
mundo (Aletheia), 270
Essai sur les Mœurs et l'esprit des nations
[Ensaio sobre os costumes e o espírito
das nações] (Voltaire), 108
estrada para Oxiana, A (Byron), 21
"Ex Africa" (Blixen), 209
Expedição Oriente (Schurmann), 269

Férias na Antártica (Klink), 298
"festa de Babete, A" (Blixen), 216
Freunde um Bernhard [Os amigos de
Bernardo] (Schwarzenbach), 259
Full Tilt: from Dublin to Delhi with a bicycle
[Velocidade máxima: de Dublin a Deli
com uma bicicleta] (Murphy), 281

Girl's Ride in Iceland, A [Passeio de uma
rapariga na Islândia] (Tweedie), 77
Gluckliche Tal, Das [O vale feliz]
(Schwarzenbach), 262
Guardian, The, jornal, 33
Guinness World Records, 266

Hints to Lady Travellers at Home and
Abroad [Dicas para as mulheres
viajantes em casa e no estrangeiro]
(Davidson), 26, 43
Hints to Travellers Scientific and General [Dicas
científicas e gerais para viajantes], 27
História da freira alferes escrita por ela
mesma (Catalina de Erauso), 96
História Natural (Plínio, o Velho), 197

"I love Brazilian girls: o estereótipo da
brasileira mundo afora" (Alves), 271
Inferno (Dante), 18
Inner Life of Syria, Palestine and the Holy Land,
The [A vida íntima da Síria, da Palestina e
da Terra Santa] (Burton), 68, 186
Irish Independent, jornal, 280
Itineraria Adnotata (guia romano), 87
Itineraria Picta (guia romano), 87
Itinerarium Egeriæ, 90

Jardim perfumado (Nefzaul), 186
Jenseits von New York [Longe de
Nova Iorque] (Schwarzenbach), 261

344   *Mulheres viajantes*

Journal of a Residence in Chile in the Year 1822 [Diário de uma residência no Chile no ano de 1822] (Graham), 218

Journal of a Residence in India [Diário de uma residência na Índia] (Graham), 217-8

Journeys in Persia and Kurdistan [Viagens pela Pérsia e o Curdistão] (Bird), 245

"Lady travellers" (Eastlake), 34, 41

Lady's Life in the Rocky Mountains [A vida de uma mulher nas Montanhas Rochosas] (Bird), 242

Lady's Second Journey round the World, A [A segunda viagem de uma mulher ao redor do mundo] (Pfeiffer), 237

Last Travels of Ida Pfeiffer, The [As últimas viagens de Ida Pfeiffer] (Pfeiffer), 238

Letters for Literary Ladies [Cartas para senhoras literárias] (Edgeworth), 40

Letters from a Land at War [Cartas de um país em guerra] (Blixen), 216

Letters from Baghdad (documentário), 152

Letters from Italy [Cartas da Itália] (Miller), 65

Letters from Syria [Cartas da Síria] (Stark), 173, 181

Letters on India [Cartas sobre a Índia] (Graham), 218

Life in Prairie Land [A vida na pradaria] (Farnham), 47

Livro de bolso sobre viagens (Zimmerman), 235

"London2London: Via the World" (Outen), 267

Lorenz Saladin: Uma vida para as montanhas (Schwarzenbach), 261

lugar na janela, Um (Medeiros), 269

lugar na janela 2, Um (Medeiros), 269

lugar na janela 3, Um (Medeiros), 269

Lusíadas, Os (Camões), 25

Lyrische Novelle [Novela lírica] (Schwarzenbach), 259

Manchester Guardian, jornal, 274

Mas você vai sozinha? (Passarelli), 269

Meine Reise in den Brasilianischen Tropen [Minha viagem nos trópicos brasileiros] (Teresa da Baviera), 32

Memoirs of Lady Hester Stanhope (Meryon), 142

mil e uma noites, As, 108

Mil milhas (Klink), 301

Minaret of Djam, The: An Excursion in Afghanistan [O minarete de Djam: uma excursão no Afeganistão], 184

Mirabilia Urbis Romae (guia romano), 87

Month by the Sea, A [Um mês à beira-mar] (Murphy), 286

Morte na Pérsia (Schwarzenbach), 261-2

mundo em poucas linhas, Um (Klink), 302

Na Síria (Christie), 57

narrativa autêntica do naufrágio e sofrimentos da senhora Eliza Bradley, a mulher do capitão James Bradley, de Liverpool, comandante do navio 'Sally', naufragado na Costa de Barbary, em junho de 1818. A tripulação e os passageiros do mencionado navio caíram nas mãos dos árabes, poucos dias após o naufrágio, entre os que lamentavelmente se encontrava a senhora Bradley, que depois de suportar dificuldades incríveis durante os seis meses de cativeiro (cinco dos quais se encontrou separada do seu marido e de qualquer outro ser civilizado) foi felizmente

Índice de obras e publicações

resgatada das garras dos impiedosos
bárbaros, pelo sr. Willshire, o cônsul
britânico, residente em Magadore.
Escrito pela própria, Uma (Bradley), 46
National Geographic, 267
Neue Zürcher Zeitung, jornal, 264
New York Times, The, jornal, 144, 169, 183, 278
New York World, jornal, 219
Newsweek, revista, 183
Nós: O Atlântico em solitário (Klink), 303
nossa alegria chegou, A (Lucas Coelho), 295
Nouvelle Revue Moderne, revista, 250

Observations and Reflections Made in the
Course of a Journey through France, Italy
and Germany [Observações e reflexões
feitas durante uma viagem pela França,
Itália e Alemanha] (Piozzi), 26
Odisseia (Homero), 15, 22, 25, 266, 299
Off the Beaten Track — Three Centuries
of Women Travellers [Para além dos
roteiros conhecidos — Três séculos de
mulheres viajantes] (Bell), 167
On a Shoestring to Coorg [Com pouco
dinheiro para Coorg] (Murphy), 286
Ordinary Life in Edinburgh [Vida cotidiana
em Edimburgo] (filme), 179
Orient sous le voile, L'. De Chiraz a
Bagdad 1881-1882 [O Oriente sob
o véu. De Shiraz a Bagdad 1881-1882]
(Dieulafoy), 145
Oriente Próximo (Lucas Coelho), 289
Orlando (Woolf), 187
Oxford Book of Oxford, The [O livro Oxford
de Oxford] (Morris), 275

paciente inglês, O (filme), 158
Palestine White Paper [Livro branco
da Palestina], 181

Parmi la Jeunesse russe [No seio da
juventude russa] (Maillart), 221
Perse, la Chaldée, la Susanie, La [Pérsia,
Caldéia, Susânia] (Dieulafoy), 145
Parysatis (Dieulafoy), 143
Passenger to Teheran [Passageira para
Teerão] (Sackville-West), 186
Pax Britannica [Paz britânica] (Morris),
273, 276
Peregrina de araque (Kalil), 269
Pieds nus à travers la Mauritanie [Descalça
pela Mauritânia] (Puigaudeau), 195-6
Pilgrimage to Nejd, A [Uma peregrinação
a Nedj] (Blunt), 186
Pleasures of a Tangled Life [Prazeres de
uma vida complicada] (Morris), 278
Politiken, jornal, 216
portas do sul da Arábia, As (Stark), 178
Presence of Spain, The [A presença
da Espanha] (Morris), 275
Público, jornal, 288-9

Quarterly Review, revista, 34, 41
Quarteto de Alexandria (Durrell), 288

Rainha do deserto (filme), 152
Review of the Civil Administration of
Mesopotamia [Revisão da administração
civil da Mesopotâmia] (Bell), 166
"Roma, turistas e viajantes" (Meireles), 268

Safar Nameh, Persian Pictures — a Book of
Travel [Safar Nameh, imagens persas —
um livro de viagem] (Bell), 156
Salammbô (Flaubert), 194
Samarcanda (Malouf), 174
Sammlung, Die, revista, 258
Secret of the Sahara, The: Kufara [O segredo
do Saara: Kufara] (Forbes), 58, 187

Sermons to Young Women [Sermões dirigidos a jovens mulheres] (Fordyce), 30

Sete contos góticos (Blixen), 215

Seule à travers 145,000 lieues terrestres, maritimes, aériennes [Sozinha por 145 mil lugares terrestres, marítimos e aéreos] (Bourbonnaud), 75

"Short Happy Life of Francis Macomber, The" [A vida breve e feliz de Francis Macomber] (Hemingway), 209

"Silhouettes d'Afrique — Les oulémas" [Silhuetas da África — Os ulemás] (Eberhardt), 250

Sobre jasmins, bombas e faraós (Montenegro), 269

Sultan in Oman [Sultão em Omã] (Morris), 275

Sultan to Sultan: the Narrative of A Woman's Adventures Among Masai and Other Tribes of East Africa [Sultão para Sultão: a narrativa das aventuras de uma mulher entre Masai e outros povos da África Oriental] (Sheldon), 195

Sunday Times, jornal, 165, 188

Tahrir! (Lucas Coelho), 293

Through Algeria [Através da Argélia] (Crawford), 29, 30

Through Persia in Disguise [Atravessando a Pérsia, disfarçada] (Hobson), 56

Through Persia on a Side-Saddle [Cruzando a Pérsia numa sela lateral] (Sykes), 55

Times, The (Londres), jornal, 169, 274-5

Tour du Monde, Le, revista, 143, 145

Tracks: A Woman's Solo Trek Across 1700 Miles of Australian Outback [Trilhas: jornada solo de uma mulher por 1.700 milhas do interior australiano] (Davidson), 267

Travels in West Africa [Viagens pela África Ocidental] (Kingsley), 198-9

Travels of Lady Hester Stanhope (Meryon), 142

Tristes trópicos (Lévi-Strauss), 13

Ulysses (Joyce), 142

Unbeaten Tracks in Japan [Caminhos inexplorados no Japão] (Bird), 245

Unknown Tribes and Uncharted Seas [Povos desconhecidos e mares inexplorados] (Brown), 63

Vai, Brasil (Lucas Coelho), 294

vale dos assassinos e outras viagens na Pérsia, O (Stark), 169, 170, 175

Veneza (Morris), 275-6

Vida peregrina (Kalil), 269

Vierzig Säulen der Erinnerung, Die [Os quarenta pilares da memória] (Scharzenbach), 262

Vindication of the Rights of Men, A [Reivindicação dos direitos dos homens] (Wollstonecraft), 39

Vindication of the Rights of Women, A [Reivindicação dos direitos das mulheres] (Wolstonecraft), 39

"Visions du Maghreb" [Visões do Magrebe] (Eberhardt), 250

Visit to Iceland and the Scandinavian North [Visita à Islândia e ao norte da Escandinávia] (Pfeiffer), 232

Visit to the Holy Land, Egypt and Italy [Visita à Terra Santa, ao Egito e à Itália] (Pfeiffer), 231

Visões da vida e costumes na Pérsia (Sheil), 34

Viva México (Lucas Coelho), 291

Índice de obras e publicações

Volta ao mundo em 72 dias (Bly), 220
volta ao mundo em 80 dias, A (Verne), 219
Voyage dans les steppes de la Mer Caspienne et dans la Russie Méridionale [Viagem às estepes do mar Cáspio e à Rússia Meridional] (Hell), 55

West African Studies [Estudos da África Ocidental] (Kingsley), 198, 200
Winter in Arabia (Stark) [Inverno na Arábia], 179
Winter in Vorderasien [Inverno no Oriente Próximo] (Schwarzenbach), 260

Woman's Journey round the World, A [A viagem de uma mulher ao redor do mundo] (Pfeiffer), 232
Wonderful Adventures of Mrs. Seacole in Many Lands [Maravilhosas aventuras da sra. Seacole em muitas terras], 50
World, The [O mundo] (Moore), 62
Wunder des Baumes, Das [O milagre da árvore] (Schwarzenbach), 263

Yangtze Valley and Beyond, The [O vale do Yangtze e além] (Bird), 245

Zürcher Illustrierte, 260

Sobre a autora

Sónia Serrano nasceu em Lisboa, é licenciada em direito e mestre em estudos literários, culturais e interartes, na Faculdade de Letras da Universidade do Porto. Tem-se dedicado ao estudo da literatura espanhola e hispano-americana. Fez crítica literária no *Jornal de Letras* e participou em diversas publicações de poesia. Em 2010, integrou a curadoria da exposição *Autorretratos do Mundo*, no Museu Berardo, e em 2015 da exposição *No fim de todos os caminhos*, na FLUP, sobre a escritora, jornalista e viajante Annemarie Schwarzenbach. Coorganizou o colóquio internacional "Annemarie Schwarzenbach: uma viajante pela palavra e pela imagem", no Instituto Franco-Português. Participou como representante de Portugal na conferência "Cross-Border Conversations: European and Indian Women Writers", realizada em Nova Deli, em 2015, entre outras conferências ligadas à literatura de viagens. Participou como *key note speaker* no Congresso Internacional Fotografia e Viagem, realizado no Funchal, em 2019.

© Sónia Serrano, 2025

Esta edição segue o Novo Acordo Ortográfico
da Língua Portuguesa em sua variante europeia

1ª edição: fev. 2025, 2 mil exemplares

EDIÇÃO ORIGINAL Lisboa: Tinta-da-china, 2014
EDIÇÃO Tinta-da-China Brasil • Mariana Delfini
REVISÃO Rachel Rimas • Tamara Sender • Henrique Torres
ÍNDICE Probo Poletti
COMPOSIÇÃO Denise Matsumoto
CAPA Vera Tavares

TINTA-DA-CHINA BRASIL
DIREÇÃO GERAL Paulo Werneck • Victor Feffer (assistente)
DIREÇÃO EXECUTIVA Mariana Shiraiwa
DIREÇÃO DE MARKETING E NEGÓCIOS Cléia Magalhães
EDITORA EXECUTIVA Sofia Mariutti
ASSISTENTE EDITORIAL Sophia Ferreira
COORDENADORA DE ARTE Isadora Bertholdo
DESIGN Giovanna Farah • Beatriz F. Mello (assistente)
         Sofia Caruso (estagiária)
COMUNICAÇÃO Clarissa Bongiovanni • Yolanda Frutuoso
         Livia Magalhães (assistente)
COMERCIAL Lais Silvestre • Leandro Valente
ADMINISTRATIVO Karen Garcia • Joyce Bezerra (assistente)
ATENDIMENTO Victoria Storace

Todos os direitos desta edição reservados à Tinta-da-China Brasil/
Associação Quatro Cinco Um

Largo do Arouche, 161, SL2 República • São Paulo • SP • Brasil
editora@tintadachina.com.br • tintadachina.com.br

DADOS INTERNACIONAIS DE CATALOGAÇÃO NA PUBLICAÇÃO (CIP)
DE ACORDO COM ISBD

S698m   Serrano, Sónia
           Mulheres viajantes / Sónia Serrano. - São Paulo :
           Tinta-da-China Brasil, 2025.
           352 p. : il. ; 16cm x 23cm.

           ISBN 978-65-84835-10-8

           1. Relato de viagem. 2. Mulheres. I. Titulo.

                                          CDD 910.4
           2023-353   CDU 913

Elaborado por Odilio Hilario Moreira Junior - CRB-8/9949

ÍNDICES PARA CATÁLOGO SISTEMÁTICO

1. Relato de viagem 910.4
2. Relato de viagem 913

A PRIMEIRA EDIÇÃO DESTE LIVRO FOI APOIADA PELA
DIREÇÃO-GERAL DO LIVRO E DAS BIBLIOTECAS — DGLAB
SECRETARIA DE ESTADO DA CULTURA — PORTUGAL

Mulheres viajantes foi composto em
Adobe Caslon Pro, impresso em papel
Golden 78g, na Ipsis, em janeiro de 2025